中國學術思想 研究輯刊

十七編

林慶彰 主編

第 12 冊

「儒家八派」的再「批判」
——早期儒學多元嬗變的學術史考察（下）

宋立林 著

花木蘭文化出版社

國家圖書館出版品預行編目資料

「儒家八派」的再「批判」——早期儒學多元嬗變的學術史考
察（下）／宋立林 著 -- 初版 -- 新北市：花木蘭文化出版社，
2013〔民 102〕
目 4+232 面；19×26 公分
（中國學術思想研究輯刊 十七編：第 12 冊）
ISBN：978-986-322-402-0（精裝）
1. 儒家 2. 儒學
030.8   102014729

ISBN-978-986-322-402-0

9 789863 224020

中國學術思想研究輯刊
十七編　第十二冊   ISBN：978-986-322-402-0

「儒家八派」的再「批判」
——早期儒學多元嬗變的學術史考察（下）

作　　者　宋立林
主　　編　林慶彰
總 編 輯　杜潔祥
出　　版　花木蘭文化出版社
發 行 所　花木蘭文化出版社
發 行 人　高小娟
聯絡地址　235 新北市中和區中安街七二號十三樓
　　　　　電話：02-2923-1455／傳眞：02-2923-1452
網　　址　http://www.huamulan.tw 信箱 sut81518@gmail.com
印　　刷　普羅文化出版廣告事業
封面設計　劉開工作室
初　　版　2013 年 9 月
定　　價　十七編 34 冊（精裝）新台幣 60,000 元

「儒家八派」的再「批判」

——早期儒學多元嬗變的學術史考察(下)

宋立林 著

目次

第三章 以《孔子家語》、大小戴《禮記》 爲中心重勘「儒家八派」及相關 問題

　　關於孔門七十子及其後學或「儒家八派」的文獻材料，除《論語》外，還廣泛分佈於多種傳世文獻之中，如《左傳》《國語》《易傳》《大戴禮記》《禮記》《孔子家語》《孟子》《荀子》《公羊傳》《史記》《漢書》《後漢書》《墨子》《莊子》《韓非子》《呂氏春秋》《戰國策》《世本》《晏子春秋》《韓詩外傳》《越絕書》《春秋繁露》《淮南子》《鹽鐵論》《新序》《說苑》《法言》《論衡》《潛夫論》《孔叢子》等。儘管其可信性參差不齊，所載內容多寡不一，但不可否認，這些傳世文獻對於我們研究「儒家八派」問題都是不可多得的珍貴材料。李啟謙等先生曾編纂而成《孔子弟子資料彙編》一巨冊，彙集了現存傳世文獻及部分出土文獻中關於孔子弟子的絕大部分材料，就規模而言至今無出其右者。

　　從這些文獻可以看出，在保持孔子弟子及七十子後學的言行思想方面，以《孔子家語》和大小戴《禮記》最爲豐贍，價值也最大。周予同先生就曾斷言：「《小戴禮記》與《大戴禮記》，是研究儒家八派的主要文獻。……如能闡述大小戴記，就可以弄清楚儒家八派。」〔註1〕但是，由於近代疑古思潮的巨大影響，人們對這些史料的可靠性大都表示懷疑，甚至視之爲「僞書」，棄

〔註1〕　朱維錚編：《周予同經學史論著選集》（增訂本），第 878～879 頁。

而不用，至爲可惜。當然，不可否認，這些文獻在長期的流傳過程中存在著各種各樣的問題，如果將之利用來進行「儒家八派」的研究，必須經過認眞的考辨。

上世紀七十年代以來，大量地下簡帛文獻的問世，不僅給我們展示了兩千多年前很多古書的原貌，而且極大地改變了我們對古書成書與傳流問題的成見，開始了對「古書的第二次反思」，從而也「激活」了大量原被視爲「僞書」的傳世文獻，如《孔子家語》和大小戴《禮記》。長期以來，學者們要麼索性將這些文獻判定爲「僞書」，要麼將其成書年代盡量後置，使這些文獻的價值得不到應有的發揮。如今，人們可以結合大量出土文獻，重新檢視以往對這些文獻時代性和可信性的認識，展開全新的研究，取得了很多富有啓發性和創見性的成果。

《禮記》爲儒家「三禮」之一，尤其是從唐代《五經正義》開始取代《儀禮》廁身五經，地位更爲提升。但自漢唐以來，對《禮記》的看法便紛紜歧異。如陸德明（約 550～630，名元朗）《經典釋文序錄》云：「《禮記》者，本孔子門徒共撰所聞，以爲此記，後人通儒各有損益。」此說尚較平允可信。而朱子則云：「《禮記》乃秦漢上下諸儒解釋《儀禮》之書，又有他說附益於其間。」〔註 2〕孫希旦《禮記集解·祭法》云：「《禮記》固多出於漢儒。」〔註 3〕則已多偏見矣。尤其是近代以來，對《禮記》的研究日漸深入，而觀點的交鋒也越來越大。不過，學者們日漸達成一個共識：《禮記》之編纂成書時代與其中各篇之寫作成書時代，並非一個問題，不能混爲一談，而應當分別觀之。傳統認爲《禮記》爲西漢戴聖所編，現代學者對此有不同意見。李學勤先生認爲，《禮記》之材料來源則是「《記》百三十一篇」，按照〈漢志〉的說法，這些《記》乃是「七十子後學者所記也」。據鄭康成《六藝論》：「漢興，高堂生得《禮》十七篇，後得孔氏壁中、河間獻王古文《禮》五十六篇、《記》百三十一篇。」據此可知，〈漢志〉所載的這些《記》百三十一篇乃先秦古文。當然《禮記》的編纂和傳習、定型，也經過了很長的時間，其間不免雜有漢儒的東西，但是不會很多。

〔註 2〕 〔宋〕黎靖德編：《朱子語類》第 6 冊，北京：中華書局，1986 年，第 2186 頁。

〔註 3〕 〔清〕孫希旦：《禮記集解》下冊，第 1192 頁。林按：關於近代以前學者對《禮記》之成書及眞僞的不同意見，張心澂《僞書通考》所載甚詳，可以參看。見該書第 327～341 頁。

　　對於《禮記》各篇之寫作年代，疑古派的很多學者將之定爲秦漢之作。如有學者認爲〈大學〉、〈學記〉等篇出於漢武帝時代；〈中庸〉是秦漢之際的作品；〈樂記〉爲漢儒之作；〈儒行〉、〈經解〉等出於漢儒之僞託等等。這種看法佔據了主流，幾乎大部分中國哲學史、思想史、學術史的論著，都將〈大學〉、〈中庸〉置於《荀子》之後予以論述，足見成見之深。

　　不過，也有學者不同意這一看法，對《禮記》各篇之成書年代有總體看法。如沈從文先生根據考古發現，對《禮記》成書問題進行了探究，他說：「所發墓葬，其中制度，凡漢代者，以《禮記》證之皆不合；凡春秋、戰國者，以《禮記》證之皆合；足證《禮記》一書必成於戰國，不當屬之漢人也。」〔註4〕沈先生所言之「成於」乃指內容而言，非就編纂而論甚明。沈先生這一看法得到眾多學者的支持。如錢玄先生認爲，除《禮記》之〈月令〉、〈王制〉，《大戴禮記》之〈盛德〉、〈明堂〉、〈保傅〉、〈禮察〉，另有〈公冠〉之「漢昭冠辭」爲漢時竄入外，大小戴《禮記》之「多數篇目大致撰於戰國時期，約公元前四世紀中期至前三世紀前期之間。即後於《儀禮》十七篇及《論語》的著作年代，而早於《孟子》、《荀子》的著作年代。」〔註5〕錢先生的這一論斷，在郭店楚簡出土後，得到進一步的文獻支持。郭店簡中有〈緇衣〉篇，而該篇正是《禮記》之一，其內容雖有差異，但大體一致。由此可見，該篇當出於戰國前期。由此舉一反三，對於其他諸篇之考察亦有啓發。彭林先生根據郭店楚簡，對《禮記》的各篇的年代進行了分析，認爲《禮記》四十九篇，除了〈月令〉之外，當皆爲先秦作品。趙逵夫先生也認爲：「今本《禮記》中的篇章，絕大部分形成於先秦時代，是由孔子的弟子、門人、後學傳下來的，但流傳中有所修改和增補。其修改有的牽扯到內容，有的則在傳習中以當時之語述之，只字句有所變化而已。不能因爲這部書中個別篇章產生於秦漢以後，即以全書爲秦漢以後的著作。」〔註6〕王鍔先生《〈禮記〉成書考》對《禮記》各篇的成書年代進行了系統研究，他將不同篇章進行了分別

〔註4〕　顧頡剛：《顧頡剛學術文化隨筆》，北京：中國青年出版社，1998年，第176頁引。本文轉引自《〈禮記〉成書考》第13頁和彭林〈郭店楚簡與《禮記》的年代〉。

〔註5〕　錢玄：《三禮通論》，南京：南京師範大學出版社，1996年，第45～48頁。錢玄先生以爲，大小戴《禮記》有成於孔門第三代者，如〈樂記〉、〈坊記〉、〈表記〉、〈緇衣〉、〈中庸〉、〈曾子問〉、〈曾子〉十篇等；有成於第四代及四代以後者，如〈檀弓〉、〈祭義〉、〈雜記〉等。

〔註6〕　趙逵夫：《〈禮記〉成書考序》，載王鍔：《〈禮記〉成書考》，第15頁。

的考證，其年代自春秋末期至戰國前期、戰國中期和戰國晚期皆有分佈，其中並無漢儒的作品。儘管其具體考證，尚嫌簡略，不夠嚴謹，但是其總體看法應該是可取的。

　　當然，在郭店簡出土之後，也有學者依然認為《禮記》的某些篇雜有濃厚的秦漢特色，或出於秦漢之際。如龔建平博士考察了〈大學〉、〈禮運〉、〈樂記〉等篇，從其思想分析，這幾篇當成於漢代。他總結說：「《禮記》作者眾多，亦非一時之作，除〈中庸〉以及與之相關的〈坊記〉、〈表記〉、〈緇衣〉三篇保有較多先秦色彩，〈大傳〉、〈喪服小記〉等記宗法制度的作品，和關於禮的制度細節的記述以及闡釋《儀禮》的諸篇如〈冠義〉、〈昏義〉、〈鄉飲酒義〉、〈射義〉、〈燕義〉、〈聘義〉、〈祭義〉等篇，應出於先秦外，其餘〈大學〉、〈禮運〉、〈樂記〉、〈學記〉、〈禮器〉等篇已有較濃厚的秦漢特色。」〔註7〕這一意見，代表了相當一部分學者的觀點。

　　根據鄭玄〈禮記目錄〉的分類，《禮記》各篇，與我們研究「儒家八派」關係最為密切的應該是「通論」類的十六篇文獻，其中尤為重要的是〈檀弓〉、〈禮運〉、〈經解〉、〈哀公問〉、〈仲尼燕居〉、〈坊記〉、〈中庸〉、〈表記〉、〈緇衣〉、〈儒行〉、〈大學〉，以及被單劃為「樂記類」的〈樂記〉篇等。〔註8〕古往今來的學者對這些篇章之成書及真偽，各執己見。我們將結合簡帛文獻，利用二重證據法予以考察，並藉以研究所涉及之「儒家八派」問題。

　　《大戴禮記》與《禮記》性質相同，「本來是無可軒輊的」，可是因為不為漢代經師重視，鄭康成等未為之作注傳習，加之有所謂「小戴刪大戴」之說，易使人產生精華盡在小戴，《大戴》所存僅餘糟粕之錯覺，故漸不為人所重視，其命運更遠不如《小戴禮記》，雖有人將之視為第「十四經」，但未得到廣泛認可，不僅其八十五篇之內容，亡佚太半，且乏善本，「自宋元以來諸本，日益訛舛，馴至不可讀」〔註9〕，尤令人唏噓者，該書在相當長的時期內，甚至被視為「偽書」之彙編。清人姚際恒《古今偽書考》云：「此書殆後人好

〔註7〕　龔建平：《意義的生成與實現──〈禮記〉哲學思想》，北京：商務印書館，2005 年，第 35 頁。

〔註8〕　彭林先生在鄭玄基礎上，將《禮記》四十九篇分為三類，其中通論類，除了包括原鄭玄所列 16 篇之外，另將〈樂記〉、〈禮器〉劃入。我們認為這是可取的。見〈郭店楚簡與《禮記》的年代〉，載姜廣輝主編：《中國哲學》第 21 輯，第 44 頁。

〔註9〕　〔清〕盧文弨：〈新刻大戴禮跋〉，《抱經堂文集》卷八，北京：中華書局，1990 年，第 118 頁。

事者採獲諸書爲之，故駁雜不經，絕非戴德本書也。」黃雲眉（1898～1977，字子亭）《補證》云：「要之其書踳駁太甚，僞託不俟多辨，史繩祖謂其『雜取《家語》子史之書，分析而爲篇目』，最得其實。」〔註10〕不過，根據現在學者的重新研究，也形成一個基本的共識，即《大戴禮記》絕非僞書，其所存各篇乃彙集而成，其年代有的可早至西周以前，有的則可能晚至漢代，但大部分爲戰國時期的作品，晚於《儀禮》、《論語》的著作年代，早於《孟子》、《荀子》的著作年代。〔註11〕其中，亦有很多資料與「儒家八派」相關。如「《曾子》十篇」與曾子及樂正氏之儒；〈子張問入官〉、〈小辨〉等與子張之儒；〈五帝德〉、〈帝繫〉與宰我等。我們將利用其中的〈子張問入官〉及《曾子》十篇等文獻，與其他傳世文獻及簡帛文獻相互比勘，以研究子張之儒、曾子與樂正氏之儒等「儒家八派」的相關問題。

　　相對於《大戴禮記》，《孔子家語》更是命運乖舛，長期被視爲「僞書」，甚至是「贗中之贗」。《孔子家語》是記錄孔子與其弟子、當時公卿大夫言行的一部重要文獻，可能與《論語》一樣，皆由子思首次輯錄而成，後經輾轉流傳，漢代孔安國重新編次整理，又經數百年孔氏家學的流傳，三國時期王肅爲之作注，始廣布人間。然因王子雍與鄭氏之學對立，於是當時便有指控王肅僞作此書者，如康成後學馬昭謂：「《家語》，王肅所增加，非鄭所見。」唐顏師古注《漢書・藝文志》謂《漢書》所著錄本「非今所有《家語》」，似乎言下之意，當時王肅注本與〈漢志〉不同，於是王肅又增一「作僞」嫌疑。宋代王柏則徑謂：「今之《家語》十卷，凡四十有四篇，意王肅雜取《左傳》、《國語》、荀、孟、二戴之緒餘，混亂精粗，割裂前後，織而成之，託以安國之名。」〔註12〕迨至有清一朝，考據之學興，而疑古之風盛，范家相撰《孔子家語證僞》、孫志祖撰《家語疏證》，排比分析，皆坐實《家語》乃「僞作」，陳鱣（1753～1817，字仲魚）、梁玉繩（約 1716～約 1792，字暉北）對此推崇備至。陳氏譽之「猶捕盜者之獲眞贓」。四庫館臣則謂「自唐以來知其僞而不能廢」。而近代以來古史辨運動大興，顧頡剛先生直言「此書爲王肅僞作，但係輯集古史而成」，但「無任何取信之價值」。〔註13〕《家語》爲僞書，乃

〔註10〕姚、黃之說見黃雲眉：《古今僞書考補證》，濟南：齊魯書社，1980 年，第 57、60～61 頁。

〔註11〕參黃懷信：《大戴禮記彙校集注》之〈前言〉；方向東：《大戴禮記彙校集解》之〈前言〉。

〔註12〕〔宋〕王柏：〈家語考〉，《魯齋集》卷九，四庫全書本。

〔註13〕詳見顧頡剛：〈孔子研究講義按語〉，載《中國典籍與文化》第 7 輯，北京：

成「定讞」，於是其書雖存，無異於湮滅，學者鮮有引論。〔註14〕

　　只是，隨著出土文獻的大量問世，《家語》的命運方才有了轉機。1973年河北定州八角廊漢墓竹簡〈儒家者言〉出土後，1987年，李學勤先生發表〈竹簡《家語》與漢魏孔氏家學〉一文，率先對《家語》僞書說提出反駁，提出〈儒家者言〉篇，「是一部和《論語》很有關係的儒家的著作」，與《家語》關係密切，「可稱之竹簡本《家語》」，是今本《家語》的原型的觀點。他還認爲，《家語》的形成有一個很長的過程，陸續成書於孔安國、孔僖、孔季彥、孔猛等孔氏學者之手，有一很長的編纂、改動、增補過程，是漢魏孔氏家學的產物。〔註15〕從此開始了重新認識和評價《家語》的進程。此後學者對此問題進行了更爲深入的分析和探討。1977年安徽阜陽雙古堆漢墓木牘的出土也引起了學者對《家語》的眞僞與成書的進一步研究；1994年上博簡〈民之父母〉篇的發現，更是推動學界轟然打破了《家語》僞書說的成見。可以說，經過多位學者利用出土文獻，反思疑古思潮的方法論而進行的深入探討，《家語》僞書說已經基本爲學者所拋棄，重新估價和利用《家語》的認識得到了越來越多學者的認可。

　　胡平生先生也反對王肅僞造說，他認爲《家語》的編集者是孔安國。他推測漢初流傳著一批記錄孔子及其弟子言行和諸國故事的簡書，孔安國正是利用這些材料編纂了《家語》。〔註16〕王承略先生同樣不同意僞書說，他指出，「《家語》的大部分內容是切實可靠的，而且具有不可替代的文獻價值」，「今本《家語》大部分內容還保持著劉（引者注：指劉向）校本的原貌。今本較之劉校本多出的篇目和文字，有的確實是王肅所爲，有的則可能是孔氏家學中人所爲，王肅爲攻駁鄭玄而纂改《家語》文字，其情形和數量是有限的，王肅僞造全書的觀點不能成立。」〔註17〕此外，陳劍也指出「《家語》的篇章

北京大學出版社，2003年。

〔註14〕《家語》僞書說在海外也有很大影響，比如日本學者對該書多不信任。如武內義雄、服部宇之吉等；不過，西方學者對此的認識，稍有進步。克拉默斯認爲，該書是一部由王肅竄入部分內容的漢以前及漢代早期關於孔子傳說的纂輯本。但仍相信王肅曾經僞造了其中的一部分。詳見〔英〕魯惟一主編，李學勤等譯：《中國古代典籍導讀》，瀋陽：遼寧教育出版社，1997年，第273～278頁。

〔註15〕李學勤：〈竹簡《家語》與漢魏孔氏家學〉，《孔子研究》1987年第2期。

〔註16〕胡平生：〈阜陽雙古堆漢簡與《孔子家語》〉，《國學研究》2000年第7卷。

〔註17〕王承略：〈論《孔子家語》的眞僞及其文獻價值〉，《煙臺師範學院學報》2001

基本上是流傳有本的,《家語》的某些篇章成書很早,當在《禮記》還沒有定本的時代。絕不是王肅時代的人割裂群書所偽造的」,「《家語》的原材料的來源,應當與《禮記》相似,首先是孔門弟子的筆記,其次是那些單篇流傳的儒家文獻」。〔註18〕業師楊朝明先生對《家語》進行了更爲系統的研究,認爲:《家語》絕非偽書,而且可以稱之爲「孔子研究第一書」,不過,這並不是說《家語》本身不存在任何問題,通過細細考察可知,《家語》的形成與流傳是複雜的,其中有弟子整理時的「潤色」,有後人傳抄過程中的「增損」,亦有孔安國整理時的「誤排」等問題,但這些問題有的可以通過排比校勘發現,有的並不緊要,所以並不影響該書的珍貴的史料價值。〔註19〕

當然,現在有些學者對此仍有懷疑,如李傳軍先生認爲,今本《家語》雖然不必視爲偽書,但的確爲王肅所編纂。〔註20〕寧鎮疆先生雖然也不認可王肅偽造說,但他認爲,將今本《孔子家語》與出土簡牘及傳世文獻比較,可以發現《家語》的章句結構組織是經「歷時性」的梯次推進形成的,是「層累」形成的。不過,此「層累」是出於有意識的「整理」,但這不等於「作偽」。他認爲,《家語》雖有比較早的材料來源,但其中孔門師生言論並非盡出實錄;誇大《家語》一書在研究先秦史事特別是孔門師生言論、行事中的地位,是有欠妥當的。在他看來,其存在的問題遠遠比想像得複雜,不能徑信以爲可靠的資料。〔註21〕其審慎態度,我們表示讚賞。

《家語》一書所記內容,約有三分之一見於大、小戴《禮記》、《左傳》、

年第 18 卷第 3 期。

〔註18〕陳劍、黃海烈:〈論《禮記》與《孔子家語》的關係〉,《古籍整理研究學刊》2005 年第 5 期。

〔註19〕楊朝明師:〈《孔子家語》的成書與可靠性研究〉,見楊朝明、宋立林主編《孔子家語通解》「代前言」。楊先生關於《家語》的研究成果豐碩,在其指導下的學位論文亦有不少。

〔註20〕李傳軍:《孔子家語》辨疑〉,《孔子研究》2004 年第 2 期。

〔註21〕參寧鎮疆:〈《家語》的「層累」形成考論〉,《齊魯學刊》2007 年第 3 期;〈「層累」非「作偽」——再論今本《孔子家語》的性質〉,《學術界》2009 年第 5 期。另參:〈八角廊漢簡《儒家者言》與《孔子家語》相關章次疏證〉,《古籍整理研究學刊》2004 年第 5 期;〈由出土文獻再說《孔子家語》一書的性質及成書過程〉,臺灣《孔孟學報》,第 82 期,2004 年;《孔子家語》佚文獻疑及辨正〉,《中國典籍與文化》2006 年第 4 期;〈英藏敦煌寫本《孔子家語》的初步研究〉,《故宮博物院院刊》2006 年第 2 期;〈阜陽雙古堆一號木牘與《孔子家語》相關之章題考證〉,臺灣《書目季刊》第 42 卷第 1 期(2008 年);〈今傳宋本《孔子家語》源流考略〉,《中國典籍與文化》2009 年第 4 期等文。

《荀子》、《韓詩外傳》和《說苑》等先秦秦漢典籍〔註22〕，但經過比對可知，《家語》所記往往更加原始和可靠。雖然因爲早期傳流而「往往頗有浮詞」（孔安國〈孔子家語後序〉）而「不純」（朱子語），但因該書自漢代以後流傳不廣（爲孔氏家學），且經孔安國整理，並由王肅作注，可視爲一部難得的早期儒家文獻。因此其價值並不能因其他文獻的「重複」而降低，可以說，《家語》這一文獻的價值實不亞於一部《論語》。其與大、小戴《禮記》、《荀子》以及《韓詩外傳》、《說苑》等重出的部分，不能簡單地認爲是某書襲用某書，而應看作「同源異流」的材料。眾所周知，大、小戴《禮記》內容儘管多爲孔門七十子後學所記的先秦文獻，但卻經過漢儒的整理編次，而《孔子家語》的情形大體相似，儘管材料出於孔門弟子所記，後可能經子思初步整理，但也經過漢代孔安國之整理編次，故而其中的某篇並非後世之篇章，具有整體結構，而多是大體根據某個論題的資料編次，甚至全篇所記論題不一。

在《家語》中包涵著大量的「儒家八派」尤其是早期弟子的信息，如〈七十二弟子解〉便是足以與《史記·仲尼弟子列傳》相媲美的珍貴文獻，〈弟子行〉也值得重視；〈顏回〉篇對於研究顏子的思想甚有價值；〈入官〉與子張之儒，〈儒行〉與漆雕氏之儒，〈禮運〉與子游之儒，〈刑政〉與仲弓，〈五帝德〉、〈五帝〉等與宰我等等，都是十分重要的學術史文獻。

《家語》所載孔門弟子的籍貫和年齡，與《史記》往往有差異，經過細緻比較，我們發現二者各有優勝之處。比如，關於漆雕開之年齡，《史記》失載，而《家語·七十二弟子解》云「少孔子十一歲」，這是十分珍貴的資料，與其他相關記載是相符的，而錢賓四先生等學者以爲當是「少四十一歲」之訛，理據不足。

另外一個較爲重要的是關於子游的年齡，這涉及到〈禮運〉的可信性問題，尤其重要。《史記·仲尼弟子列傳》云：「少孔子四十五歲。」而《家語·弟子解》則謂：「少孔子三十五歲。」二說相差十歲。顯然年齡問題是不可調和的，二者到底誰是誰非呢？

對於子游之年齡，後世學者多從《史記》之說，而忽略了《家語》的記載。以至對於〈禮運〉之記載表示懷疑，如錢賓四先生云：「孔子反魯，子游年二十三。蓋其從遊當在孔子反魯後也。閻若璩《四書釋地三續》：『孔子厄於陳蔡，年六十三，時子游年近十八，子夏年十九耳，而既以文學名。』此

〔註22〕 張岩先生對此有統計，承蒙其來函垂示，謹此致謝！

閻氏誤讀《論語》從我於陳蔡以下兩章爲一章，故云爾。又《家語》：『孔子爲魯司寇，與於蜡，既賓，事畢，乃出遊於觀之上，喟然而歎。言偃侍。』〈禮運注〉亦謂：『孔子仕魯，在助祭之中。』考孔子年五十一爲司寇，子游年六歲，孔子五十五歲去魯，子游年十歲，孔子與語大同小康，有是理乎？後人猶信〈禮運〉大同爲真孔子當日之言者，皆坐不知論世考年之咎。」〔註23〕此後，很多學者信從錢說，將〈禮運〉視爲僞作，或言出於子游後學之僞託；或言出於道家、墨家之假託云云，不一而足。

郭沫若先生認爲錢賓四先生的推斷是大有問題的。他認爲，《家語》僞書，固不足據。所謂爲魯司寇時事，本不足信。蜡乃歲終報田大祭，一國之人皆可參與，並非一定要在「仕魯」或「爲魯司寇」時才有資格。孔子晚年返魯，與魯國君臣上下之關係在師賓之間，「與於蜡賓」的資格，當然是有的。因之將〈禮運〉所載推定孔子晚年返魯之後與子游談論大同小康之事。但他仍然同意《史記》之「少孔子四十五歲」說。他與錢先生一樣，認爲子游與子夏、子張和曾子等同年輩，是孔門中的少年弟子。〔註24〕蔡仁厚所辨同郭沫若之說。〔註25〕

對於郭沫若之解釋，有學者提出疑議，如裴傳永先生經過詳細的考證，認爲孔子自衛反魯之後，沒有可能以「賓」之身份參加蜡祭。〔註26〕儘管他的考證存在著問題，而且其目的在於論證〈禮運〉之不可信，但這對郭氏說卻是一個有力的挑戰。

其實，郭沫若將此事繫之於孔子返魯之後，與《家語·禮運》的記載有明顯的矛盾。《家語》明確說：「孔子爲魯司寇，與於蜡。既賓事畢，乃出遊於觀之上，喟然而歎。言偃侍。」對〈禮運〉篇所記之孔子與子游言論之背景交代得非常清晰。但是，郭沫若等學者卻以《家語》僞書而輕易忽略過去。今天學界對於《家語》之成書已不再輕易目以僞書，對其書所記材料，也多有考證，其中很多記載足以訂正《史記》等文獻之缺失錯訛，因此對於《家語》之說，不能輕易否棄。

當然，亦有學者從《家語》之說。如梁玉繩《史記志疑》云：「四十五歲

〔註23〕錢穆：《先秦諸子繫年》第 83 頁。
〔註24〕郭沫若：《十批判書·儒家八派的批判》，《郭沫若全集·歷史編》第 2 冊，第 132～134 頁。
〔註25〕蔡仁厚：《孔門弟子志行考述》，第 100～101 頁。
〔註26〕裴傳永：〈「大同小康」之論非關孔子辨〉，《孔子研究》2003 年第 6 期。

似當依《家語》作『三十五』為是，古人『三』、『四』兩字皆積畫為之，最易偽誤。」〔註27〕朱竹垞〈孔子弟子考〉亦云：「武城宰吳言子偃，字子游，少孔子三十五歲（《史記》作四十五）。」〔註28〕這一說法沒有引起人們的重視。直到晚近，才有學者對《家語》與《史記》所載孔子弟子傳記進行比較，指出其中關於孔子弟子國籍與年齡的問題。

楊朝明師、盧梅等學者對子游之年齡問題進行了新的考辨。〔註29〕他們根據《史記》與《家語》對孔門弟子年齡的歧異記載，發現一個非常有趣的現象：二書所載之年齡差異基本是十歲。二書所記弟子年齡皆以「少孔子××歲」表示，如澹臺滅明，《史記》為三十九，《家語》為四十九；高柴，《史記》為三十，《家語》為四十；樊遲，《史記》為三十六，《家語》為四十六；有若，《史記》為四十三，《家語》（見《史記索隱》引《家語》，今本作三十六）為三十三；梁鱣，《史記》為二十九，《家語》為三十九；宓不齊，《史記》為三十，《家語》（見四庫本、同文本《家語》，《史記索隱》引《家語》、叢刊本《家語》均作「四十九」）為四十；言偃，《史記》為四十五，《家語》（見同文本、四庫本）為三十五。儘管《家語》長期以來受偽書說影響而得不到重視，以致各種版本之間也存在著差異，但總而言之，由上述比較可見《家語》與《史記》所記孔子弟子之年齡差異，多相差十歲，這就不可能是偶然的。基於這種現象，可以推測，這極有可能是傳抄過程中的數字訛誤所致。因為在古時，二十、三十、四十「皆積畫為之」，分別寫作「廾」、「卅」、「卌」，前文已經提及。而且，綜合各種材料，可知關於樊遲、梁鱣等皆以《家語》所記為合理可信，由此推之，則子游之年齡，也當以《家語》為可信。

子游之生年當是公元前 516 年，其時孔子三十五歲。孔子為魯司寇時，年五十四歲左右，則此時子游已近二十歲，孔子與之論「大同小康」自屬可能之事。

當然，《家語》之記載，亦有錯訛之處，如關於顏子之卒歲，《家語》所記可能有誤。前文已辨，茲不具述。

關於里籍之記載，《家語》與《史記》也可互資比較。如關於子張的里籍

〔註27〕〔清〕梁玉繩：《史記志疑》，北京：中華書局，1981 年，第 1215 頁。

〔註28〕林慶彰等主編：《經義考新校》第 10 冊，第 5075 頁。

〔註29〕楊朝明、盧梅：〈子游生年與《禮運》的可信性問題〉，《史學月刊》2010 年第 7 期。本文對此多有參考。

問題，漆雕開之里籍問題，前文皆以考辨，茲不贅述。另外如子游之里籍問題，二書所記互異，到底孰是孰非呢？

《史記・仲尼弟子列傳》：「言偃，吳人，字子游。」《世本（秦本）・氏姓篇》亦云：「言氏，吳有言偃。」而今本《孔子家語・七十二弟子解》則謂：「言偃，魯人，字子游。」《史記》索隱引《家語》亦同。一云吳人，一云魯人，是子游之里籍亦有分歧。

現代學者對此亦分三種意見。一主魯人說。如崔東壁、錢賓四、蔣伯潛等。崔東壁反對吳人說：「吳之去魯，遠矣。若涉數千里而北學於中國，此不可多得之事。傳記所記子游言行多矣，何以皆無一言及之？且孔子沒後，有子、曾子、子夏、子張與子游相問答之言甚多。悼公之弔有若也，子游擯。武叔之母之死也，子游在魯。而魯之縣子、公叔戌以皆與子游遊。子游之非吳人審矣。其子言思，亦仍居魯，則固世爲魯人矣。」〔註30〕蔣伯潛《十三經概論》所云與此相同。〔註31〕錢賓四先生從其說。今按：崔氏以傳記之中無道及子游爲吳人爲證，顯然屬於默證，不可信據。但其由其他材料相互參證，則子游爲魯人之可能性較之吳人爲大。故今亦從其說。

〈檀弓〉：「申祥之哭言思」，鄭注：「說者云言思，子游之子，申祥妻之昆弟。」閻若璩《四書釋地又續》據此而云：「是陳之顓孫氏，與吳之言氏，遠爲婚姻。」對此，錢賓四先生駁道：「不知其實皆魯人也。」

蔣伯潛先生云：「孔子弟子，魯人最多，衛人次之，宋人又次之。……吳去魯遠，孔子未嘗至吳，而子游獨以吳人不遠千里而來受業，《家語》之說是也。子游嘗仕魯，爲武城宰。」〔註32〕

一主吳人說。王遽常、李啓謙等持此說。司馬貞《史記索隱》早已指出：「今吳郡有言偃家，蓋吳郡人爲是也。」〔註33〕梁玉繩《史記志疑》按語云：「《家語》作魯人，《索隱》曰『吳人是也』。」〔註34〕似從吳人說。王遽常云：「今常熟有言偃冢，則吳人是也。」〔註35〕李啓謙引《吳郡志・古迹》云，

〔註30〕轉引自錢穆《先秦諸子繫年》第72頁。

〔註31〕蔣伯潛：《十三經概論》，第388頁。

〔註32〕蔣伯潛：《諸子通考》，第120頁。

〔註33〕司馬貞此語易生歧解。此語既可理解爲他贊同子游爲吳人說，又可理解爲吳郡之言偃冢爲吳郡人所假託，所謂「人爲」是也。如果理解爲後者，則更能證明以言偃冢在吳地而子游爲吳人之不足據。

〔註34〕〔清〕梁玉繩：《史記志疑》，第1215頁。

〔註35〕王遽常：《諸子學派要詮》，第108頁。

常熟縣至今仍有「言偃宅」古迹，並云：「宅有井，井邊有洗衣石，周四尺，皆其故物。」並以爲「目前，人們對『吳人說』沒有什麼異議」。〔註36〕我們知道，後世地方志對先賢古迹多有附會不實，必須審愼引證。即使此家爲眞，亦只能證明子游葬於吳地而已，故以此點而論證子游爲吳人，理據不足。而且目前對於「吳人說」並非沒有異議，上面所舉諸學者對吳人說之駁斥，已證李先生此說之不實。

還有一種調和說。以高專誠先生爲代表。他以爲，《史記》所記子游爲吳人，或有所據，惜未明言。後世學者之所疑，多從情理出發，亦難令人驟信。其實，吳之北鄙，距魯亦不甚遠。子游之祖上可能是吳人，後居魯地，亦有可能。孔子弟子中這種情況亦非鮮見。他認爲探求子游之里籍問題乃無關緊要者，因爲子游之籍貫與子游之思想關係不大，爲此而爭論不休顯然不值得。〔註37〕高氏以爲「吳之北鄙，距魯亦不甚遠」，似乎崔、蔣所言有失。其實，如果按《吳郡志》之記載，子游籍貫在常熟，則非吳之北鄙可知，故崔、蔣所言仍當成立，儘管此爲從情理出發之推論，亦使魯人說較吳人說爲可信。當然，調和吳人說與魯人說，以言偃祖籍吳地，而居魯國，如子張之類，並非不可能之事。只是，此說得不到其他佐證。

《史記》之「吳人說」與《家語》之「魯人說」，到底根據何在，我們不得而知。應當皆是「或有所據，惜未明言」。在此情況下，較爲明智的做法是，兩說只能並存。

我們從這些前沿研究的成果出發，發現在「儒家八派」的問題上，正如周予同先生所指出的那樣，大小戴《禮記》是非常寶貴的文獻資料。而《孔子家語》這部命運多舛的古籍，其價値不僅不在大小戴《禮記》之下，甚至在很多方面其保存的史料更爲原始、更爲可靠。

本章我們將以《孔子家語》和二戴《禮記》爲中心，對「儒家八派」及相關問題進行考察。此外，還有涉及「儒家八派」及相關問題的文獻，如《孔子家語‧刑政》與子弓之儒我們將在第五章中有所考論；《禮記‧仲尼閒居》、《家語‧論禮》等與子夏之儒；《孔子家語‧禮運》和《禮記‧禮運》與子游氏之儒；《大戴禮記》〈五帝德〉、〈帝繫〉和《孔子家語‧五帝德》等與宰我等等〔註38〕，涉及到孔子重要弟子，由於時間與篇幅，無法一一展開，留

〔註36〕李啓謙：《孔門弟子研究》，第101頁。
〔註37〕高專誠：《孔子‧孔子弟子》，第276～277頁。
〔註38〕關於這些問題，可以參考楊朝明、宋立林主編之《孔子家語通解》之相關篇

待以後詳辨。

第一節 《禮記》之「子思四篇」與子思之儒

一、傳世文獻中的子思之儒作品

關於子思之儒的著作，《史記・孔子世家》載：「子思作《中庸》。」未云卷數。《孔叢子》：「撰《中庸》四十九篇。」這裏所謂「《中庸》四十九篇」當是指子思的全部著作四十九篇，而以〈中庸〉居首或爲代表。郭沂先生認爲這是子思書的初編本。到了〈漢志〉著錄有《子思》二十三篇。是爲新編本。這部二十三篇本的《子思》到了〈隋志〉變成了「《子思子》七卷」。這兩個本子是同一個本子嗎？很多學者認爲二者當是同一本子，只不過篇卷分合，有「二十三篇」合爲「七卷」了。不過明宋濂（1310～1381，字景濂）已指出：「《子思子》七卷，亦後人綴輯而成，非子思之所自著也。」郭沂先生經過分析，認同此說。他認爲〈漢志〉所載《子思》至遲在南北朝時已告亡佚，〈隋志〉所載當是重編本。不過這個本子到宋代也就湮沒無聞了。南宋汪晫和清人黃以周（1828～1899，字元同）、洪頤煊等分別輯有《子思子》。〔註39〕很顯然，今天所能見到的《子思子》輯佚書，早已失去了子思著作的原貌，難以據以研究子思之事迹與思想。

在馬王堆帛書、郭店楚簡和上博簡問世之後，關於子思之書的文獻資料大爲擴充。根據這些材料，學者對子思之書進行了概括，應該包括三類：其一是子思所記孔子遺說，如〈緇衣〉、〈坊記〉、〈表記〉、〈中庸〉的部分、上博簡〈從政〉等，其二爲子思本人的著作，如〈中庸〉的部分（〈天命〉、〈誠明〉）、〈五行〉及郭店簡的其他幾篇；其三爲子思弟子後學所記子思言行，如〈魯穆公問子思〉等。我們認爲，這一劃分大體上是可信的。〔註40〕

章的「序說」部分，尤其是關於《禮運》與子游問題，可參考楊朝明：〈《禮運》成篇與學派屬性等問題〉，《中國文化研究》2005 年春之卷：楊朝明、盧梅：〈子游生年與《禮運》的可信性問題〉，《史學月刊》2010 年第 7 期。

〔註39〕 郭沂：《郭店楚簡與先秦學術思想》，第 414/419 頁。

〔註40〕 郭沂：〈《淮南子・繆稱訓》所見子思《累德篇》考〉，《孔子研究》2003 年第 6 期。郭沂先生在《郭店楚簡與先秦學術思想》一書的〈緒論〉中則提出四分法，第四部分爲子思門人的著作，將〈大常〉（〈成之聞之〉）、〈尊德義〉、〈有性〉（〈性自命出〉上部）、〈求心〉（〈性自命出〉下部）、〈六德〉以及〈大學〉

不過，根據梁朝沈約的說法，《禮記》中的〈中庸〉、〈表記〉、〈坊記〉、〈緇衣〉等四篇屬於《子思子》。〔註41〕這一說法，在郭店楚簡問世後，得到進一步的肯定。郭店簡與上博簡同出有〈緇衣〉一篇，對比簡本與傳本，人們發現其中存在差異。而對於〈緇衣〉的歸屬，除了沈約的說法之外，還有劉瓛的「公孫尼子所作說」。〔註42〕學者對此進行了廣泛的爭論。清儒錢曉徵便不同意劉瓛說，云：「休文去古未遠，其說當有所自。宋儒以〈中庸〉出子思氏，特表章之，而不知〈表記〉〈坊記〉〈緇衣〉三篇亦子思氏之言也。或謂〈緇衣〉公孫尼子所作。按《文選注》引《子思子》曰：『民以君爲心，君以民爲體。』又引《子思子》詩云：『昔吾有先正，其言明且清。』今其文皆在〈緇衣〉篇，則休文之說信矣。」〔註43〕黃以周輯《子思子》，根據古籍所引《子思子》認爲劉瓛之說不可信，而沈約之說「洵不誣矣」，故將〈緇衣〉等四篇作爲內篇。此後諸如晚清簡朝亮（1851～1933，字季紀）、胡玉縉（1859～1940，字綏之），今人顧實、張舜徽等皆從沈約之說。郭店簡出土後，更是幾乎眾口一詞，贊同沈約之說。

當然自古至今，贊同劉瓛說的也有。除陸德明之外，唐人徐堅（659～729，字固元）《初學記》、清儒毛西河、馬國翰、今人屈萬里（1907～1979）等皆從劉說。如徐堅說：「《禮記》者，本孔子門徒共撰所聞也，後通儒各有損益，子思乃作〈中庸〉，公孫尼子作〈緇衣〉。」〔註44〕郭店簡問世後，臺灣學者程元敏對大陸學者之皆從沈說提出批評。〔註45〕

等五篇歸入。我們對此表示異議。故不從。

〔註41〕 此說見於《隋書·音樂志上》所引沈約「奏答」云：「竊以秦代滅學，《樂經》殘亡。至於漢武帝時，河間獻王與毛生等，共採《周官》及諸子言樂事者，以作《樂記》。其內史丞王定，傳授常山王禹。劉向校書，得《樂記》二十三篇，與禹不同。向《別錄》，有《樂歌詩》四篇、《趙氏雅琴》七篇、《師氏雅琴》八篇、《龍氏雅琴》百六篇。唯此而已。《晉中經簿》無復樂書，《別錄》所載，已復亡逸。案漢初典章滅絕，諸儒捃拾溝渠牆壁之間，得片簡遺文，與禮事相關者，即編次以爲禮，皆非聖人之言。〈月令〉取《呂氏春秋》，〈中庸〉、〈表記〉、〈防記〉、〈緇衣〉皆取《子思子》，〈樂記〉取《公孫尼子》，〈檀弓〉殘雜，又非方幅典誥之書也。」

〔註42〕 〔唐〕陸德明：《經典釋文》卷十四《禮記音義·緇衣》題下注云：「〈緇衣〉，劉瓛云：公孫尼子作也。」（北京：中華書局，1983年，第211頁上）按：劉瓛（434-489）爲南齊經學家，早於沈約。

〔註43〕 〔清〕錢大昕：《潛研堂集》上冊，第287頁。

〔註44〕 〔唐〕徐堅：《初學記》卷21《文部》，北京：中華書局，1962年。

〔註45〕 程元敏：〈《禮記·中庸、坊記、緇衣》非出於《子思子》考〉，載《張以仁先

　　除了上述對立的兩種意見之外，還有第三種看法。如阮廷焯說：「瓛與沈約同時，其說不當有異。因疑〈緇衣〉之篇，不獨取子思之書，而亦有取公孫之書，此所言不同者，特各就己見爲說耳。」提出了調停的觀點。這種觀點已經接近了可能的眞相。

　　不過，如果認識到〈緇衣〉的性質，即屬於孔門所記「孔子遺說」的話，那麼我們就可以超越非此即彼的對立，而得出合理的解釋。郭店簡問世後，李天虹博士也說：「〈緇衣〉取自《子思子》，也並不妨礙公孫尼子爲〈緇衣〉的作者。」李零先生則進而指出：「前人的兩種說法，它們都可信，也都不可信。我們說可信，是說當時的《子思子》或《公孫尼子》，它們可能都有這一篇，而且沈約、劉瓛也完全可能看到它；不可信，是說子思子和公孫尼子，他們都不是該篇的眞正的『作者』或直接的『作者』。因爲我們所見到的〈緇衣〉，它的所有章節都是按同一格式編寫，即『子曰』加《詩》《書》引文。如果我們承認，這裏的『子曰』是記孔子之言，《詩》《書》是用來印證或發揮孔子的話，那麼，我們就找不到任何子思子和公孫尼子的言論，我們也就沒有任何理由說它是子思子或公孫尼子的作品。我個人認爲，也許更穩妥的說法倒是，〈緇衣〉是記孔子之言，子思子和公孫尼子都是傳述者，〈緇衣〉可能被子思子和公孫尼子同時傳述，並且分別收入以他們名字題名的集子。」〔註46〕在此基礎上，廖名春先生進行了深入的考察。他考證說，公孫尼子即孔子的弟子公孫龍，〈緇衣〉當是出於公孫尼子所記，後被其弟子後學收入《公孫尼子》；而子思則從公孫尼子那裏得到了〈緇衣〉等材料，後來子思整理和編輯乃祖遺說，其後學將之收入《子思》是可能的。

　　我們基本同意李零、廖名春等先生的說法，認爲〈緇衣〉不是子思子的著作，也非公孫尼子的著作，而是他們共同傳述的孔子言論。二人不是〈緇衣〉的直接作者，不能將之用來作爲研究思孟學派或公孫尼子思想的「直接史料」。我們認爲，簡本與傳本的差異，是因爲傳本經過了漢儒的整理，已經帶有漢代的時代印記而已。另如〈坊記〉、〈表記〉及〈中庸〉的部分，也當作如是觀。只不過，這幾篇沒有其他的說法出現，我們可以認爲屬於《子思子》，爲子思之儒所傳述的「孔子遺說」。

　　不過，我們也有幾點不同意見。李零先生說：「我們就找不到任何子思

生七秩壽慶論文集》上冊，臺北：學生書局，1999年，第1～47頁。
〔註46〕李零：《郭店楚簡校讀記》（增訂本），第70～71頁。

和公孫尼子的言論，我們也就沒有任何理由說它是子思子或公孫尼子的作品。」這似乎在理解上有所偏差。我們儘管不能確定其中有子思或公孫尼子的言論，但將之歸入子思子或公孫尼子的名下，亦符合古書之通例，並非不可思議之事。而且，儘管他們只是傳述者，但從他們之傳述此而不傳述彼，即在傳述時有所抉擇，亦可窺見其思想之取向，反映其思想之特徵。廖名春先生在郭沫若的基礎上，將公孫尼子考證為孔子弟子公孫龍，我們認為理據不足，不可信。公孫尼子當是孔子再傳。如果公孫龍是公孫尼子的話，他在〈仲尼弟子列傳〉中就不會僅有簡單的名字而已。公孫尼子可能與子思有師承關係，或密切接觸。〔註47〕

　　我們說〈中庸〉的部分內容與〈坊記〉等應同等看待，是因為〈中庸〉的問題較為複雜，今本〈中庸〉當由兩大部分組成：其一為子思所記的「孔子遺說」，其二為子思本人的作品。〔註48〕當然，在子思所記孔子遺說的部分，仍然可以再予劃分，又可以大體分為二至三篇。馮芝生〔註49〕、徐復觀〔註50〕、蔣伯潛〔註51〕、郭沂〔註52〕、梁濤〔註53〕、楊朝明〔註54〕等先生

〔註47〕虞萬里先生認為，〈緇衣〉屬於《子思子》，他編輯整理孔子遺說，而公孫尼子如果曾入子思之門或有接觸，對《子思子》的篇章予以加工也在情理之中。見氏著《上博館藏楚竹書〈緇衣〉綜合研究》，第449～450頁。

〔註48〕這種看法雖然得到了很多學者的認可，但仍有不少學者依然將〈中庸〉視為一篇完整的文章。如孔德立先生。他雖然對懷疑〈中庸〉為子思作的諸種觀點進行批駁，但他也不同意將之區分為不同片段的看法。見其《早期儒家人道思想的形成與演變──以子思為中心》，第94～114頁。

〔註49〕馮友蘭：《中國哲學史》上冊，上海：華東師範大學出版社，2000年，第273～278頁。

〔註50〕徐復觀：《中國人性論史・先秦篇》，上海：上海三聯書店，2001年，第91～137頁。

〔註51〕蔣伯潛說將〈中庸〉分為五大段。第一大段包括第2至第11章，以記孔子之言為主，時代最早：第二大段包括第12至第19章，雖亦記言，但已加以伸說，與〈緇衣〉、〈坊記〉、〈表記〉等相似；第三大段為第20章前半段，尚為記言體，但已為多藻飾，多排比的長篇議論，與〈哀公問〉、〈儒行〉、〈仲尼燕居〉、〈孔子閒居〉等相似。第四大段包括第20章後半段以下至第26章，為純粹之議論文；第五大段包括第27至第33章，全為讚揚之辭，旨愈玄而文愈華，時代最晚。此五大段中前二段，或即子思所作之〈中庸〉，後三段則為子思後學說〈中庸〉者所附加，而其撰述，亦非出於一人，成於一時。其最遲者，或在秦始皇統一之後。見氏著《諸子通考》，第339～340頁。林案：蔣氏說可商。孔門關於孔子之言行記載，存於《論語》、《孔子家語》、《禮記》為大宗。蔣氏據清儒陳澧《東塾讀書記》卷九（《陳澧集》第2冊，第164～167頁）關於戰國儒書記言之體分為三種的看法，將〈中庸〉分為三種不斷演

對此進行了很好的考察和論證。從此，今本〈中庸〉原非一篇的觀點得到了大多數學者的認同。楊朝明先生認爲，原本的〈中庸〉可能只包含第 2～9 章，而第 10～19 章可能爲獨立的一部分；第三部分爲第 20 章的前半段即「哀公問政」部分，這一部分與《孔子家語·哀公問政》基本相同，當屬於同源文獻。第四部分爲第 1 章與第 20 章後半段至篇末。不過，我們如果從總體上分爲兩大部分，即我們將第 2 至第 20 章上半段看作子思所記孔子遺說，其餘部分當是子思自作，應該是沒有問題的。對於子思自作部分，郭沂先生命名爲〈天命〉，而梁濤先生命名爲〈誠明〉。這部分代表了子思重要的哲學思想，是研究子思之儒的重要文獻。

　　除了《禮記》的四篇之外，見諸傳世文獻的可能還有《淮南子·繆稱訓》。據清人黃以周、今人楊遇夫、劉樂賢尤其是郭沂先生的考證，〈繆稱訓〉的主體部分當即《子思子》的〈累德篇〉之佚文。〔註 55〕我們認爲這一考證是大

　　　　進之文體，以定其年代早晚。我們認爲，這三種記言體，未必爲縱向演進的關係，也可能爲共時性並存關係。孔子與弟子之對話，絕非僅如《論語》之短章，《論語》之所以不同於《家語》、《禮記》當與孔安國所謂「正實而切事」的選擇有關。楊朝明師曾謂《論語》爲「孔子語錄」，則《家語》等則爲「孔子文選」，可謂切中要害。李零先生也曾提出，《論語》的編輯問題，他將之與《毛主席語錄》的做法進行了比較，認爲《論語》與〈仲弓〉或《禮》大小戴記等相關文獻之間是後者從前者演義還是前者從後者摘錄，兩種情況可能都存在，但很多是《論語》摘錄了一些談話或對話的繁雜記載。見李零：《簡帛古書與學術源流》，北京：三聯書店，2004 年，第 298～299 頁。不過，蔣先生將〈中庸〉分爲兩大部分，方向是對的。但他將後三段認爲是子思後學的撰述，則失之矣。

〔註 52〕郭沂：〈《中庸》成書問題辯證〉，《孔子研究》1995 年第 4 期。

〔註 53〕梁濤：〈郭店楚簡與《中庸》〉，《臺大歷史學報》2000 年第 25 卷。見孔子 2000 網「梁濤文集」。

〔註 54〕楊朝明師：〈《中庸》成書問題新探〉，《齊魯文化研究》第 3 輯，山東文藝出版社，2004 年；亦載楊師《出土文獻與儒家學術研究》，臺北：臺灣書房，2008 年，第 275～292 頁。

〔註 55〕黃以周在輯錄《子思子》佚文時，首先注意到《淮南子·繆稱訓》與子思書的密切關係，並將見諸〈繆稱訓〉的子思佚文一一標明，並斷言：「《淮南子·繆稱訓》多取子思。」總共有十二條散見於其他典籍的子思書佚文又見於〈繆稱訓〉。黃氏弟子曹元忠先生有〈上黃元同師論子思子書二〉（載氏著《箋經室遺集》，王欣夫輯，吳縣王氏學禮齋排印本，1941 年），曾專論《淮南子·繆稱訓》與《子思子·累德》篇問題，開探索二者關係之先聲。楊樹達先生在《淮南子證聞》（上海：上海古籍出版社，2006 年）校讀〈繆稱訓〉時說：「此篇多引經證義，皆儒家之說也。今校知與《子思子》佚文同者凡七八節之多，疑皆採自彼書也。惜《子思子》不存，不得盡校耳。」（第 92 頁。）劉樂賢指出：

體可信的。〔註56〕不過，郭沂先生進而考證《大學》亦出自子思之手，則過於牽強，不足服人。〔註57〕

也有學者注意到《易傳》與〈中庸〉的關係，進而將《易傳》也看作思孟一系的作品。清代大學者錢曉徵就敏銳地發現：「《易》與〈中庸〉其理一而已矣。」〔註58〕今人金德建（1909～1996）先生在其《先秦諸子雜考》中，嘗列舉 12 條證據，說明《易傳》與〈中庸〉思想的相通。在此基礎上，學者們對二者之間的關聯，進行了進一步的論證。而馮芝生先生對此亦有論說：「〈中庸〉的主要意思與《易傳》的主要意思，有許多相同之處。例如〈中庸〉說中，《易傳》亦說中。〈中庸〉注重時中，《易傳》亦注重時。不但如此，〈中庸〉與《易傳》中底字句，亦有相同者。如〈乾文言〉云：『不易乎世，不成乎名，遁世無悶，不見是而無悶。』〈中庸〉亦云：『君子依乎中庸，遁世不見知而不悔。』〈文言〉云：『庸言之信，庸行之謹。』〈中庸〉亦云：『庸德之行，庸言之謹。』〈文言〉云：『夫大人者，與天地合其德，與日月合其明，與四時合其序，與鬼神合其吉凶。』〈中庸〉亦云：仲尼『闢如天地之無不持載，無不覆幬，闢如四時之錯行；如日月之代明。』這些字句，都是大致相同底。《易傳》的作者不只一人，〈中庸〉的作者亦不只一人，《易

「楊樹達等前輩學者的研究，已足以證實〈繆稱〉與《子思子》有密切關係。據此，我們雖不能說〈繆稱〉全部取自《子思子》，但可以肯定，〈繆稱〉保存的子思學派思想必定相當豐富。」（〈《性自命出》與《淮南子·繆稱》論「情」〉，《中國哲學史》2000 年第 4 期。）郭沂先生的考證最爲翔實，在前人基礎上，更進一步與其他可信爲子思著作的文獻進行了思想的比較，指出了其間的密切關聯。進一步確定了該篇主體部分即〈累德〉的說法。見其〈《淮南子·繆稱訓》所見子思《累德篇》考〉，《孔子研究》2003 年第 6 期。

〔註56〕 孫紀文認爲，〈繆稱訓〉屬於思孟學派的作品，但非先秦作品，當屬於漢初的思孟學派所作。見氏著《淮南子研究》，北京：學苑出版社，2005 年，第 172 ～186 頁。我們認爲，〈繆稱訓〉顯然是漢初淮南王劉安門下儒家思孟一系所「作」，而此「作」又是根據子思〈累德篇〉予以加工、改造的。因此，我們認爲郭沂先生考察的結論：〈繆稱訓〉的主體部分屬於〈累德篇〉只能是大體可信，但我們不能忽視其中的漢代初期思想的時代痕迹，不能完全將之視爲子思作品。

〔註57〕 郭沂：〈子思書再探討——兼論《大學》作於子思〉，《中國哲學史》2003 年第 4 期。其實，此前倪上述已發此論：《孝經》「斷然與《大學》《中庸》同出於子思子」。見陳鐵凡：《孝經學源流》，臺北：「國立」編譯館中華叢書本，1986 年，第 50 頁引。當然，近代以來以爲〈大學〉成書於漢代的觀點，如馮友蘭、蔣伯潛等之說可爲代表。這種觀點是極爲錯誤的。

〔註58〕 〔清〕錢大昕：《潛研堂集》上，第 41 頁。

傳》的作者，也許有些就是〈中庸〉的作者。至少我們可以說，他們的中間，有密切底關係。」〔註 59〕他對〈中庸〉的作者提出了新的看法：「大概其中有一部分是子思所作，其餘是子思一派的儒家所作。」於是，在馮先生看來，《易傳》便可歸於子思之儒了。類似的看法，侯外廬先生《中國思想通史》中也可以看到。他認爲，「《易傳》之時代或在秦漢之交，而其作者的學派則是和荀子所謂俗儒『受而傳之』的精神分不開的。」「應歸於秦漢之間思孟學派所引申的思想」。〔註 60〕

不過，馮先生將這兩部著作都看作是秦漢之際戰國儒者的作品，在今天看來是大謬不然了。侯外廬關於《易傳》成書時代的判斷自然也是不對的。

劉大鈞先生在考察《易傳》思想和時代時，曾經指出：「《易大傳》之〈彖〉、〈象〉、〈文言〉等爲思孟學派所整理、潤色，〈繫辭〉中亦有思孟學的內容，當是比較清楚的事實。」〔註 61〕「《論語》與《易傳》的作者同屬於一個學派，⋯⋯屬於曾子後學思孟學派的作品。」〔註 62〕而《易傳》的基本部分約成書於戰國早期至中期。〔註 63〕這便在侯外廬等基礎上前進了一步，是較爲可信的說法。不過，我們還是認爲，《論語》只能看作出於曾子、子思的整理，而不能將之視爲其「作品」。同樣，《易傳》「子曰」屬於引述孔子遺說，而其餘部分可能是子思之儒的發揮和整理，與子思之思想相同或相通，是必然的。

《孝經》，傳統上認爲是孔子所作，曾子傳之。〔註 64〕亦有人主張是曾子所作，曾子弟子傳述之。鍾肇鵬、伏俊連、張濤等先生認爲當出於曾子一派，或爲其弟子所作。〔註 65〕郭沂、舒大剛、梁濤等先生以爲《孝經》當與

〔註 59〕 馮友蘭：《新原道》，北京：生活・讀書・新知三聯書店，2007 年，第 80～81 頁。

〔註 60〕 侯外廬：《中國思想通史》第 1 卷，第 371、372 頁。

〔註 61〕 劉大鈞：《周易概論》，第 22 頁。

〔註 62〕 劉大鈞、林忠軍：《易傳全譯》，成都，巴蜀書社，2006 年，第 15 頁。

〔註 63〕 劉大鈞：《周易概論》，第 15 頁。

〔註 64〕 蔣伯潛以爲《孝經》當作於西漢末。徐復觀先生亦認爲，《孝經》當作於漢武帝末年。此說爲《孝經》晚出之代表。見蔣伯潛：《諸子通考》第 349～358 頁；徐復觀：《中國思想史論集》，上海：上海書店出版社，2004 年，第 151 頁。

〔註 65〕 鍾肇鵬：〈曾子學派的孝治思想〉，《孔子研究》1987 年第 2 期，亦載氏著《孔子、儒學與經學》，北京：中國社會科學出版社，2009 年，第 187 頁。伏俊連：〈《孝經》的作者及其成書時代〉，《孔子研究》1994 年第 2 期。張濤：〈《孝經》作者與成書年代考〉，《中國哲學史》1996 年第 1 期。

曾子弟子樂正子春有關。〔註66〕胡平生先生則認爲，孔子、曾子和他的學生
（或學生的學生）都是該書的作者。而《孝經》在孟子之前還曾經被整理過，
這個工作可能即是由樂正氏之儒完成的。〔註67〕可見，學界占主流的觀點是
《孝經》當是曾子弟子樂正子春一派的作品。彭林先生提出新說，認爲《孝
經》當出於子思。〔註68〕虞萬里先生也有類似推論。〔註69〕李文玲也贊同彭
說。〔註70〕我們認爲，彭、虞二先生的推論還有很多需要解答的問題，但不
失爲一個很有啓發性的新說。因爲，我們看大部分學者的考察，都指出了該

〔註66〕郭沂：《郭店竹簡與先秦學術思想》，第383～390頁。舒大剛：《《孝經》名義
考——兼及《孝經》的成書時代》，《西華大學學報》2004年第1期。梁濤：〈樂
正氏之儒的「泛孝論」及與思孟學派的關係〉（上、下），《孝感學院學報》2006
年第1、2期。

〔註67〕胡平生：〈《孝經》是怎樣的一本書〉，《孝經譯注》，北京：中華書局，1996
年，第4～8頁。

〔註68〕彭林：〈子思作《孝經》說新論〉，《中國哲學史》2000年第3期。《孝經》成
書問題有近十種說法。大部分學者都認爲，該書當與曾子有密切關係，當出
於曾子後學。樂正子春與子思，皆爲曾子弟子，皆有可能。但歷來持「子思
說」者甚寡。只有王應麟《困學紀聞》卷七引馮椅之說，陳鐵凡《孝經學源
流》引倪上述說「斷然與〈大學〉〈中庸〉同出於子思子」，葉繩藁「夫子口
授，曾子手記，子思又修之」之說與之相近。郭沂分析認爲，「子思說」純屬
臆測，最不可信。黃開國先生則認爲，該書《孝經》一書系由儒家學者綜合
孔子、孟子、荀子及以樂正子春爲代表的孝道派的孝道理論而成，其成書當
不會太早。見〈先秦儒家孝論的發展與《孝經》的形成〉，《東嶽論叢》2005
年第3期。彭林先生根據郭店簡所看到的先秦古籍實例，對傳統上否定《孝
經》真實性的觀點予以批評，肯定了《孝經》與孔子思想的密切關係。並根
據該書體例與〈緇衣〉、〈表記〉、〈坊記〉等子思之書的文風，與郭店簡的時
代性的比較，推斷該書當出於子思所作。他還指出了〈坊記〉的幾條可能屬
於《孝經》的錯簡。這是很有啓發意義的。

〔註69〕虞萬里先生在比較了《孝經》與〈緇衣〉之後，指出二文在行文形式與篇題
命意等方面相同，二者可以推定爲同一時代同一學派的作品。他認爲，孔子
爲《孝經》第一作者，曾子則爲第一整理者。而子思接聞於曾子，記錄、類
編《孝經》之可能不能排斥。而從《孝經》與〈緇衣〉、〈坊記〉、〈表記〉、〈中
庸〉論孝之章節比較，更加密切了該文與子思的關係。並進而推論〈緇衣〉
之成型當在《孝經》之後。見氏著《上博館藏楚竹書〈緇衣〉綜合研究》第
397～403頁。我們認爲，虞先生的說法是可信的。李零先生也曾經主張〈緇
衣〉和《孝經》的情況類似。後來他放棄了這一看法。不過，對於《孝經》
而言，他認爲，孔子和曾子都可以稱爲《孝經》的作者，只不過孔子和曾子
屬於「作」、「述」相繼的「co-author」。見《郭店楚簡校讀記》第71頁。這
一看法是非常值得重視的。

〔註70〕李文玲：《《孝經》爲子思新撰考》，《管子學刊》2002年第2期。

書與曾子及其弟子有莫大的關係。如伏俊連主張《孝經》出於孔子，而成於曾子的學生，在《論語》與《孟子》之間。〔註71〕他並沒有推論出於樂正子春。而黃開國先生已經考察了《大戴禮記》「曾子十篇」中的幾篇屬於樂正子春的作品，與《孝經》的思想有明顯差距。〔註72〕這樣，在曾子的弟子中，除了樂正子春，值得考慮的就是子思了。

對於子思之儒的著作，在馬王堆帛書和郭店楚簡問世之前，人們的看法多屬於猜測，所以出現了很多失誤。如郭沫若先生在進行子思之儒與孟氏之儒的批判時，他比較了《尚書》中幾篇與子思〈中庸〉的思想關聯，曾認定《尚書》中的〈堯典〉、〈皋陶謨〉、〈禹貢〉、〈洪範〉等篇是思孟之徒的作品。〔註73〕侯外廬《中國思想通史》第一卷中曾對比〈中庸〉「五事」與〈洪範〉「五行」，指出二者之間「文句雖不相同，而義旨實無差異」〔註74〕。他也認為〈洪範〉屬於戰國儒者的造作，並推測「〈洪範〉的作者即不能指定必為子思，但也可作後人『受而傳之』者看待」〔註75〕，將之視為「思孟學派」的著作。這便是郭沫若觀點的繼承了。

其實，郭、侯等先生這個看法有些倒果為因。很顯然，這一說法已經被現有的《尚書》研究所否定。其實，《尚書》本為孔子所刪定之古代檔案文獻，〈洪範〉當為西周文獻，已得到大多數學者的公認。思孟之徒研習六經，必然會受該書之影響，自不待言。其思想能與《尚書》的某些篇章相通，只能認為是思孟之徒對《尚書》思想的吸取，而不能將之視為思孟之儒的作品。李學勤先生認為，〈洪範〉絕非戰國時期的作品，而應是西周時期的文獻。通過對比〈洪範〉「五行」與〈中庸〉的「唯天下至聖」章的關係，揭示了〈尚書·洪範〉「五行說」對思孟「五行說」的影響。〔註76〕

〔註71〕伏俊連：〈《孝經》的作者及其成書時代〉，《孔子研究》1994年第2期。

〔註72〕黃開國：〈先秦儒家孝論的發展與《孝經》的形成〉，《東嶽論叢》2005年第6期。

〔註73〕郭沫若：《青銅時代·先秦天道觀之進展》，《郭沫若全集·歷史編》第1冊，北京：人民出版社，1982年，第366～368頁；又見於《十批判書·儒家八派的批判》，《郭沫若全集·歷史編》第2冊，第137頁。

〔註74〕侯外廬：《中國思想通史》第1卷，第375頁。

〔註75〕侯外廬：《中國思想通史》第1卷，第371頁。

〔註76〕李學勤：〈帛書《五行》與《尚書·洪範》〉，《學術月刊》1986年第11期，亦載《李學勤集》，哈爾濱：黑龍江教育出版社，1989年，第363～371頁。

二、〈坊記〉、〈中庸〉、〈表記〉、〈緇衣〉「子曰」辨

上文已經言及，學者們認可今本《禮記》之〈坊記〉、〈表記〉、〈緇衣〉和〈中庸〉爲《子思》的內容。這四篇文獻有一個共同點：它們通篇都是以「子曰」的形式存在的，當然〈中庸〉的另一部分除外。在這四篇之中所引「子曰」（或作「子言之」、「子云」、「仲尼曰」）到底是否孔子之言？如果是孔子之言，那麼是否經過了子思之儒的加工、改造或僞託呢？

自宋代以來，關於「子曰」、「子言之」、「子云」的指稱問題，聚訟紛紜，莫衷一是。因爲「子言之」、「子云」等與《論語》等「子曰」不同，這幾種不同的說法集中出現在這幾篇之中，頗啓人疑竇。孔穎達《禮記正義‧緇衣》云：「此篇凡二十四章，唯此云『子言之曰』，餘二十三章皆云『子曰』，以篇首宜異故也。」於〈坊記〉篇，《正義》云：「此篇凡三十九章，此下凡三十八章悉言『子云』，唯此一章稱『子言之』者，以是諸章之首，一篇總要，故重之，特稱『子言之』也。餘章其意稍輕，故皆云『子云』也。諸書皆稱『子曰』，唯此一篇皆言『子云』，是錄記者意異，無義例也。」於〈表記〉，《正義》云：「稱『子言之』凡有八所，皇氏云：『皆是發端起義，事之頭首，記者詳之，稱「子言之」，若於「子言之」下，更廣開其事或曲說其理，則直稱「子曰」。』今檢上下體例，或如皇氏之言。」不過，在宋代以前，經師皆以孔子之言視之，幾無他說。

但是，宋代以後，有學者指出，在〈坊記〉中引有《論語》及《春秋》，〈緇衣〉引《易》頗可置疑。如〈坊記〉引《論語》一章：

> 子云：「君子弛其親之過，而敬其美。《論語》曰：『三年無改於父之道，可謂孝矣。』高宗云：『三年其惟不言，言乃歡。』」

對此，王應麟曰：「《論語》成於夫子之門人，則《記》所謂『子云』者，非夫子之言也。」﹝註 77﹞此後，各種爭論四起，有將之通認爲是「孔子之言」者，也有統認爲是「子思之言」者，也有認爲其中既有孔子之言，又有子思之語者。當然，具體情況又各不相同。虞萬里先生對此條分縷析，茲轉引如次，並予以逐一辨析：

（1）「子云」係孔子語，其他轉語是記者之言。持此說者有明代郝敬（1558～1639，字仲輿）《禮記通解》云：「篇中所言，不無偏曲，逐節『子云』下

﹝註77﹞ ﹝宋﹞王應麟：《漢書藝文志考證》，載《漢制考　漢書藝文志考證》，北京：中華書局，2011 年，第 198 頁。

是聖言，其餘轉語，皆記者推廣、雜引經傳，以證坊民之義，而意往往不協。《書》多引古文，故是後人補綴。」明末清初大儒王船山承襲此說。林按：郝氏所言「意往往不協」的情況並不多見，所謂「協」與「不協」往往取決於讀者的體會和解讀，這種看法不具客觀性。另外，以《古文尚書》晚出來證明轉語屬於後出，在今天看來也值得商榷。諸多學者已經指出，《古文尚書》並不一定晚出，更非「僞書」。

（2）記者引孔子語，非孔子自引經自釋其言。清人姜兆錫（1666～1745，字上均）《禮記章義》云：「篇中各章皆記者雜引夫子及各經之言，以申首章之意，非夫子於各章引經自釋其言也。」林按：姜氏以「子曰」等爲記者所引，自然是正確的。

（3）係孔子之意旨而非原語。清汪紱（1692～1759，字燦人）《禮記章句》云：「凡稱『子言之』者，述孔子之意，而非必孔子之言也。」林按：這些「子曰」、「子言之」出於弟子門人所記，當「不失夫子之旨」，當然，任何記錄都不一定能保證屬於完全眞實客觀的。不僅此處如此，《論語》也當作如是觀。不僅孔子之語如此，任何歷史記載皆當如是觀。但不能因之完全否定歷史記載，否則則陷於歷史虛無主義矣。

（4）增損孔子之言而以己意出之。清任啓運（1670～1744，字翼聖）《禮記章句》云：「（〈表記〉）篇中雖皆述子言，然皆以己意爲主。如〈中庸〉例，多以己語及《詩》、《書》語參錯成文，且有即子言而增損字句以就己意，非如《論語》專爲記言也。〈坊記〉、〈緇衣〉亦然。」於「子曰：『夏道尊命……』」章云：「王石梁曰：未敢信爲孔子之言。愚謂記者皆七十子之徒，記述聖言而未得聖人之意，類多語病則有之，若謂僞撰而託之聖人，則亦太誣之矣。」林按：如何判斷何爲增損，何爲眞孔子之言，標準何在？是否僅以《論語》爲標準？不過，任氏後一說法，確爲有見。其記載孔子之語，可能因爲種種原因而不純，但卻不能因之疑爲僞託。

（5）弟子雜引孔子之言耳未必盡是。清劉沅（1767～1855）《禮記恒解》云：「（〈坊記〉）此篇蓋孔子之徒雜引孔子之言，以明聖人謹小愼微，防患於未然之意，而以經傳實之。每章或全係孔子之言，或不盡孔子之言，當分別觀之。」林按：這種看法看似公允，但如何分別？需要一個標準。

（6）承襲傳聞所記的孔子之言。清儒陳蘭甫《東塾讀書記》卷九將古之記言體例分析分三：「其一，聞而記之，所記非一時之言，記之者非一人

之筆，彙集成篇，非著書也，尤非作文也，《論語》是也。其一，傳聞而記之，所記非一時之言，記之者則一人之筆，伸說引證而成篇，此著書也，〈坊記〉、〈表記〉、〈緇衣〉是也。其一，亦傳聞而記之，記之者一人之筆，所記者一時之言，敷演潤色，駢偶用韻而成篇，此作文者也，〈禮運〉、〈儒行〉、〈哀公問〉、〈仲尼燕居〉、〈孔子閒居〉是也。」林按：孔門關於孔子之言行記載，以存於《論語》、《孔子家語》、《禮記》為大宗。我們認為，這三種記言體，未必為縱向演進的關係，也可能為共時性並存關係。揆諸情理，孔子與弟子之對話，絕非僅如《論語》之短章，《論語》之所以不同於《家語》、《禮記》當與孔安國所謂「正實而切事」的選擇有關。亦即是說，《論語》之短章當是弟子之「課堂筆記」，或對孔子原語之凝練。而《禮記》、《家語》等所載孔子與弟子之長篇對話，則可能是實錄，或弟子事後之回憶補記，所謂「退而記之」是也。因此，將《論語》視為真，將《家語》、《禮記》等視為「偽」或「敷陳演義」恐怕不當。楊朝明先生曾謂《論語》為「孔子語錄」，則《家語》等則為「孔子文選」，雖近於比附，但亦切中要害。

（7）以子言之、子云、子曰等指子思。持此說者有錢曉徵、簡朝亮、胡玉縉。錢氏《潛研堂文集》卷八云：「（〈緇衣〉）其詞純粹平易，非子思之不能作也。」又卷十七《論子思子》云：「〈坊記〉一篇引《春秋》者三，引《論語》者一。《春秋》孔子所作，不應孔子自引。而《論語》乃孔子沒後諸弟子所記錄，更非孔子所及見。然則篇中云『子言之』、『子曰』者，即子思子之言，未必皆仲尼之言也。」

簡氏《禮記子思子言鄭注補正》卷一云：「〈中庸〉稱『仲尼曰』者，孫稱其祖之字而述之也，蓋猶禮祝詞所稱也，則〈中庸〉為子思作信矣。若夫〈坊記〉、〈表記〉，其篇首稱「子言之」，皆與〈緇衣〉例同，蓋稱子，則著其為師也，斯皆門人述子思而作者歟？其篇首皆稱『子言之』者，別乎《論語》而變文也；其下或稱『子云』、『子曰』者，以篇首既別無嫌也，皆子思也，非孔子也。」

胡玉縉《許廎學林》卷六《輯子思子佚文考證》云：「沈約云：『《禮記》〈中庸〉、〈表記〉、〈坊記〉、〈緇衣〉皆取《子思子》。』證以馬總、李善所引，時時見於〈表記〉〈緇衣〉，疑所稱『子云』、『子曰』、『子言之』，皆子思子之言。」林按：此說因此幾篇引《論語》等書，以否定其為孔子，而證其為子思，實屬過於草率。第一，古書無標點，「子曰」等包含哪些內容，

不能確定，《論語》可能不屬於「子曰」內容。第二，「《論語》曰」三字亦可能屬於後世所增或所注混入正文。第三，篇中「子曰」、「子云」等與孔子思想完全相合者甚夥，以此否定其爲孔子之語，必定不合情理。

（8）皆指公孫尼子。持此說者有清人姚際恒（1647～1715，字善夫）。杭世駿（1695～1773，字大宗）《續禮記集說》卷九二引姚氏云：「然則篇中所有『子曰』者，蓋公孫尼子也。不然，鮮不爲孔子矣。因知《記》中他篇亦有『子曰』字者，本非冒爲孔子，不可便以爲孔子之言也。然安得有劉瓛其人者，篇篇指爲某人作哉。」任銘善先生亦持此說。《禮記目錄後案》云：「（〈坊記〉）此篇記文義例與〈表記〉〈緇衣〉相同，但此言『子言之』、『子云』者，此『子』不指孔子而言，蓋戰國諸子之語，其弟子記之，皆稱子也。知之者，此篇所引《論語》曰：『三年無改於父之道，可謂孝矣。』按《論語》孔子弟子門人所記，則孔子不得引之，是知必非孔子之言。……鄭君於〈坊記〉、〈表記〉、〈緇衣〉目錄俱不言孔子，必知其非孔子言矣。」林按：此說與上說同理。任銘善以鄭康成未提及孔子而否定其爲孔子之語，尤爲魯莽。

（9）以「子曰」爲孔子，「子言之」、「子云」爲子思。如邵晉涵（1743～1796，字與桐）《南江文鈔》卷八〈與朱笥河學士書〉云：「其稱『子曰』者，夫子之言也；其稱『子云』、『子言之』者，皆子思子之言也。前後四篇，或後引聖言以證成其義，或先述祖訓而敷暢厥旨。節次相仍，皆有精意。其得家庭之彝訓者既具著於篇矣，而於《論語》之撰自及門者亦取徵焉。此子思子之體也。先儒誤以『子云』爲夫子之言，遂以述《論語》爲疑，因有疑爲後時掇拾，不盡純者。昧於信經，勇於疑古，殆未之思乎？」黃以周《子思子輯解》卷三《內篇・表記》云：「凡曰『子言之』者，皆子思子之言，表明其旨趣之所在，非發端之定詞也……『子言之』與『子曰』必兩人之言。而『子曰』爲夫子語，則『子言之』爲子思子語，更何疑乎？」又云：「『子云』者，子思子之言，所以別『子曰』也。」林按：這樣自然可以解決《論語》出現於該篇的問題，但是如何斷定「子言之」便是子思之言，而非孔子之語，關鍵不在形式，而在思想。孔穎達說：「諸書皆稱『子曰』，唯此一篇皆言『子云』，是錄記者意異，無義例也。」孔氏謂這裏並無深意，並無義例可言，此說值得認眞對待。

（10）與此稍異的是顧實先生之說：「〈中庸〉獨稱『子曰』，稱『仲尼曰』，故司馬遷謂子思作〈中庸〉。其〈表記〉、〈坊記〉、〈緇衣〉，開端皆稱

『子言之』，蓋子思語而弟子述之也。稱『子云』、『子曰』者，引孔子語也。」林按：其不合理，同上。

（11）「子言之」爲孔子語，「子曰」、「子云」爲子思子語。胡玉縉早年持此說。其〈《禮記・表記》子言之說〉云：「今詳文義，凡稱『子言之』，大都義正詞純，於《論語》爲近。鄭以爲孔子言，至爲精塙。……由是言之，『子言之』爲子思原引孔子文，餘『子曰』爲子思之徒雜取子思說。」不過，他後來放棄了此說，改認爲皆指子思子說。林按：胡氏已自覺其非，我們今日自毋庸饒舌。

我們認爲，在傳世文獻和簡帛文獻的互相印證中，可以發現「子言之」、「子云」、「子曰」、「夫子曰」、「孔子曰」等皆當指孔子而言，其間並沒有什麼「義例」可言，對比相同的引文不同文獻中或稱「子曰」，或稱「孔子曰」，或稱「夫子曰」，或稱「仲尼曰」，可能只是引用者或抄寫者之不同習慣而已，並無深意存焉。學者於此過於著意，難免鑿深之弊。

在郭店簡發現之後，學者對此進行了進一步的分析。除個別學者如孔德立先生仍然堅持「子言之」爲子思之言，「子云」、「子曰」爲孔子之語，且屬於子思之轉述，可以視之爲子思之言的觀點之外〔註78〕，大部分學者認爲，這些「子言之」、「子云」、「子曰」當是指孔子，而且是可信的孔子遺說。持此說者有郭沂、李零、楊朝明等先生。

郭沂先生將這些記載孔子言行的文獻稱之爲「論語類文獻」，其中除了公認爲可靠的《論語》之外，還包括（1）今本和帛書本《易傳》中的有關文獻；（2）《孝經》；（3）大小戴《禮記》中的有關文獻；（4）上海博物館藏戰國楚竹書中的有關文獻；（5）定縣竹簡〈儒家者言〉和〈哀公問五義〉；（6）《荀子》中的有關文獻；（7）《孔子家語》《孔叢子》中的有關文獻。〔註79〕郭先生認爲這些文獻基本上可靠的孔子史料。這其中自然包括上述四篇文獻。

楊朝明先生十分關注「孔子遺說」的問題，在其主持的國家社科基金項目「六經之教與孔子遺說」課題中，曾對《孔子家語》以及大小戴《禮記》和《荀子》等相關文獻中的「孔子遺說」進行了綜合比對，指出了《孔子家語》是基本可靠的孔子遺說，而大小戴《禮記》中的孔子遺說雖然經過了漢

〔註78〕參見孔德立：《早期儒家人道思想的形成與演變——以子思爲中心》，第88~90頁。

〔註79〕郭沂：《郭店竹簡與先秦學術思想》，第354~361頁。

代人的潤色和改編，但其基本內容沒有改變，故也是較爲可信的孔子遺說。其中也自然包括上述四篇文獻。

　　李零先生也認爲，〈緇衣〉等所記爲孔子之言。他說：「現在，我的看法是，〈緇衣〉雖然很可能是出於傳述者的整理，而不是孔子自著，但我們卻不應把它解釋爲子思子或公孫尼子的創作，甚至也不能說它是合併孔子、子思和公孫尼子的話而組成。特別是，原書在『子曰』後並未出現其他『說話人』。按照古人的習慣，我們不能說，它開頭的話是孔子講的，後面的話是傳述者講的，《詩》、《書》引文也是由傳述者加上去的。更何況，即便這些話包含不同時期和不同人物的言論，事實上也不能加以區分。」〔註80〕李先生這一說法甚確。〔註81〕

　　其實，虞萬里先生基本上也同意上說。只不過，他對此進行了細緻的分疏，其觀點就更加具體而深入。虞先生對〈緇衣〉篇進行了深入的探討，他首先考察了〈緇衣〉等篇所見「子言之」、「夫子曰」、「子曰」等的指稱問題，認爲這些「子曰」、「子言之」等皆當是指「孔子之語」。將〈緇衣〉所引孔子語，與其他文獻所載較爲可信的孔子之語和孔子思想進行了比勘，對〈緇衣〉每章的承接詞及其後部分進行了大量考察，對引《詩》引《書》的部分與正文的關係也進行了分析，最後得出結論是：〈緇衣〉每章都可以分爲三個部分：緊接著「子曰」之後者爲第一部分，此一部分基本爲孔子之原語，但並不排斥纂輯者爲整齊文句與形式之需要而略作個別字詞之增刪與改

〔註80〕李零：《郭店楚簡校讀記》（增訂本），第72頁。

〔註81〕彭林先生對此說持異議。他認爲，孔子每每要求弟子學《詩》《禮》，而無要求學習《書》的記載，孔子沒有徵引《詩》《書》的習慣，〈緇衣〉、〈表記〉、〈坊記〉等篇中所引《詩》《書》非孔子所引，當是子思所加，屬於引《詩》《書》以「述仲尼之意」，是子思的創造，這是體現子思學派特色的地方，雖非子思本人的話，但卻可以表明子思思想的特點，並以此體例論證〈緇衣〉等篇與《孝經》等同屬子思之儒的作品。見其〈子思作《孝經》新論〉。對此，我們認爲，彭先生的推論過當。《孔子家語·弟子行》中有「孔子之施教也，先之以《詩》《書》」。《論語》中雖然引《書》之例甚寡，但並不能據此推斷孔子無引《書》之習慣。虞萬里先生則折衷其說，以爲〈緇衣〉所引之《詩》《書》不排除其少量或個別爲孔子所引，但大部分當是子思後學在纂輯和傳授過程中遵循春秋、戰國以來賦詩引詩之風氣，選擇足以闡發章旨亦即孔子思想的《詩》《書》文句先後增飾而成。見《上博館藏楚竹書〈緇衣〉綜合研究》，第308頁。這一看法經過詳實的考證，我們認爲大體是可信的。只是我們還是無法區別哪些是孔子所引，哪些是後學所增。不過，這並不妨礙〈緇衣〉等篇爲「孔子遺說」的總體判斷。

動。承接詞之後爲第二部分，此一部分中有與第一部分一氣貫聯的孔子原語，但或許更多的是〈緇衣〉編纂者撮取其他孔子言論本著〈緇衣〉宗旨和其行文形式進行的加工後的語言。引《詩》引《書》者爲第三部分，其中不排斥有個別或少量爲孔子所引，然大部分是《緇衣》纂輯和傳授者增飾而成。〔註82〕

　　梁濤先生在研究《禮記》的〈緇衣〉、〈表記〉和〈坊記〉的「子曰」問題時，根據簡本〈緇衣〉與今本首章的不同，肯定了「子言之」、「子云」、「子曰」當爲孔子說。但他不同意郭沂的做法，認爲郭沂先生的「論語類文獻」的說法「失之片面」，與疑古派的做法同樣不可取。他認爲「這些不見於《論語》的『子曰』，雖不能說全無根據，但與《論語》的內容相比，至少有兩點不同：一是沒有經過孔門多數弟子的認可；二是在孔門後學中不具有《論語》那樣的權威地位。」在具體的比對後，他指出：「子思引述『子曰』的一部分還是以孔子言論爲根據的，是言之有據、持之有故的。只不過在文辭和表達上出現了一些『變形』而已，而這種『變形』乃是口耳相傳階段的常見現象。而且就另一部分與孔子思想存在一定差別的『子曰』而言，那也不過是子思根據時世的變化，對孔子思想作了新的詮釋和發展，說它與孔子的思想存在一定的差別可，說它與孔子的思想完全對立乃至排斥則不可。」並進一步提出：「如果不把孔子之『意』看做是靜止、固定的，而是動態、變化的話，那麼，『子曰』便無疑是表達孔子之『意』的最佳方式──某種程度上，這不僅僅是子思，同時也是孔門後學普遍採用『子曰』表達形式的原因所在──只不過它不是一般意義上的『實錄』，而是對孔子思想的內在詮釋，是對孔子思想的既繼承又發展。因而在處理先秦典籍中的『子曰』時，就不可簡單地停留在『信』或『疑』上，而是要根據其內容進行『釋』，根據其內容做出具體分析，將其放在儒學思想發展的脈絡中進行解釋和說明。」〔註83〕對於這一看法，劉光勝兄表示同意，並做了進一步的分析。他將子思學派思想的發展大致分爲前後兩個階段：第一個階段是子思學派思想的醞釀和形成期，主要以「子曰」的形式敘述孔子的思想，同時也摻雜自己思想的闡發，代表著作包括〈表記〉、〈坊記〉、〈緇衣〉等語錄體文獻；第二個階段是子思學派思想的成熟期，以〈五行〉、〈中庸〉、〈魯穆公問子思〉爲代表，

〔註82〕虞萬里：《上博館藏楚竹書〈緇衣〉綜合研究》，第282～308頁。
〔註83〕梁濤：《郭店竹簡與思孟學派》，第239、250頁。

子思用獨立論著的形式進行自己學派的理論構建，打通天人之際，形成了較爲完整的思想體系。並以此爲基準，將《大戴禮記》之「《曾子》十篇」與〈緇衣〉等文獻進行對比，得出結論：「《曾子》十篇」和〈緇衣〉、〈坊記〉、〈表記〉相同或相近的有 17 條，其中有 3 條明見於《論語》，「《曾子》十篇」和〈中庸〉、〈五行〉、〈魯穆公問子思〉相同或相近的只有 8 條，從數量上看，從青年到晚年，子思受曾子的影響逐漸衰弱。《論語》中的某些語句，如『三年無改於父之道，可謂孝矣』，見於「《曾子》十篇」，又見於〈坊記〉，可見孔子對曾子、子思都有所影響。但有些語句，如〈坊記〉的『孝以事君，悌以事長』，主張臣對國君要孝，但《論語・八佾》說：『君使臣以禮，臣事君以忠。』孔子主張臣對國君要忠，子思和孔子的思想不同，而與曾子思想相同。」〔註84〕

　　梁先生等的說法當然超越了以往對「子曰」的簡單懷疑，不過，這一看似理性和公允的做法，其中包涵著深層的危險。以什麼標準來確定哪些是眞的孔子之言，哪些又是後儒的假託或詮釋？這是需要首先解決的問題。對此，梁濤先生的解釋是：「我覺得這類似於文物鑒定。例如一件字畫或瓷器，專家看一看就會告訴你它是什麼朝代的。這裏有沒有標準？當然有，比如紙張的質地，胎質的厚薄等等；但鑒定在很大程度上又是一種經驗的積纍，有感覺的成分在裏面。『子曰』的問題也是這種情況。首先，比較可靠的『子曰』應該是《論語》中的記載，這是大家比較認可的，是判定其他『子曰』的一個標準。如果有些『子曰』與之差別太大，有明顯衝突的話，那就可疑了。有些『子曰』，《論語》中雖然沒有類似的表述，但思想上差別不大，這是可以接受的。」〔註85〕

　　其實，梁濤先生的看法，在今天的學術界還佔據著主流。如丁鼎先生在分析這幾篇的「子曰」等問題時，雖然也認爲當指孔子，而非子思，但也指出這些話並不一定是孔子的原話，可能是經過編撰者的改編和發揮，甚至是假託孔子之言以闡發之間的思想。王葆玹先生明確指出：「對《論語》之外的『子曰』應加分析，區別眞僞，《左傳》所引的孔子言論大致上是可信的，而《禮記》、《易傳》、《孝經》等書所引的孔子言論或是經過了後人的潤色，或

〔註84〕劉光勝：《〈大戴禮記・曾子〉研究》，清華大學博士學位論文，2010 年，第152～154 頁。

〔註85〕宋立林：〈思孟學派：義理與考據之間——梁濤先生訪談錄〉，《現代哲學》2010年第 4 期。

是後人所偽託。作這種潤色和偽託的後人,當主要是孔氏家族的人物,以子思為最早,以孔僖為最晚。」〔註86〕

學者懷疑這些「孔子遺說」的依據大約有以下幾點:第一,孔子述而不作,文獻所載孔子之語未必可靠;第二,思想與《論語》不合,或有道家、陰陽家思想;第三,出現了後世之用語;等等。因此,我們需對此作一辨析。

我們認為,這些論據皆不能充分證明孔子之語多為後世之依託或偽造。在這一問題上,我們認為應當在以下方面給以充分注意:

第一,後世偽造孔子語問題考辨。孔子曾說自己「述而不作」,有學者以此為據,認為今存的孔子語多為後世儒家為了突出自己學說的權威性而進行的假託或偽造。其實,孔子所謂「述而不作」,絕非僅講學授徒,而不寫作之意。孔子此語乃謙詞,是說自己的思想體系乃繼承三代(述),而非自創新說(作)。這一點在〈中庸〉中可得到證明。〈中庸〉引孔子之語:「無憂者其惟文王乎!以王季為父,以武王為子,父作之,子述之。」作即為開創之意,述為繼承之意。可見孔子並非不曾寫作東西,古籍所記孔子「贊《易》,作《春秋》」應非虛言。

大多數學者以韓非子之說為據來說明文獻中的孔子之語多不可靠。在〈顯學篇〉中說:「故孔、墨之後,儒分為八,墨離為三,取捨相反不同,而皆自謂真孔、墨,孔、墨不可復生,將誰使定後世之學乎?」

固然,先秦兩漢文獻中關於孔子的記載頗豐,且魚龍混珠,駁雜不一。然而,我們不能據此就對一切記載皆持懷疑和否定的態度。我們認為,韓非之語有其特指,不能據此否定七十子及其後學所記孔子之語的可靠性。在此,韓非所指乃是強調孔墨後學對孔子、墨子的思想各有不同的取捨,並不是指孔墨後學的製造假的孔墨文獻。

《淮南子·脩務訓》曰:「世俗之人,多尊古而賤今。故為道者,必託之於神農、黃帝而後能入說。」也只是說戰國、秦漢之人為增強自身學說的權威性而託之於遠古神農、黃帝這些傳說中的人物,韓非子曾指出孔、墨皆言堯、舜,但並未認為有託之近世者。孔子去世距漢初不過二百餘年,且孔子弟子眾多,影響甚巨,該學派又特重視文獻,因此關於孔子的言論事跡當為儒者乃至一般人所共知,在此種情況下,若假託或偽造孔子之語幾乎不可能

〔註86〕王葆玹:〈晚出的「子曰」及其與孔氏家學的關係〉,載《紀念孔子誕辰2550週年國際學術研討會論文集》下冊,第1820頁。

的。尤其值得注意的是，《論衡・正說篇》記載：「東海張霸案百篇之序，空造百兩之篇，獻之成帝。帝出秘百篇以校之，皆不相應。於是下霸於吏，吏白霸罪當至死。」如此看來，在西漢時期製造假古文獻是犯死罪的，所以人們一般不會冒殺頭之禍去製造假的孔子文獻。

我們在《論語》、《孔子家語》等文獻中，可以看到，孔門弟子有著記錄孔子言行的、勤做筆記的習慣。「子張書諸紳」、「子貢跪曰：請退而記之。」等等。而現在保存的大量孔子言論如《論語》、《孔子家語》、《禮記》及今、帛本《易傳》等中的孔子語正是孔門弟子及其後學在筆記的基礎上整理的結果。

《孔叢子・公儀篇》記：穆公謂子思曰：「子之書所記夫子之言，或者以謂子之辭。」子思曰：「臣所記臣祖之言，或親聞之者，有聞之於人者，雖非其正辭，然猶不失其意焉。」可見，在孔子死後，關於孔子言論的可靠性就有了疑問，但正如子思所言，這些孔子之語，「或親聞之者，有聞之於人者，雖非其正辭，然猶不失其意」。從這裏人們似乎可以得出一個看法，那就是在子思當時已經有人懷疑其所記孔子之語存在問題。但是，我們認爲，這種懷疑任何時代，對於任何記載都是可以存在的。《孔叢子》之所以記錄這一則材料，目的在於突出子思的話：「雖非其正辭，然猶不失其意」。這一則材料，可以告訴我們幾個信息。其一，子思書中存在著大量的孔子之語；其二，子思所記的這些孔子之語有直接聞之於孔子的，也有從別人那裏（可能更多是從孔子弟子那裏）聽到的；其三，這些孔子語不能保證完全是孔子原話，但可以保證不失其意。這也就可以佐證，〈緇衣〉、〈坊記〉等篇中皆當是記孔子之語，而非記子思之言。因此，在沒有確鑿的反證之前，我們只能信「子曰」等其爲眞孔子之語。其他孔門弟子及其後學的記載也應作如是觀。

第二，不能以與《論語》思想不合而判定爲僞。人們研究孔子多以《論語》爲唯一可信資料，很多學者以爲凡與《論語》不合者皆爲僞，不可據以研究孔子思想。比如梁任公先生以爲《論語》中的「孔子是現實主義者，不帶宗教色彩」，而《易傳》中的孔子則帶有宗教家色彩，其中所表現的「陰陽」等玄學意味多，故與《論語》相衝突，從而認定「孔子的書以《論語》爲最可信，則不能信〈繫辭〉」。其他學者也以爲《論語》中的孔子不講形而上，而《易傳》中則充滿形上的意味，所以不可能爲孔子之言。

這裏有兩點值得注意：其一，《論語》本是語錄體，並非孔子思想言行

的全部資料，並不能反映孔子的全部思想。陳來先生就曾指出：「《論語》所記並不完全，尤其是孔子晚年的學術活動在《論語》中並未得到充分體現。因此，《論語》的材料不能用來排斥、否定其他古文獻中所載孔子思想的材料。」其二，即便如《論語》，其中的孔子也並非不言「性與天道」，沒有「玄學」意味。孔子所謂天，既有主宰義，如：「天之將喪斯文也」；也有自然義，如：「唯天爲大，唯堯則之」。這一點前輩學者如蘇淵雷（1908～1995）、金景芳、張岱年（1909～2004）等先生都有論述，廖名春先生對於一些學者關於「孔子罕言天道，其所說之天是主宰之天；孔、孟是不講陰陽的，儒家典籍《論語》、《孟子》、〈中庸〉裏都不見陰陽說，〈繫辭〉的陰陽說本於道家和陰陽家」等等說法，進行了批駁，指出，《論語》中孔子也有自然之天的思想；〈繫辭〉的陰陽說不一定就本於道家和陰陽家。證據確鑿，言之成理。蒙培元先生指出，孔子所謂的「天」有四種涵義：一爲意志之天；二爲自然之天；三爲命定之天；四爲義理之天。孔子說「志於道，據於德，依於仁，游於藝」，正是講的天道與人道關係的，孔子所志之「道」，就是天道無疑。

人們之所以認爲孔子不講「性與天道」，是緣於《論語‧公冶長》記載：「子貢曰：『夫子之文章，可得而聞也；夫子之言性與天道，不可得而聞也。』」然而對於這一句話的理解，自古以來就存在著很大分歧。我們認爲，若孔子無「性與天道」的思想和言論，子貢則不會提及「性與天道不可得而聞」。程子說：「此子貢聞夫子之至論而歎美之言也。」朱子說：「文章，德之見乎外者，威儀文辭皆是也。性者，人所受之天理；天道者，天理自然之本體，其實一理也。言夫子之文章，日見乎外，固學者所共聞；至於性與天道，則夫子罕言之，而學者有不得聞者。蓋聖門教不躐等，子貢至是始得聞之，而歎其美也。」張仲清也說：「非孔子無性與天道之學也，特不如其倫理政事之常對人言耳。……蓋稍涉高遠者，皆不常言之。其高遠之哲學如『一貫』之道，『大同』之說，非得其人不道也。『一貫』『大同』皆與《易》道相通，不能謂孔子之學與《易》道無關也。」從〈要〉篇來看，子貢確實曾一度對於孔子好《易》不理解，我們可以推測〈公冶長〉所記子貢之言有可能是在〈要〉篇所記孔子向其大講《易》學這樣的「性與天道」的情況下，發出的感歎之辭。可見，孔子並非不言「性與天道」，孔子思想博大精深，非僅一現實主義者所能涵蓋。所以從思想與《論語》不合來否定《易傳》「子曰」的可靠性是不能成立的。

　　這些看法，往往是對孔子思想理解偏頗造成的，如將「子曰」文獻中凡是涉及到「形上」的內容都有歸之於道家，凡是涉及到「刑」的內容都要認爲是後儒據法家思想的發揮，等等。

　　我們認爲，這裏存在著一個重要的問題，那就是所有這些前提都是「簡單歸納法」得來的。先是將《論語》作爲標準，歸納出其中的孔子思想特徵，然後以之去衡量其他文獻的「子曰」，這種做法顯然存在問題。

　　第三，不能單據文辭判定爲僞。從文辭方面判斷眞僞，是辨僞學的一個重要的手段。如有學者指出，帛書〈繆和〉中有「黔首」一詞，因此其必爲秦代以後之書。其實《戰國策・魏策・魏惠王死章》、《韓非子・忠孝》篇、《禮記・祭義》等皆有此稱，在《呂氏春秋》中，更是見於〈大樂〉、〈振亂〉、〈簡選〉、〈聽言〉、〈首時〉、〈愼人〉、〈勿躬〉、〈愼勢〉、〈執一〉、〈開春〉、〈愛類〉、〈求人〉諸篇，故王念孫云：「蓋舊有此稱，至秦遂以爲定名，非始皇創爲之也。」王念孫的這一判斷，得到了出土文獻的佐證。在《上海博物館藏戰國楚竹書》第四冊有〈曹沬之陣〉一篇，其中就出現了「黔首」一詞。另外，有學者據〈二三子〉、〈繆和〉等文獻中有「聖王」一詞來判定「子曰」不可靠，其實，「聖王」一詞屢見於《左傳》、《國語》，學者不察。這種方法暴露出的不足和缺點於此可見一斑。

　　再比如，見諸其他文獻的「孔子遺說」與《論語》確實有所不同。如孔安國所說，《論語》有「正實而切事」的特徵，今觀《論語》，此語不誣。《孔子家語》則爲孔門弟子編纂《論語》之餘，「凡所論辯，疏判較歸，實自夫子本旨也，屬文下辭，往往頗有浮說，煩而不要者，亦由七十二子各共敘述首尾，加之潤色，其材或有優劣，故使之然也。」而從《家語》與《左傳》、《國語》、大小戴《禮記》、《史記》等記載的相通來看，先秦兩漢文獻中的「孔子遺說」是有著共同來源的。在分別成書時，又經過了不同程度的潤色，故同中有異，但「大抵不離夫子本旨」。這種潤色和整理，不同於假託，更不同於造僞，這是必須劃清的界限。

　　廖名春先生對此有所分析，他說：「要將語言的眞僞與思想的眞僞、史實的眞僞區別開，將局部的僞與主體的僞區別開。先秦古書，往往是先生之言，經過很久一段時間才由後學整理而成。就思想而言，屬於先生；但就語言風格而言，失眞度就很大了。同爲孔子之言，魯國的弟子和齊國的弟子、三晉的弟子和楚國的弟子記錄下來的肯定有所不同，魯人所傳帶有魯方音，齊人

所傳帶有齊方音，三晉人所傳帶有三晉方音，楚人所傳帶有楚方音。春秋末期的孔子之語，戰國中後期才著於竹帛，必然會帶有戰國中後期的語言特色。從語言研究的角度而言，其字體非孔子之書，不能據此去研究孔子的書法；其方音、語法習慣也可能與孔子有別，不好說這就是孔子的方音和語法習慣。但從思想研究的角度看，這些不同都沒有太大的關係。所以，語言形式上的偽並不等於思想內容上的偽，我們不能簡單地劃等號。」〔註87〕

其實，呂誠之先生早已指出，子書之特點，乃集一家一派之言而非必出一人之手；其內容重在傳意或義理之表述，而不重在史實與文辭。〔註88〕「孔子遺說」屬於子書的範圍，儘管相對於其他學派，儒家更為重視「史」，強調實錄，但事實上，弟子記錄和傳述老師的思想，並非老師自己的著述，而是各具己意加以整理和潤色的產物，故而據文辭為根據，往往會得出草率的結論。有一個常識我們都可有體會，「同是一事，而輒異辭」，即清儒方苞所言：「一室之事，言者三人，而其傳各異」，這還並非所謂「言語可曲附而成，事迹可鑿空而構，其傳而播之者未必皆直道之行也，其聞而書之者未必有裁別之識也」，這裏涉及到的是記錄者本人的文化水平、接受能力、表述方式，乃至個人情感與利害考慮等等，亦即明儒方孝孺（1357～1402，字希直）所說：「同時而仕，同堂而語，十人書之，則其事各異。蓋聞有詳略，辭有工拙，而意之所向，好惡不同。」這本身就是「文字記載」的「天生局限」。任何一種記載，只要形之於文字，就不可完全的「真」，這裏面有主觀的限制，也有客觀的限制。第一，任何人都無法記錄下言說者的所有言辭；第二，所記錄的言辭是不是言說者的言說的核心和重點，是受制於記錄者本身的理解力的；第三，所謂「言不盡意」，是任何記錄都無法避免的。這些都不存在故意偽託的成分。而這些都從本質上決定了文字記載本身的「不真實性」。

總而言之，由於古代並無今天的版權和著作權概念，且歷經千年的輾轉傳抄，現存先秦兩漢文獻中的孔子語必然存在著很多問題，也不能完全排除有假託的可能；但即使有偽也是少數，我們不能因此從整體上否定孔子語的可靠性。當然，對此也要區別對待，不可一概而論。在運用時需要仔細甄辨，不可從一個極端走向另一個極端。梁濤先生主張具體分析「子曰」的可靠性，

〔註87〕廖名春：〈梁啟超古書辨偽方法平議〉，載氏著《中國學術史新證》，第149頁。
〔註88〕呂思勉：《經子解題‧論讀子之法》，上海：華東師範大學出版社，1995年，第88～108頁。

當然是可取的做法。但若以宏觀的角度看待這些「孔子遺說」，應當主張不能無故懷疑，凡是沒有真正可靠的反證，我們便不能認爲其爲「僞」。〔註89〕

　　陳桐生先生曾經提出「孔子語錄」的「節本」與「繁本」的說法，富有啓發意義。〔註90〕他指出，今本《論語》、大小戴《禮記》乃至上博簡中記載孔子應答弟子時人的文章，大都是孔門弟子及其後學在原始記錄材料的基礎上整理出來的。今本《論語》不是孔門弟子的原始記錄，而是經過編者一番篩選、整理、提煉、編輯的工夫，是精選出來的「節本」或「精華本」。對比相關文獻可知，《論語》編選孔子語錄有幾種情形：一是孔子對某一論題有多章語錄傳世，《論語》只選一章。二是孔子對某一論題有較長一段論述，《論語》刪削了孔子語錄的部分內容，這些被刪的內容還保存在《禮記》之中。三是對孔子語錄進行提煉。他提醒人們，《論語》所展現的片斷語錄體，並不能代表春秋時代寫作水平。這無疑都是十分精到正確的說法。不過，他還指出了另外一種相反的情形。他認爲大小戴《禮記》以及上博簡的孔子應對弟子及時人的文章，應該是經過七十子後學的演繹加工，它們就是孔子語錄的「繁本」或「擴寫本」。對此，我們不敢苟同。既然《論語》是節錄的精華本，那麼原本是怎樣的呢？我們認爲，所謂「繁本」就是孔子弟子的原始記錄，也就是《論語》所從出的大量原始記錄材料，而並非出於七十子後學的擴充。陳先生從稱謂的變化以證明存在改寫，是經不起推敲的。「仲尼」、「夫子」、「孔子」等稱謂並不存在論者所說的親疏遠近的差別。現在存於大小戴《禮記》、《孔子家語》等文獻的短篇、中篇和長篇的孔子語錄，皆當出於孔子弟子的記錄，這才是孔子講授問題之實際情形的反映。至於其中存在著不同程度的整理、潤色等是非常自然的事情，而這並不等於是借孔子之名以發表自己的看法。

　　據此，我們認爲，〈坊記〉、〈表記〉、〈緇衣〉與〈中庸〉的一部分，皆當屬於子思所整理的孔子遺說，儘管這些記載可能存在著改編、整理和潤色，但絕非子思等人所僞託，應當基本可信爲真正的孔子之語。因此，子思只能視爲這幾篇文獻的傳述者，而非「作者」，其思想當屬於孔子，而非屬於子思等傳述者。當然可以說，這幾篇在一定程度上反映了子思之儒的思想傾向。

〔註89〕以上論述參考宋立林：《孔子「易教」思想研究》，曲阜師範大學碩士學位論文，2006 年。

〔註90〕陳桐生：〈孔子語錄的節本和繁本——從《仲弓》看《論語》與七十子後學散文的形式差異〉，《孔子研究》2006 年第 2 期。

第二節　《孔子家語・顏回》與顏氏之儒

　　顏子，是孔子最爲欣賞的弟子，名列「四科之首」，可惜「短命死矣」。顏子天資聰穎，悟性極高，對於孔子之道，有著獨到的體會。後人都會從孔子的評述和顏子的言論中，深知顏子之德行高邁，境界高深，深徹天道，洞察人情，故被後世尊爲「復聖」，然而與此形成極端對比的是，關於顏子的資料極爲缺乏，竟令後人對顏子之學、之德深感神龍見首不見尾，無從把握。以至有人懷疑孔子之喜愛顏子，乃是因爲顏子之「聽話」，不能不令人感慨係之。《論語》所載有關顏子之材料，本來極少。據統計，在《論語》中，子路出現次數最多，有 42 章提及；其次是子貢，有 38 章提及；與顏子相關的卻只有 21 章。在二戴《禮記》之中，涉及顏子的資料也不多。當然，在戰國以及漢晉之際的許多非儒家著作中，顏子卻是經常被提起的人物。不過，率多寓言，不能將之視爲顏子本身思想的可靠史料。而在《孔子家語》「四十四篇」之中，卻有以「顏回」命名的一篇，其中專記顏子言行，是研究顏子的重要史料。在該書中，還散見諸多有關顏子的記載，其中的很多材料，也與其他文獻相通或相同，過去往往認爲這些材料不足憑信，忽視其文獻價值。今天我們通過對古書成書及傳流規律的新認識，在重新確認了《孔子家語》及其他相關文獻的史料價值之後，重新審視這一篇文獻，並與其他相關材料相比較，就可以推進對顏氏之儒的相關認識。對於《孔子家語・顏回》篇與顏氏之儒的關係，楊朝明先生曾撰有〈《孔子家語・顏回》篇與「顏氏之儒」〉一文進行了較爲深入的考述。我們在此基礎上試做進一步分析。

　　〈顏回〉篇記共有十四則材料，記顏子與孔子、子路、子貢及定公、孟懿子、叔孫武叔等魯國君臣的對話等，我們推測，這些材料當是顏子所記，由顏子門人或孔門後學等收集整理入《家語》一書。

　　該篇較爲核心的問題是顏子與孔子及子路、子貢等談論君子、小人以及成人、朋友之道等問題，從中不難看出，顏子所關心的是道德修養問題。這與我們從《論語》之中得到的印象是一致的。不過，其中幾則材料，還是令我們尋覓到顏子與《易》之關係的一些信息，綜合這裏的材料與其他文獻，我們可以肯定顏子對於孔子易教有著甚深的理解和體悟。從此可知，顏子不僅德行出眾，而且對於天道幾微，深有所得，所謂「絜靜精微」之境，顯然可以從顏子這裏得到印證。

一、顏子與易學之關係

　　儘管顏子沒有著述傳世，但自古至今，學者對於顏子之思想還是心存興趣，探究不止。很多學者已經指出，顏子思想不僅限於修身、道德方面，在形上的哲學層面，也有很深的領悟。顏炳罡先生將之劃歸「傳道派」，具體則稱爲「天道派」，他指出：「顏氏之儒繼承和拓展孔門天道性命的形上智慧，參天道之玄，達情性之理，窮神知化是顏氏之儒的重要特徵。」

　　關於顏子與易學之關係，曾有一些學者進行了探究。顏景琴先生有〈顏子與易〉〔註91〕，對顏子與易之關係進行了探討，但是其證據存在問題，牽強附會處甚多，而其諸多說法如謂易爲顏子家學、顏子習易早於孔子等等，實難信從。不過，顏先生關注到顏子與《易》之關係，十分可取。顏炳罡先生、陳代波對此問題進行了較爲深入的討論。〔註92〕

　　孔子晚年好《易》，對於《易》之道有精深的體悟，並多有闡揚。只是出於因材施教的原則，並非所有孔門弟子都能夠得聞孔子易教。《論語・公冶長》記子貢曰：「夫子之言性與天道，不可得而聞也。」結合帛書〈要〉篇孔子與子貢論《易》之記載，我們認爲，這是子貢在孔子晚年談論易理之後的讚歎之辭。孔子晚年思想境界在研易之後大爲提升，對於性命之學與天道之學均有較爲深入的理解，並且孔子將二者結合起來進行探討。

　　〈顏回〉篇有顏子問「成人之行」的記載，我們知道，在《論語》中，也有孔子對「成人」的解說。〈憲問〉篇：「子路問成人。子曰：『若臧武仲之知，公綽之不欲，卞莊子之勇，冉求之藝，文之以禮樂，亦可以爲成人矣。』曰：『今之成人者何必然？見利思義，見危授命，久要不忘平生之言，亦可以爲成人矣。』」而在這裏，孔子對顏子的闡說是與對子路的回答迥乎不同的。孔子曰：「達於情性之理，通於物類之變，知幽明之故，覩遊氣之原。若此可謂成人矣。既能成人，而又加之以仁義禮樂，成人之行也。若乃窮神知禮，德之盛也。」

　　對比這兩種說法，顯然有所不同。孔子對子路所言，多屬形下層面的修

〔註91〕載于聯凱、顏世謙主編：《顏子研究論叢》，濟南：齊魯書社，2003年，第64～72頁。

〔註92〕顏炳罡、陳代波：〈從顏氏之儒的思想特質看其與易學的關係〉，《周易研究》2004年第3期。顏、陳二位先生對《孔子家語・顏回》篇所載的顏回問「成人之行」的記載與顏回和《易》的關係進行了聯繫，我們的討論在此基礎上進行。

養，實際上就是「成人之行」，而孔子向顏子所說則顯得有些玄奧，屬於形上層面的闡釋。孔子所謂「成人」之不同，顯然是出於「因材施教」之目的。從孔子對顏子的這一段關於「成人」的闡述，不難看出與《易傳》的關係。這也是顏子深得孔子易教的一個有力佐證。

所謂「達於情性之理，通於物類之變，知幽明之故，覩遊氣之原」正是天道之內容。孔子曾說：「所謂聖人者，知通乎大道，應變而不窮，能測萬物之情性者也。」（《大戴禮記・哀公問五義》）此段話在《孔子家語・五儀解》作：「所謂聖者，德合於天地，變通無方，窮萬事之終始，協庶品之自然，敷其大道而遂成情性。」而〈大婚解〉又有「君子貴乎天道」之說。這裏都提到天道與情性，二者之關係自然密不可分，故子貢亦以「性與天道」相提並論。而在《易傳》之中，關於情性之理、物類之變、幽明之故、遊氣之原等諸方面之論述，均可找到相應的闡釋。〔註93〕

其實，關於顏子習《易》，古人早有成說。如魏人曹髦〈顏子贊〉云：「聽承微言，罔有不喻，敘之於易，以彰殊異。」《法言・問神》李軌注云：「顏淵弱冠與仲尼言《易》。」清儒宋翔鳳《論語說義》二云：「孔子繫《易》，獨著顏氏之子，易備一至十之數，惟顏氏得聞之。」我們推測，這些說法都來自於《易傳・繫辭》孔子所謂「顏氏之子，其庶幾乎」一句，而李軌之「顏淵弱冠與仲尼言《易》」，恐怕其依據正是《論語》孔子所謂「加我數年，五十以學易，可以無大過矣」，因為孔子少孔子三十歲，故有弱冠與仲尼言《易》的推斷。至於是否他們曾經有其他的根據，我們不得而知。可以推測，這些說法亦並非空穴來風之說。尤其是，我們對〈繫辭〉這句話卻應當給予充分的重視，它確實能夠透露出顏子與《易》之關係的一些痕迹。

而且，孔子易教，特別強調「知幾」，而顏子真的能夠做到「知彰知微」，甚至可以「預測」將要發生之事，可謂神乎其技。在《繹史》、《太平御覽》

〔註93〕對《孔子家語・顏回》「成人之行」一節文字所反映的孔子與《易》之關係，不僅顏炳罡教授等予以揭示，進行了分析，而且李銳博士也對此有很好的分析。他將孔子所作答語與《易傳》諸篇進行了認真的比對，尋找出其間的密切關係。他指出，如果這一記載可信，那麼，孔子贊《易》，可能在顏回在世時就已經基本完成了。根據《史記》，《春秋》是孔子最後的事業。若然，則就孔子贊《易》來說，後學主要只是對孔子之語進行了整編、發揮、補充，且有傳聞之異。因此，後儒口傳孔子作《易傳》，合乎古書通例。見李銳：《孔孟之間「性」論研究——以郭店、上博簡為基礎》，清華大學博士學位論文，2005年，第79～84頁。

卷七二八等記載：「孔子使子貢往外，久不來。孔子謂弟子占之，遇『鼎』，皆言『無足不來』，顏回掩口而笑，子曰：『回也哂，謂賜來也。』曰：『無足者，乘舟而來。至矣，清旦。』朝，子貢果至，驗如顏回之言。」對此記載，我們自然不必當眞。但是，說明在很多人眼裏，顏子深通易學。這一點在〈顏回〉篇也有體現。

在本篇第 1、2 節，分別記載了顏子預言「東野畢之馬佚」，「以音類知哭」的兩個故事。東野氏「善御」，但顏子預言「其馬將必佚」，果然三日之後應驗，定公召顏子詢問。顏子答曰：「以政知之。昔者帝舜巧於使民，造父巧於使馬。舜不窮其民力，造父不窮其馬力，是以舜無佚民，造父無佚馬。今東野畢之御也，升馬執轡，銜體正矣；步驟馳騁，朝禮畢矣；歷險致遠，馬力盡矣，然而猶乃求馬不已。臣以此知之。」進而又言：「鳥窮則啄，獸窮則攫，人窮則詐，馬窮則佚。自古及今，未有窮其下而能無危者也。」不僅講明了何以知東野氏之馬必佚，而且還推論至治國之道，富有深意。第二則故事，「孔子在衛，昧旦晨興，顏回侍側，聞哭者之聲甚哀」，顏子對此哭聲進行了分析：「非但爲死者而已，又有生離別者也。」進而解釋其理據：「回聞桓山之鳥，生四子焉，羽翼既成，將分於四海，其母悲鳴而送之，哀聲有似於此，謂其往而不返也。回竊以音類知之。」待詢問之後，果如所言，孔子於是贊顏子「善於識音矣」。

顏子的這兩則故事，很像文獻中關於孔子「觀象知雨」、「積羊辨怪」、「楛矢貫隼」、「紫文金簡」、「萍實通謠」、「商羊知雨」、「骨辨防風」的故事。在很多人看來，尤其是今天的學者看來，這些故事根本不可信，應是對孔子的神化，可能是戰國至漢代的儒生們編造出來的「神話」。其實，我們通過仔細分別這些所謂「神話」，其中所反強調或反映的並不在於「神」，而在於強調孔子的博學與理性分析和善於「知幾」的能力。顏子的這兩則故事也當以此視之。顏子並不是因爲「神」而能預知，而是善於觀察，精於分析，能夠做到「知彰知微」，這就是孔子所謂的「達於情性之理，通於物類之變」，因此顏子之能「知幾察微」，肯定與顏子深得孔子易教有關。《論語》中有顏子「聞一知十」之說，正可以作一旁證。

二、顏子論「仁」、「智」、「勇」

在孔子和儒家思想中，仁、智、勇，被稱爲「三達德」，是諸德之核心。

在〈顏回〉篇中,顏子對此三達德均有詮解,而這三德又與儒家關於君子、小人及為人處世之道相關聯,從這些論述中,我們可以獲得顏子關於修身思想的認知,並可與《論語》相比較。

〈顏回〉篇第 5 節記「顏回問君子」,孔子說:「愛近仁,度近智,為己不重,為人不輕,君子也夫。」這裏所謂「愛近仁」,將愛與仁聯繫起來,這與《論語・顏淵》中樊遲問仁,孔子曰「愛人」相近,但卻不一樣。這裏儘管將仁與愛聯繫起來,但是卻著一「近」字,證明在孔子看來,愛還不等於仁。現在很多學者將「仁者愛人」,作為孔子對仁的定義,其實並不妥當。愛人只是仁的一個層面,或者說一個重要層面,但卻不等於仁的全部。況且,愛人與愛仍是兩個不同的概念。愛的範疇當然包括自愛與愛人兩個方面。關於智,孔子這裏也點出了「度」與「智」的相關性,但「度」亦不等於「智」。所謂「度」,王肅注云:「度事而行,近於智也。」實際上就是指要臨事而能謀劃,即孔子所謂「必也臨事而懼,好謀而成者也」(〈述而〉)。這與樊遲問知,孔子答以「知人」(〈顏淵〉)有明顯不同。

這裏是孔子對顏子之答覆,尚不能算作顏子之思想。不過,在〈顏回〉篇的第 6 節記載顏子對仲孫何忌亦即孟懿子所問「仁智」問題的回答,更能反映顏子之體認。顏子說:「一言而有益於智,莫如預;一言而有益於仁,莫如恕。夫知其所不可由,斯知所由矣。」顏子將「預」與「智」相聯繫,將「恕」與「仁」相關聯,正與上文孔子答覆顏子關於「君子」之問的話相一致。可見,顏子是深得孔子有關「仁智」之教的。所謂「預」,就是事先之謀劃、準備。〈中庸〉「哀公問政」章說:「凡事豫則立,不豫則廢。言前定則不跲,事前定則不困,行前定則不疚,道前定則不窮。」這段話同樣見於《家語・哀公問政》篇。而「預」之「預見」、「知幾」的意思。這種思想主要見於《易傳》。而根據我們的看法,顏子是深得孔子易教之真義的,因此顏子對於《易》之精義有深刻體悟,並不奇怪。〈繫辭下〉記子曰:「知幾其神乎!君子上交不諂,下交不瀆,其知幾乎?幾者,動之微,吉之先見者也。君子見幾而作,不俟終日。《易》曰:『介於石,不終日,貞吉。』介如石焉,寧用終日?斷可識矣。君子知微知彰,知柔知剛,萬夫之望。」帛書《易傳》中亦有大量這方面的記載,我們後文還會提到,茲不贅述。所謂「恕」,按照孔穎達、朱子的說法就是「如心」,甚至有些注家以為「恕,仁也」,「恕即仁也」。而朱子的另外一個解釋就是「推己之謂恕」,即以己度人,

推己及人，實際上就是由自愛推以愛人。《大戴禮記・小辨》有「內恕外度」之說，「恕」與「度」恰恰內外相對。這便與〈顏回〉篇孔子所謂「愛近仁，度近智」，顏子所謂「一言而有益於智，莫如預；一言而有益於仁，莫如恕」，形成了互釋的關係，可見顏子所說與孔子思想是一致的。

其實，在孔子那裏，仁、智都是沒有定義的，仁、智甚至包括勇諸德，都是包涵不同層次的，並不能「一言以蔽之」，因此在不同的場合、針對不同的弟子，孔子對於諸德便有諸種不同的解說和闡釋。我們不能僅以「仁者愛人，智者知人」爲標準，去審核而其他與之不同的記載之眞僞。如〈里仁〉有「子曰：『仁者安仁，知者利仁。』」之說。〈雍也〉又記樊遲問知。子曰：「務民之義，敬鬼神而遠之，可謂知矣。」問仁。曰：「仁者先難而後獲，可謂仁矣。」這便與〈顏淵〉夫子對樊遲之問不同。在《家語・三恕》有孔子與顏子、子路、子貢等關於「仁」與「智」的對話：

> 子路見於孔子。孔子曰：「智者若何？仁者若何？」子路對曰：「智者使人知己，仁者使人愛己。」子曰：「可謂士矣。」
>
> 子路出，子貢入。問亦如之。子貢對曰：「智者知人，仁者愛人。」子曰：「可謂士矣。」
>
> 子貢出，顏回入。問亦如之。對曰：「智者自知，仁者自愛。」子曰：「可謂士君子矣。」

子路、子貢與顏子不同的回答，並不能說明孰對孰錯，而只能表示對仁、智諸德的體會的境界不同。顯然，在這裏孔子更加讚賞顏子。我們看到，子貢的回答與孔子對樊遲的答語完全一樣，而孔子只是給子貢一個「可謂士矣」的評價，顯然在孔子看來，這還不算對仁和智的深度理解和體認。而顏子所答「智者自知，仁者自愛」，表面看起來層次不高，實際上卻是極爲深刻的見解。何謂「仁者自愛」？高華平先生以爲其重心是主張「仁者」之「仁愛」應由己及人、由近及遠，即〈中庸〉所謂「仁者人也，親親爲大」，或《孟子・盡心下》所謂「仁者以其所愛及其所不愛」。〔註94〕我們認爲，這一看法尚未達顏子思想的內裏，雖然其說必然包涵「由己及人、由近及遠」的意思，但

〔註94〕高華平：〈顏淵之學及《莊子》中的顏淵〉，載方勇主編：《諸子學刊》第 4 輯，上海：上海古籍出版社，2010 年，第 136 頁。據該文，高氏尚有〈仁者愛人與仁者自愛〉待刊稿，對郭店簡的「仁」（從身從心，上下結構的戰國「仁」字）字字形予以義解。

是這尚非根本所在。我們認為，顏子所謂「仁者自愛」，不僅符合孔子「為己之學」的教誨，而且更能把握到修身之道的真諦。「自愛」絕非沽名釣譽，也非出於追求所謂修身立德等目標，而是自然真誠之情感流露，是內蘊於己，非待外求的，真正的為己之學。正如馮芝生對顏淵所樂何事的解說所云：「聖人之樂是他的心境自然流露，……他不是樂道，而是自樂。」〔註95〕其「愛」也是「自愛」，也是「心境之自然流露」。而「自愛」才是仁者之真正的根基所在。「自愛」也必然會包涵或推繹出「愛人」一層含義。

「自知」與「自愛」既是修身之起點，也是修身極難達到的境界。為己之學強調「反求諸己」，重視「反省」，而顏子本身就具有這種「反省」精神。〔註96〕孔子常說：「不患人之不己知，患不知人也」（〈學而〉），「不患無位，患所以立；不患莫己知，求為可知也」（〈里仁〉），子路與子貢所答，似乎正切合孔子斯論，不能說不符合孔子思想，但是層次並不高。人之難，知人難，自知尤難；愛人難，自愛尤難。〈繫辭下〉說：「子曰：『顏氏之子，其殆庶幾乎？有不善未嘗不知，知之未嘗復行也。』」孔子讚譽顏子之語，實際上就是說顏子之善於「自知」。這與顏子關於「智者自知」思想相符。

〈顏回〉第 7 節記顏子向孔子問「小人」，孔子說：「毀人之善以為辯，狡訐懷詐以為智，幸人之有過，恥學而羞不能，小人也。」在孔子看來，小人並非笨蛋，可能會有相當的「智慧」，但是卻用錯了地方，將「毀人之善」當作「辯」才，以「狡訐懷詐」為智慧，對別人之過錯幸災樂禍，自以為聰明故恥於以「好學」自居，同時又嘲弄那些沒有能力之人。這種「小人」實際問題便出在「不自知」上。顏子對此必定有甚深的理解。

孔子經常將「仁」與「智」並舉，在評價人時，往往以此來衡量。如〈顏回〉第 4 節，顏子問臧文仲、臧武仲二人孰賢，孔子認為臧武仲較之文仲賢能。對此，顏子認為不能理解，他說：「武仲世稱聖人，而身不免於罪，是智不足稱也；好言兵討，而挫銳於邾，是智不足名也。夫文仲其身雖歿，而言不朽，惡有未賢？」在顏子看來，武仲雖然獲得了聖人之譽，但是其在「智」的方面卻存在嚴重缺陷。而臧文仲能「言不朽」，二人之間孰高孰低，似乎

〔註95〕馮友蘭：《中國哲學簡史》，北京：北京大學出版社，1996 年，第 247～248 頁。

〔註96〕關於顏回之「自省」精神，可參陳寒鳴：〈顏回與顏氏之儒探微〉，《中國社會科學院研究生院學報》1991 年第 3 期。

不難判斷。孔子對此解釋道：「身歿言立，所以爲文仲也。然猶有三不仁，三不智，是則不及武仲也。」所謂三不仁，是指「下展禽，置六關，妾織蒲」，而三不智，則指「設虛器，縱逆祀，祠海鳥」。孔子所說臧文仲這些不仁不智之舉，可以在《論語》、《國語》等文獻中得到佐證。而孔子又說：「武仲在齊，齊將有禍，不受其田，以避其難，是智之難也」，因此武仲實際上是有智慧之人，不過孔子也分析了其之所以不容於魯的原因，那就是「作而不順，施而不恕」之故。而這裏所謂「施而不恕」即「不仁」。可見，對於「勇」，不僅孔子有不少論述，顏子也有自己的看法。〈顏回〉第 8 節記載：「顏回問子路曰：『力猛於德而得其死者鮮矣，盍慎諸焉？』」這裏關於所謂「力」與「德」的比較，實際上就是顏子對「勇」的看法。在顏子看來，一般人以爲「力」即是勇德，其實是誤解。力是勇的一個表現而已。我們知道，子路好勇、好強。但他對於勇的理解有時較爲偏狹，孔子就曾經說：「勇而無禮則亂」，「好勇疾貧，亂也」（〈泰伯〉），「好勇不好學，其蔽也亂」（〈陽貨〉），如果沒有學與禮的限制和約束，勇往往會與力等同起來，這樣就會導致「亂」。孔子對此有清醒的認識。其實，在孔子那裏，有「南方之強」與「北方之強」的區分，所謂「北方之強」就是「衽金革，死而不厭」，而南方之強則是「寬柔以教，不報無道」，這裏的「北方之強」就是「力」，而南方之強才是「勇」。眞正的勇，並非「力」之一端，更重要的是一種「勇者不懼」的精神，是對道之堅持和擔當，並非「匹夫之勇」。在這方面，顏子是深得孔子之教的。

三、顏子論「君子」、「小人」

君子與小人，是孔子、儒家修身思想所極爲強調的一對範疇。關於君子與小人之辨，在《論語》中比比皆是，不勝枚舉。儒家之修身思想，對君子與小人之辨極爲重視，有著嚴格的區隔。對此，顏子也極感興趣，並對此有自己的深刻體悟。有學者指出，在孔門諸弟子中，唯有顏子能依循孔子提出的以道德區分「君子」、「小人」的基本原則，嚴於「君子、小人之辨」。〔註97〕從〈顏回〉篇看，此論不誣。

〔註97〕陳寒鳴：〈顏回與顏氏之儒探微〉，《中國社會科學院研究生院學報》1991 年第
　　　　3 期。

　　上文提及顏子向孔子請教君子與小人，看來顏子對此十分用心。孔子對其之教導，對此分析點撥，啓人深思。顏子對君子、小人之辨亦有深刻的體會。如〈顏回〉第 9 節，顏子向孔子請教：「小人之言有同乎君子者，不可不察也。」這是對現實生活的精確觀察體驗。他向孔子提出這一問題，已經表明其對此之深刻理解了。小人，往往「巧言令色」，如孟子所言「居之似忠信，行之似廉潔，眾皆悅之，自以爲是」，其實不過是「德之賊」（《孟子‧盡心下》）。孔子對此予以深入揭示：「君子以行言，小人以舌言。」〈繫辭〉中記載孔子說：「言行，君子之樞機也。」言與行，是考察一個人修養的最爲重要的兩個層面。但是，在二者之間，認爲「行」比「言」要重要，眞正體會君子風範的是行動，而非言論。孔子經常提出「愼言」的主張，再三批評「巧言令色，鮮矣仁」，主張「先行其言而後從之」。其中的原因就在於顏子所說「小人之言有同乎君子者」，很容易蒙蔽人。孔子對此間的差異還是體微察幽：「君子於爲義之上相疾也，退而相愛；小人於爲亂之上相愛也，退而相惡。」君子之交，義以爲上，小人之交，以利爲上。因此，君子可以相督察激勵，但卻能眞正互相愛護；小人之間則於興亂之際可以達成表面的相互團結、愛護，但內裏卻無眞愛。由表及裏，透過現象看清本質，方足以區分君子與小人。

　　所謂「君子於爲義之上相疾也」正與第 10 節顏子問「朋友之際」時，孔子所謂「君子之於朋友也，心必有非也焉，而弗能謂『吾不知』，其仁人也。」對於朋友之非，一定要指出來。這就是「於義相疾」。顏子對夫子的這一教訓，肯定是踐行了的，因爲本篇就有顏子對子路、子貢的諷諫和勸誡。這正是「於義相疾」的朋友之道。而朋友之間坦誠相待，不能互相隱瞞，還要做到「不忘舊德，不思舊怨」，對於過於的恩不應忘記，但對於舊日之怨，則不應計較。孔子曾說：「以德報德，以直報怨。」與此實際上一致的。以德報德，就要不忘舊德；以直報怨，當下反應，但對於舊怨卻不應耿耿於懷。

　　但是，對於人之非，人之過，固然應當有所諷諫，但是卻不能以此來顯示自己的品德高尙、爲人正直。尤其應當將常人之間的臧否與朋友之間的互相督察區別開來。〈顏回〉第 11 節，顏子對叔孫武叔之「多稱人之過，而己評論之」的行爲提出了委婉的批評：「吾聞諸孔子曰：『言人之惡，非所以美己；言人之枉，非所以正己。』故君子攻其惡，無攻人惡。」指出別人之過失，並不能以之美化自己；也並不能證明自己之正確。君子應該做的是，批

評自己的過失，即善於自我批評，自我反省；而不是去揭示別人的短處。言下之意，攻人之惡，而不知攻自己之惡，便屬於小人之爲。第 7 節顏子問「小人」，孔子所謂「毀人之善以爲辯，狡訐懷詐以爲智，幸人之有過，恥學而羞不能，小人也」，與 11 節有異曲同工之妙。小人往往「以言人之惡以爲美己」，「言人之枉，以爲正己」，不正是「毀人之善以爲辯」、「幸人之有過」嗎？而第 12 節，顏子對子貢說：「吾聞諸夫子：『身不用禮而望禮於人，身不用德而望德於人，亂也。』」所表達的也是強調君子應當具有自省精神，所謂「君子求諸己，小人求諸人」是也。

君子與小人，固然有著很多的區別標準，《論語》中對此有眾多闡釋，但綜觀整個〈顏回〉篇，顏子所關切之問題正是君子小人之辨，而這一問題正是儒家修身之關鍵所在。不管其請教孔子，還是評論別人，都十分關注君子之所當爲，而警惕滑入小人之境地。因此，孔子才評價說：「回有君子之道四焉：強於行義，弱於受諫，怵於待祿，愼於治身。」顏子之修養能達到極高之境地，深獲夫子嘉許，良有以也。

四、顏子之政治理想

在《孔子家語》中，除了〈顏回〉篇之外，還有散見於各篇的顏子資料。〈致思〉篇所載「農山言志」節很能反映顏子之政治理想。篇中記載：「孔子北遊於農山，子路、子貢、顏淵侍側。孔子四望，喟然而歎曰：『於斯致思，無所不至矣。二三子各言爾志，吾將擇焉。』」隨後子路進曰：「由願得白羽若月，赤羽若日，鐘鼓之音上震於天，旌旗繽紛下蟠於地。由當一隊而敵之，必也攘地千里，搴旗執馘。」子貢曰：「賜願使齊、楚合戰於漭瀁之野，兩壘相望，塵埃相接，挺刃交兵。賜著縞衣白冠，陳說其間，推論利害，釋國之患，唯賜能之。」孔子分別許之以「勇」和「辯」。而顏子則說：「回願得明王聖主輔相之，敷其五教，導之以禮樂，使民城郭不修，溝池不越，鑄劍戟以爲農器，放牛馬於原藪，室家無離曠之思，千歲無戰鬥之患。則由無所施其勇，而賜無所用其辯矣。」夫子聽後，凜然曰：「美哉德也！」又曰：「不傷財，不害民，不繁詞，則顏氏之子有矣。」《韓詩外傳》卷七的記載與此稍異：「願得小國而相之，主以道制，臣以德化，君臣同心，外內相應，列國諸侯，莫不從義鄉風，壯者趨而進，老者扶而至，教行乎百姓，德施乎四蠻。莫不釋兵輻輳乎四門，天下咸獲永寧，喧飛蠕動，各樂其性，進賢使能，各

任其事。於是君綏於上，臣和於下，垂拱無爲，動作中道，從容得體，言仁義者賞，言戰鬥者死。」〔註98〕除了《韓詩外傳》的漢代綱紀色彩，其基本精神仍然是一致的。

由此可見，顏子之理想，在於「得明王聖主輔相之」，這可以使我們想到〈弟子行〉中子貢引孔子之評語：「若逢有德之君，世受顯命，不失厥名；以御於天子，則王者之相也。」看來孔子與顏子的認識是一致的。不僅如此，顏子之才能也得到了世人的認可。《史記‧孔子世家》記載楚國令尹子西問楚昭王：「王之輔相，有如顏回者乎？」可作一例。春秋之際，戰亂頻仍，導致社會動蕩，民不聊生。子路與子貢一武一文，對於現實將會很有作用，其理想不能說不高，但是顏子之理想更爲高邁。他之理想政治乃是一種近乎「大同」的社會，以儒家所倡導的禮樂教化的推行，來實現社會的和諧安寧。這一理想，與孔子之理想亦是一致的。在《論語‧公冶長》中，有孔子與弟子言志的記載。顏子說：「願無伐善，無施勞。」元人所著《四書辯疑》云：「該『無施勞』者，不以勞苦之事加於民也。夫勞而不恤，乃古今之通患。……顏子之言，於世厚矣。」與此處顏子所言雖不完全一致，但細細推求，可見是相近的，只是表述的側重點不一樣而已。而孔子所說是：「老者安之，朋友信之，少者懷之。」看似樸實無華，實際上正是一種非常理想的境界，而這與〈季氏〉「四子侍坐章」之「吾與點也」亦完全相合。

但現實是殘酷的，孔子周遊列國的結果就是最好的證明。面對殘酷現實，是否就要放棄理想呢？在這個問題上，顏子保持了其一貫的理想主義精神。孔子師徒，厄於陳蔡，絕糧七日。孔子分別召見子路、子貢與顏子，徵求他們對此事的看法，子路說：「意者夫子未仁與，人之弗吾信也？意者夫子未智與，人之弗吾行也？」出現了對孔子思想及理想的懷疑傾向。而子貢

〔註98〕 很多學者對此記載的可靠性表示懷疑，如周勳初先生以爲，此段文字「既無其他文獻作旁證，而且與有關孔子的一些真實記錄也不合」。見周勳初：〈登高能賦〉說的演變和劉勰創作論的形成〉，載《周勳初文集》第 3 卷，南京：江蘇古籍出版社，2000 年，第 347 頁。而陳少明先生則以爲這段資料及其他大量的見於《家語》、《荀子》、《說苑》、《韓詩外傳》等的相關孔子及孔門弟子的記載，皆應看作「《論語》外傳」，是儒家後學在《論語》的基礎上的鋪陳演繹，屬於傳說、故事，是精心創作的、虛構的，絕非實錄。見陳少明：《經典世界中的人、事、物》，上海：上海三聯書店，2008 年，第 80～103 頁。對此，我們不敢苟同。我們儘管承認這些記載存在著「浮說」等各種問題，也必然經過了漢人的整理，但是率爾將之視爲虛構，期期以爲不可。

則說：「夫子之道至大，故天下莫能容夫子，夫子盍少貶焉？」其現實主義的風格一展無遺。對此，孔子都不滿意。顏子的回答是：「夫子之道至大，天下莫能容，雖然，夫子推而行之，世不我用，有國者之醜也。夫子何病焉？不容，然後見君子。」寥寥數語，將顏子之道德理想主義的精神氣質，展現得淋漓盡致。而這一次又得到孔子的首肯。孔子甚至聲稱：「顏氏之子，使爾多財，吾爲爾宰。」其得到「知音」的歡欣之情，溢於言表。

顏回之政治思想記載不多。我們在《論語》中也可以發現顏淵「問爲邦」的記載，可見其確實是關心政治的。可惜，其本人的思想記載不多。不過，我們在《家語・顏回》篇發現有迹可循。在顏子預言「東野畢之馬佚」一節。顏子在應答定公的詢問時說：「以政知之。昔者帝舜巧於使民，造父巧於使馬。舜不窮其民力，造父不窮其馬力，是以舜無佚民，造父無佚馬。今東野畢之御也，升馬執轡，銜體正矣；步驟馳騁，朝禮畢矣；歷險致遠，馬力盡矣，然而猶乃求馬不已。臣以此知之。」進而又言：「鳥窮則啄，獸窮則攫，人窮則詐，馬窮則佚。自古及今，未有窮其下而能無危者也。」所講實際是治國之道，也即其政治思想。或者說，這裏顏回是在以馭馬之術諷喻爲政之道。孔子曾經多次將治國與馭馬結合起來論述，顏子自然深諳此道。這裏強調的是「不窮民力」，體現的是「中庸」的爲政理念。這與〈中庸〉中顏回精於中庸之道的記載是相吻合的。

總而言之，顏子雖然名列「德行」科之首，但他並非僅以「德行」出眾。縱觀其思想，我們發現，他不僅由「內聖」以至「外王」，而且由「下學而上達」，對天道也有很深的體認。孟子謂其是「具體而微」，應該是最爲恰當的評價了。這也是爲何孔子最爲喜歡顏子的原因所在了。可惜，天妒英才，過早地去世，使其思想沒有系統地流傳下來，形成更大的影響。

第三節　〈入官〉與子張之儒

現代學者對於「子張之儒」的認識大體一致，分歧不大。不過，在一些具體問題上還有繼續研究的必要。比如關於子張的身世，還存在爭議；對於子張之儒的特點，有人稱之爲「過激派」，有人稱之爲「表現派」，有人稱之爲「禮容派」，不一而足；對於子張之儒的影響，學者一致認爲其與墨家有著深厚的關聯，所有這些說法和結論都有重新梳理和考辨的必要。尤其是隨著簡帛文獻的大量問世，不僅給我們提供了子張之儒的相關材料，而且使我們

對於很多傳世文獻如《孔子家語》、《大戴禮記》等的相關記載有了新的認識。這些「新」材料，使我們能夠在前輩基礎上，做進一步的探討，加深對子張之儒的認識。

一、子張非「過激派」、「表現派」和「禮容派」

在孔門之中，子張性格特徵較為鮮明，這種性格與氣質直接影響到他對孔子思想的接受程度與學問境界，也就在一定程度上影響到其思想特徵。而這種性格氣質和思想特徵，也是其在孔門當中別具特色，可以形成為獨立的一個學派。郭沫若先生則明確將子張定為「過激派」〔註99〕，姜廣輝先生稱之為「表現派」〔註100〕，梁濤先生則歸之為「禮容派」〔註101〕。正如，胡適之所指出的，子張因「闊大氣象」，與子夏、曾子一班人不合，所以別立宗派。〔註102〕梁任公亦同此論，指出子張在孔門「最為闊大」〔註103〕，郭沫若稱其「在儒家中是站在民眾的立場的極左翼的」〔註104〕，並由此提出與墨子一派的因緣關係。那麼這些說法，到底是否準確、妥帖？子張為何能別立宗派，原因何在？這就牽涉到子張之性格氣質與思想特色了。

今人在研究子張之「別立宗派」時，其中一個很重要的理據，便是《論語》中子張與同門的關係不融洽。上引胡適之說如此，郭沫若先生亦有此意。今人吳龍輝先生如是說：「據〈子張〉篇所載，在孔門高第中，子張是和其他弟子關係處得最差的一位。……子游說子張難能而未仁，其意思是說子張自視甚高，不把同門放在眼裏。從子張對子夏論交的故意擡槓來看，子張大概是極易攻擊同門的。因此，孔門其他弟子都對他心存芥蒂，不樂與之為伍。……曾參在孔門中以善能動心忍性、乃至愚忠愚孝著稱。他都對子張不能忍受，則其他弟子就更為可知了。既然其他同門覺得無法和子張相處（即並為仁），而子張又生性自高，那麼，他就只能採取宗法制下『別族』的方式與其他弟

〔註99〕 郭沫若：《十批判書・儒家八派的批判》，《郭沫若全集・歷史編 2》，第 126 頁。

〔註100〕姜廣輝：〈郭店楚簡與《子思子》──兼談郭店楚簡的思想史意義〉，載姜廣輝主編：《中國哲學》第 20 輯，第 90 頁。

〔註101〕梁濤：《郭店竹簡與思孟學派》，第 92 頁。

〔註102〕胡適：《中國哲學史大綱》，第 89 頁。

〔註103〕梁啟超著，干春松編校：《儒家哲學》，第 188 頁。

〔註104〕郭沫若：《十批判書・儒家八派的批判》，《郭沫若全集・歷史編》第 2 冊，第 131 頁。

子分裂了。」〔註105〕我們通過細讀〈子張〉的歷代注疏，感到類似胡適之、吳龍輝這種看法，其來有自，然而卻可能存在很大的誤解。我們看〈子張〉所載子張與同門關係的材料有三則。

> 子夏之門人問交於子張。子張曰：「子夏云何？」對曰：「子夏曰：『可者與之，其不可者拒之。』」子張曰：「異乎吾所聞：君子尊賢而容眾，嘉善而矜不能。我之大賢與，於人何所不容？我之不賢與，人將拒我，如之何其拒人也？」

> 子游曰：「吾友張也，爲難能也，然而未仁。」

> 曾子曰：「堂堂乎張也，難與並爲仁。」

關於子張與子游、曾子的關係的兩條，我們在第 3 章第 1 節已經做了辨析。指出子游、曾子與子張關心並非不洽，而是相當友好密切。

這裏來看子張與子夏的關係。二人之性格差異較大，對比比較強烈。子貢曾經問孔子：「師與商也孰賢？」孔子的評價是：「師也過，商也不及。」並進而指出：「過猶不及。」（《論語・先進》）從孔子的中道思想的角度看，二人皆不合中道，故對二人都有批評。邢昺疏曰：「此章明子張、子夏才性優劣。」〔註106〕類似的記載見於《禮記・仲尼燕居》：「子曰：『師！爾過而商也不及。』」在另一處，孔子評價子張說：「師也辟。」（〈先進〉）馬融曰：「子張才過人，失在邪僻文過。」王弼云：「僻，飾過差也。」皇侃義疏云：「子張好文其過，故云僻也。」朱子注曰：「辟，便辟也，謂習於容止，少誠實也。」黃式三《後案》云：「辟，……偏也，以其志過高，而流於一偏也。馬注以爲『辟』爲邪僻文過，固非。」〔註107〕對朱子之注亦不苟同。今人注此，多從黃氏之說，解釋爲偏激。這可能是對的。那麼，有孔子所謂「師也辟」，是否可以將之稱爲「過激派」，我們認爲也不妥當。「過激派」容易予人以子張行事與思想偏激之印象，而這種印象往往會引向消極或否定的認識。這不利於正確估量子張之儒的價值。而且類似的命名和歸類，往往沒有統一的標準。如果照此劃分，則子夏當名之爲「拘謹派」？

朱子曰：「子張才高意廣而好爲苟難，故常過中。子夏篤信謹守而規模狹隘，故常不及。」正可見出二人之爲人處世及性格氣質之鮮明對比。這不僅

〔註105〕吳龍輝：《原始儒家考述》，第 112 頁。

〔註106〕〔宋〕邢昺：《論語注疏》（《十三經注疏》標點本），第 148 頁。

〔註107〕諸家之注釋，可參程樹德：《論語集釋・先進》，第 778～779 頁。

可以〈子張〉中論交友一章可證，《禮記・檀弓上》記：「子夏既除喪而見，予之琴，和之而不和，彈之而不成聲。作而日：『哀未忘也，先王制禮而弗敢過也。』子張既除喪而見，予之琴，和之而和，彈之而成聲。作而日：『先王制禮，不敢不至焉。』」正是一過一不及之證。

在《韓詩外傳》卷九記有子張與子夏之辯論，「二子相與論，終日不決」，可見其二人觀點之差異，性格氣質之不同。「子夏辭氣甚隘，顏色甚變」，而子張則譏諷其爲「小人之論」，而主張議論時應當「徐言閭閭，威儀翼翼，後言先默，得之推讓，巍巍乎，蕩蕩乎」。這與子張重威儀容止有關，也可見二人氣質之差異。

那麼，是否據此便可得出二人關係甚惡之結論呢？我看未必。從「子夏之門人問交於子張」一例可知，二人雖然性格氣質與思想存在較大的差異，但二人未必會交惡。例如，孔子去世後，「子夏、子張、子游以有若似聖人，欲以所事孔子事之，強曾子。」（《孟子・滕文公上》）子夏、子張也不是沒有任何相近的認識，恰恰相反，在一些問題上，他們的看法也是相同的。子夏之門人向子張「問交」，透露出他們之間關係決不緊張。當然，如果以爲二人關係非常融洽自然也未必。細細品味起來，子夏與子張、子游的關係，可能會不如子張與子游、曾子的關係融洽，亦不如子夏與曾子之關係親密。

子夏與子張之思想分歧，正是基於其性格氣質之差異。觀子夏所言：「可者與之，其不可者拒之」，乃發揮夫子「無友不如己者」之意，而子張「君子尊賢而容眾，嘉善而矜不能」的主張，也同樣是接聞於夫子，因氣質之差異而各得夫子之一偏。子夏氣象狹促但守於謹慎，子張氣象闊大但偏於疏狂。從下文子夏與子游之互相批評亦可見，子夏重學，重小道，子游則重大道，氣象與子張相彷彿。由此看來，子夏與子張、子游之關係皆不甚睦。

子張之氣質確乎宏闊高廣，這不僅表現在其容儀堂堂，而且也在其思想之高遠。關於子張之容儀，相關記載較多。除〈子張〉所載「堂堂」之外，《孔子家語・六本》、《說苑・雜言》、《列子・仲尼》皆載孔子評價子張「師之莊賢於丘也」，「師能莊不能同」。所謂莊，實際就是容儀堂堂之義。另外，《尚書大傳》等文獻所載「孔子四友」之說，雖未必可信，但卻能從某一側面反映子張之氣質。「自吾得師也，前有輝，後有光」，這正是子張堂堂之象。而從子張之「見危致命」、「執德弘，信道篤」、「尊賢容眾，嘉善而矜不能」、「美攻不伐，貴位不善，不侮不佚，不傲無告」、「不弊百姓」的表現，亦可

見其思想之高遠也，而深得孔子之教，宜乎其能開宗立派，成「八儒」之一也。因此，所謂「表現派」和「禮容派」的說法和歸類，都不能得子張思想的眞精神。而且，姜廣輝先生之將「儒家八派」或孔門弟子分爲「弘道派」、「傳經派」、「踐履派」和「表現派」本身就存在標準不一致的問題。而梁濤先生將「禮容」作爲子張之儒的特色，則忽視了子張之儒的思想價值，尤爲不可從。

　　然而，子張之氣質與思想，數傳之後，亦有流弊。戰國末期，子張氏之儒被荀子批評爲「賤儒」。《荀子・非十二子》云：「弟佗其冠，神禫其辭，禹行而舜趨，是子張氏之賤儒也。」「弟佗其冠」意爲斜戴其冠，所謂「神禫其辭」頗爲費解，大意是「言語沖淡，索然無味」，或是「衣褲亂穿」，所謂「禹行而舜趨」，言模仿聖人之外表。日本學者久保愛說：「謂唱子張氏學者之弊也。」〔註108〕程石泉亦謂：「是則受業於子張者，但學子張之衣冠容貌步趨，故荀子譏之。」〔註109〕此說殊是。可見，其後學已全然不見子張堂堂之象，不僅不能存子張思想高遠之神，甚至亦不能保有子張容儀堂堂之形。眾皆知明末王學末流之弊，其實學派繁衍，數代之傳，往往呈現此末流之弊，亦不可避免之勢也。

　　子張的思想以「爲政」爲核心。我們從《論語》可知，子張所問於孔子者，如「學干祿」、「問十世可知」、「問令尹子文、陳簡子」、「問善人之道」、「問高宗諒陰」、「問崇德辨惑」、「問政」、「問士何如斯可謂之達」、「問行」、「問仁」、「問從政」，在《孔子家語》中，亦有「問入官」等記載，多與「爲政」有關，可見其興趣所在了。因此，如果給子張之儒歸類的話，顏炳罡先生將之歸爲「政事派」〔註110〕，較爲接近子張之儒的特徵。不過，對於子張是否眞的從政，史料闕如，無法詳知。宋晨昊對此有所考辨，反對「子張終身未仕」說。〔註111〕他根據「不弊百姓」一語，推測子張應當曾經從政。我們知道，此語出自孔子的評價，爲子貢所引用。考子張在孔子去世時已25歲左右，按年齡有從政的可能。又從子張問政的諸多記載來看，孔子所講並非僅僅是理論的說教，而是有針對性的解答。故此，我們雖然沒有直接的證

〔註108〕王天海：《荀子校釋》上，上海：上海古籍出版社，2005年，第234頁引。
〔註109〕程石泉：《論語讀訓》，上海：上海古籍出版社，2005年，336頁。
〔註110〕顏炳罡：〈「儒分爲八」的再審視〉，載龐樸主編：《儒林》第1輯，第136頁。
〔註111〕宋晨昊：〈子張從政辯〉，《古籍整理研究》2009年第3期。

據，證明子張從政一事，但推測其確實曾經出仕，應當是合理的。但從現有資料來看，子張所關注的是「從政」、「入官」之道，因此，我們認為，將之稱為「政道派」似乎更合乎事實。

二、〈入官〉與子張之儒

《孔子家語·入官》一篇以子張問「入官」起始，以孔子向其闡述「入官」之道為主體，篇末有「子張既聞孔子斯言，遂退而記之」的補述，所以該篇當出於子張所記，由其後學整理的孔子之語。同篇見於《大戴禮記》，題為〈子張問入官〉，文字有差異，兩相比較，各有短長，當是該篇文字在流傳過程中因抄本不同而有產生的差異。從總體上看，不影響文義的解讀。

〈入官〉與〈子張問入官〉之差異，主要表現在：

第一，篇名有異。但二者不存在優劣之分。

第二，〈入官〉篇末有「子張既聞孔子斯言，遂退而記之」，似較後者原始。

第三，文字差異。從總體上看，後者較之前者多用「也」、「故」等虛詞。而文句上的差異，一般是前者勝於後者。這在清代學者校勘《大戴禮記》時已經指出來，如王念孫、汪照、王樹楠等學者，儘管認為《家語》為王肅雜取各書而成，放在這兩篇上也就意味著《家語》襲《大戴》，但他們還是指出，在多數情況下，〈子張問入官〉不如〈入官〉，應當該從《家語》。今人黃懷信先生對此雖不盡贊同，但所指出的類似例證有十數條。〔註112〕

如〈子張問入官〉「歷者，獄之所由生也」一句顯為衍文，不如〈入官〉。而正是有此衍文，致使下文「六」被訛改為「七」。〈子張問入官〉「言則身安譽至，而民自得也」之「言」，顯然當從〈入官〉作「若此」。

〈入官〉：

> 行者，政之始也。說者，情之導也。善政行易而民不怨，言調說和則民不變。法在身則民象之，明在己則民顯之。若乃供己而不節，則財利之生者微矣；貪以不得，則善政必簡矣；苟以亂之，則善言必不聽也；詳以納之，則規諫日至。言之善者，在所日聞；行之善

〔註112〕黃懷信主撰、孔德立、周海生參撰：《大戴禮記彙校集注》，第846～881頁。另外參考方向東：《大戴禮記彙校集解》，第800～827頁。《孔子家語》文本參考楊朝明、宋立林主編：《孔子家語通解》，第250～260頁。

者，在所能為。

〈子張問入官〉：

> 故 躬 行者，政之始也，調 悅者，情之道也。善政行易則民不怨，言
> 調悅則民不辨法，仁 在身取民顯以佚之也。財利之生微矣，貪以不
> 得；善政必簡矣，苟以亂之；善言必聽矣，詳以失之；規諫日至，
> 煩以不聽矣。言之善者，在所日聞，行之善者，在所能為。

對比這兩段文字，很明顯後者因為衍字、脫句等錯訛，斷句有誤，文義不通，遠不如前者文從字順。再如：

〈入官〉：

> 故南面臨官，貴而不驕，富 能供，有本而能圖末，修事而能建業，
> 久居而不滯，情近而暢乎遠，察一 物 而貫乎多，治一物而萬物不 能
> 亂者，以身本者也。君子蒞民，不可以不知民之性 而 達諸民之情。
> 既知其性，又習其情，然後民乃從命矣。故世舉則民親之，政均則
> 民無怨。故君子蒞民，不臨以高，不導以遠，不責民之所不 為，不
> 強民之所不 能。廊之以明王之功，不因其情，則民嚴而不迎；篤之
> 以累年之業，不因其力，則民引而不從。若責民所不為，強民所不
> 能，則民疾，疾則僻矣。」

〈子張問入官〉：

> 故 君子 南面臨官：貴而不驕，富 恭 有本能圖，修業居久而譚；情邇
> 暢而及乎遠，察一而關於多。一物治而萬物不亂者，以身為本也。
> 故 君子蒞民，不可以不知民之性，達諸民之情；既知其以生有習，
> 然後民特從命也。故世舉則民親之，政均則民無怨。故君子蒞民，
> 不臨以高，不道以遠，不責民之所不能。今臨之 明王之 成 功，而民
> 嚴而不迎 也；道以數年之業，則民疾，疾者僻矣。

後者，恭字顯為衍文，而脫「末」，「修業居久而譚」則合「修事而能建業，久居而不滯」而成，然不成文矣。「既知其以生有習」因脫「性」又奪「其情」，致使一句不通。「特」字亦顯為「乃」之誤。而前者「不因其力，則民引而不從。若責民所不為，強民所不能」數句為後者所奪，在文義上顯然有失。類似的例證尚多，在此不一一縷舉。當然，也有幾處〈入官〉有脫誤，可據〈子張問入官〉增補。因此，通過對比兩篇文字，我們可以得出這樣的結論，《家語·入官》當較《大戴禮·子張問入官》原始、優良。這兩個文

本當是同源異流，屬於同一祖本的不同傳本，不存在誰抄襲誰的問題。

對於這一篇文獻的主旨，王肅說：「入官，謂當官治民之職也。」戴禮曰：「《論語》子張學干祿，蓋其志常在求仕，故問入官之道。」王聘珍（字貞吾。清乾隆嘉慶年間學者，生卒不詳）《大戴禮記解詁‧目錄》云：「問入官者，問為仕之道，聖人高以南面臨民，恢之彌廣，君國子民，不外是也。」其實，雖然子張問入官之道，但孔子所說的卻不限於此，君國子民的君主也被納入了論述的視野。正如郭沫若所說，我們從子張發問的取向亦能看出其思想之特色。

孔子對弟子經常闡述其為政之道。本篇又有哪些特色呢？其中孔子所述為政思想，與其一貫之「為政以德」、「舉賢任賢」、「先德後刑」、「民本主義」的思想一致，但也有新的表述。該篇不僅表達了孔子為政的理想，更強調具體的為政之術。如講到六路六弊，從正反兩方面予以發揮為政需注意的事項。其中包括強調教化和忠恕之道，反對忿數、距諫、慢易、怠惰、奢侈、專獨六種毛病。

尤其突出的是，該篇所展現的政治思想有濃郁的「無為而治」特徵。孔子強調「治者約」，「善政必簡」，只有這樣，才能實現「民自治」，「民自得」。「自治」思想的出現無疑是一個非常大的進步，這裏所見孔子政治思想的表述中是罕見的。儘管這裏的「自治」思想肯定不同於現代社會的公民自治，但卻表現了原始儒家民本主義的較高境界。

孔子認為，國家之治與亂，關鍵在於為政者。在此，他提出了「三倫」的概念。所謂倫，與表、儀同意。他說：「故君上者，民之儀也；有司執政者，民之表也；邇臣便僻者，群僕之倫也。故儀不正則民失，表不端則百姓亂，邇臣便僻〔不正廉〕，則群臣污矣。是以人主不可不敬乎三倫。」為政者為民之表率楷模，這正與《論語》「君子之德風，小人之德草，草上之風必偃」的表述相符合。這種為政思想屬於較為典型的德治思想，或稱為楷模政治。它依靠為政者的行為，率先垂範，引導和感化下層的百姓，實現國家之大治。而這種德治同時必然「無為」。《論語》有「無為而治者，其舜也與？」的思想，這裏所闡述的也是這樣的意思。「無為」的為政思想，不是無所作為，而是指出君主之關鍵在於舉賢任賢。因此，孔子非常強調「賢君必擇左右」，這樣可以「勞於取人，佚於治事」，孔子認為這是「長民者之要」，乃是為政的綱領。而孔子對於為政者自身之德行也提出了很高的要求。為政者要取得民

之信任，就要「身先之」，率先垂範，內外一致，言行統一，愛護民眾，貴而不驕，富而能恭。「勞於取人，佚於治事」，很容易被貼上「黃老之術」的標籤。其實，我們在綜合大量孔子文獻予以分析之後，便會發現，這種思想完全符合孔子「爲政以德」的思想特徵，並非黃老學派的專利。

德治思想的另一個方面就是「寬」，爲政者首先要做到「知民之性而達諸民之情」，瞭解民性與民情，只有這樣才能據實制定政策。同時不能好高騖遠，而要順乎民情。對於民之罪過，也要寬大處理。

該篇所記雖然都是孔子闡述的爲政入官之道，但透過「子張退而記之」，我們能夠想到，對於孔子的這一些爲政思想，子張當謹守奉行之了。因此，我們不妨將之認爲是子張政治思想的體現。這樣的推測並不是憑空的。我們最起碼找到了一條理由。子張有「尊賢容眾，嘉善而矜不能」的思想，而這種思想正可以從本篇找到類似的表述。

另外，在《家語》〈論禮〉、〈問玉〉篇，有孔子向子張闡述「禮樂教化」的記載。其中，強調禮樂在治國中的作用。「禮者，即事之治也，君子有其事，必有其治。治國而無禮，譬猶瞽之無相」，「言而可履，禮也；行而可樂，樂也。聖人力此二者，以躬己南面。是故天下太平，萬民順伏，百官承事，上下有禮也。」這與〈入官〉中強調「無爲而治」、「教化」的思想完全一致，只是側重於禮樂罷了。

三、子張與墨家關係之考辨

郭沫若先生對子張之「尊賢容眾」的思想格外推崇，指出：「子張氏這一派是特別把民眾看得很重要的。……這在表面上看來和墨家有點相似。大約就是因爲有這相似的原故，子張氏的後學們似乎更和墨家接近了。」又說：「墨翟應該比子張遲，他在初本來是學過儒術的人，照時代上看來，倒應該說墨翟受了子張的影響。不過他們儘管有些相似，在精神上必然有絕對不能混同的地方，不然他們應該早就合流了。」「子張氏在儒家中是站在民眾的立場的極左翼的，而墨子則是站在王公大人的立場。這應該是他們的極嚴峻的區別。」郭沫若根據《荀子‧儒效》中「其言議談說已無所以異於墨子」，將之與子張之儒對應起來，第一個具體分析子張與墨家的關係。〔註113〕

〔註113〕郭沫若：《十批判書‧儒家八派的批判》，《郭沫若全集‧歷史編》第 2 冊，第 126～131 頁。

　　此後，諸多學者對此進行了進一步的分析。丁原明先生指出子張對原始儒學的偏離，其中之一就是對「仁愛」的偏離，具體說就是他突破了孔子仁愛的宗法性質和等差性，並帶有明顯的功利主義企求，而這些正是與墨翟的「兼愛」思想相趨同的。但他認為，這種偏離對正宗儒學而言，可能是一種學術的退化，但從整個先秦思想的發展來說，卻是一種學術的進化，因為他開啟了儒家向墨家思想的滲透。並將子張視為「儒墨相通的最早疏導者」。〔註114〕王開文在文中也指出子張與墨家的關係，但他認為是融合了墨家的一些觀點，而形成子張學派的。〔註115〕甄洪永專門對此撰文，指出子張尊賢容眾，已經背離了孔子愛有差等的原則，泛化了仁愛，暗合了後起墨家的兼愛思想。而子張重視思想學說的執行力與墨家相通。「從這個意義上講，子張就是墨家的理論先導」〔註116〕。

　　這些說法代表了學界關於子張與墨家的一般看法。韓愈在〈讀墨子〉一文中，認為儒墨之「辯」，「生於末學，各務售其師之說，非二師之道本然也」，從而認為「孔子必用墨子，墨子必用孔子，不相用不足為孔墨」的「孔墨相通」命題。其謂「孔子泛愛親仁，以博施濟眾為聖，不兼愛哉」〔註117〕這對理解子張與墨子關係很有啟發。墨家與儒家有親緣關係，自不待言。其中孔墨相通亦有可言者。不過，儒墨既然分立，則自然有根本的區別存在。而子張雖然被韓非稱為「儒家八派」之一，其思想傾向似乎應當在孔門獨樹一幟。現代學者據此認為，子張背離或偏離了孔子思想的正統，滑向或誘導了墨家的道路。

　　我們認為，這一說法值得重新考慮。我們當然沒有理由完全排除子張對墨家學派產生影響，也更不能排除子張後學即所謂子張氏之儒與墨家的相近，但通過分析子張的相關文獻，我們發現說子張偏離了孔子思想，似乎還缺乏明確有力的證據。僅僅以「尊賢容眾」一條來界定子張思想特色，並將之與孔子的等差之愛對立起來，似乎不妥。「尊賢容眾」本來就是孔子思想的應有之義。孔繁先生說：「子張在仁義和禮的問題上是孔子學說的忠實繼承

〔註114〕丁原明：〈子張之儒對原始儒學的繼承與偏離〉，《中國哲學史》1994年第6期。
〔註115〕王開文：〈子張之儒述評〉，載《周口師範學院學報》1995年第2期。
〔註116〕甄洪永：〈論子張氏之儒在墨家形成中的歷史地位〉，《武陵學刊》2010年第5期。
〔註117〕韓愈：〈讀墨子〉，余冠英、周振甫、啟功、傅璇宗主編：《唐宋八大家全集·韓愈集》，北京：國際文化出版公司，1997年，第252頁。

者。」又說：「子張是得孔子正傳的弟子之一。」〔註118〕可謂卓見。我們認爲，在孔子博大精深的思想中，子張接受並奉行了孔子較爲理想的一個層面，但並沒有偏離孔子。子張「得聖人之一體」，但卻不能將之視爲對孔子之道的偏離。

從「孔墨相通」的角度，將子張視爲孔子儒學向墨家思想過渡的橋梁自無不可。畢竟，子張的思想境界和特色，在孔門弟子之中，與墨家最爲接近。最起碼這是子張影響墨家的必要條件，有這種可能性。但是否果眞如此，則缺乏明確的資料佐證，不便說得過於絕對了。

第四節　〈儒行〉與漆雕氏之儒

一、「漆雕氏之儒」爲「任俠派」駁議

儘管漆雕氏之儒留存的資料十分稀少，但通過僅存的幾則資料，依然可以一窺這一學派的思想特色。關於漆雕氏之儒的思想特徵，自章太炎、梁啓超、胡適之、郭沫若先生以來，學者幾乎眾口一詞，將「漆雕氏之儒」視爲儒家之「任俠派」〔註119〕。傅斯年、蒙文通、劉咸炘、鍾肇鵬、孔繁、張豈之、馬勇、高專誠、徐剛等皆主此說。我們認爲，將漆雕氏之儒稱之爲「任俠派」，是不正確的。

能否稱其爲「任俠派」，我們要首先考慮其否與其思想主張、特色相符。我們從材料出發，予以梳理。

（一）傳習《尚書》

孔子施教，先之以詩、書。在孔子早年的教學中，六經尚未形成，詩、書、禮、樂是常有科目，到其晚年，孔子才贊《易》，作《春秋》，將之納入教學體系，而且作爲「特設科目」，非一般弟子所能接觸和學習。

這裏牽涉到一個問題。《史記・孔子世家》云：「孔子以《詩》、《書》、禮、樂教，弟子蓋三千焉，身通六藝者七十有二人。」〈仲尼弟子列傳〉亦謂：「受業身者七十有七人」。所謂「身通六藝」與「受業身通」顯屬同義。

〔註118〕見任繼愈主編：《中國哲學發展史・先秦卷》，第279頁。
〔註119〕當然，用詞有異，如另有梁啓超「游俠派」，胡適之「武俠派」，章太炎、鍾肇鵬「儒俠派」等說法，但意思大體相同，

那麼，六藝所指爲何？是禮、樂、射、御、書、數的「六藝」，還是《詩》、《書》、《禮》、《樂》、《易》、《春秋》的「六經」。我們認爲，當指後者。如是以來，身列〈仲尼弟子列傳〉和〈七十二弟子解〉的七十多人皆能通六經，與上文所說《易》、《春秋》非一般弟子所習是否矛盾呢？

其實，我們認爲，六藝固然是指六經而言，但這裏所謂的「身通六藝」、「受業身通（六藝）」是虛指，並非孔門七十子皆能身通六經。因爲從現有資料來看，眞正通經傳經者並不多。而且各有所專，如商瞿傳《易》、子夏傳《詩》等，亦符合孔子因材施教之原則。

所以《孔子家語》載開「習《尙書》」，並非指漆雕開「專習」《尙書》，而不懂其他經典，只是表明他對《尙書》在某一階段之學習，或對《尙書》有偏好而已。並不能如有些學者認爲的，據此證明《家語》乃後世之僞書，錯訛尤甚。

傳爲陶潛所著的〈聖賢羣輔錄〉所云：「漆雕傳禮爲道，爲恭儉莊敬之儒。」劉海峰氏據此以爲漆雕氏亦傳《禮》。對此，尙需一辨。如果我們認同韓非子所謂「漆雕之議」，那麼〈羣輔錄〉所謂「恭儉莊敬」的說法正與之相反，就站不住腳了。

（二）不樂仕

《論語‧公冶長》：「子使漆雕開仕，對曰：『吾斯之未能信。』子悅。」《家語》明確記載：「漆雕開，字子若，少孔子十一歲，習《尙書》，不樂仕。孔子曰：『子之齒可以仕矣。時將過。』子若報其書曰：『吾斯之未能信。』孔子悅焉。」較之《論語》要詳細。但也引起了不小的爭議。

此語之時間，當在孔子爲魯司寇時。其時，孔子門人多有仕進者。而作爲早年弟子的漆雕開，年齡已經四十多歲，再不出仕，「時將過」。這與孔子所謂「四十五十而無聞，亦不足畏也已」（《論語‧子罕》）的意思相合。

孔安國《論語注》云：「仕進之道，未能信者，未能究習。」鄭注「子悅」云：「善其志道深。」康有爲《論語注》：「漆雕子以未敢自信，不願遽仕，則其學道極深，立志極大，不安於小成，不欲爲速就。」劉寶楠《正義》：「信者，有諸己之謂也。由開之言觀之，其平時好學，不自矜伐，與其居官臨民謹畏之心，胥見於斯。其後仕與不仕，史傳並無明文。《家語》謂開『習《尙書》，不樂仕』。夫不樂仕，非聖人之教。」程樹德亦謂：「夫不樂仕，非聖人之教，夫子謂『仁者己欲立而立人，己欲達而達人』，子路亦謂『不

仕無義，欲潔其身，而亂大倫』。夫子爲司寇時，門人多使仕者，蓋弱私室以強公室，非群策群力不爲功。斯必指一事而言，如使子路墮費之類，非泛言仕進也。今不可考矣。」〔註120〕

至於「未能信」之義及孔子「悅」之的原因，皇侃《論語義疏》載：「一云，言時君未能信，則不可仕也。」《韓李筆解》記：「韓曰：『未能見信於時，未可以仕也。子悅者，善其能忖己知時變。』李曰：『云善其能忖己知時變，斯得矣。』」李零先生則不相信這些「美妙」的闡釋，他以漆雕形殘而自卑來解釋「未能信」。這種解釋相當質樸實在，但比較來看，李先生的說法其實並不高明。我們從宋儒那裏看到，這短短幾個字，實際上反映了漆雕開之境界已達相當高之地步。

程明道曾謂：「曾點、漆雕開已見大意」。對此朱子與門人亦多有討論，在《朱子語類》中載有多條問答。如：

> 或問：「『吾斯之未能信』，如何？」曰：「『斯』之一字甚大。漆雕開能自言『吾斯之未能信』，則其地已高矣。『斯』，有所指而云，非只指誠意、正心之事。事君以忠，事父以孝，皆是這個道理。若自信得及，則雖欲不如此做，不可得矣。若自信不及，如何勉強做得！欲要自信得及，又須是自有所得無遺，方是信。」

> 問：「漆雕循守者乎？」曰：「循守是守一節之廉，如原憲之不容物是也。漆雕開卻是收斂近約。」

> 問「曾點漆雕開已見大意」。曰：「漆雕開，想是灰頭土面，樸實去做工夫，不求人知底人，雖見大意，也學未到。若曾晳，則只是見得，往往卻不曾下工夫。」

> 問：「漆雕開與曾點孰優劣？」曰：「舊看皆云曾點高。今看來，卻是開著實，點頗動蕩。」

> 「曾點漆雕開已見大意」。若論見處，開未必如點透徹；論做處，點又不如開著實。邵堯夫見得恁地，卻又只管作弄去。〔註121〕

孔子去世後，孔門弟子出處不一，據司馬遷〈儒林列傳〉的說法：「自孔子卒後，七十子之徒散遊諸侯，大者爲師傅卿相，小者友教士大夫，或隱

〔註120〕程樹德：《論語集釋》，第297頁。
〔註121〕〔宋〕黎靖德編：《朱子語類》，第712～718頁。

而不見。」可見，孔子弟子中確有「隱而不見」的一批人。《論語・雍也》記「季氏使閔子騫為費宰。閔子騫曰：『善為我辭焉！如有復我者，則吾必在汶上矣。』」《史記・仲尼弟子列傳》：「孔子卒，原憲遂亡在草澤中。子貢相衛，而結駟連騎，排藜藿入窮閻，過謝原憲。憲攝敝衣冠見子貢。子貢恥之，曰：『夫子豈病乎？』原憲曰：『吾聞之，無財者謂之貧，學道而不能行者謂之病。若憲，貧也，非病也。』子貢慚，不懌而去，終身恥其言之過也。」又云：「公皙哀字季次。孔子曰：『天下無行，多為家臣，仕於都；唯季次未嘗仕。』」〈游俠列傳〉亦云：「故季次、原憲終身空室蓬戶，褐衣蔬食不厭。」可見，閔子騫、原憲、公皙哀皆有不樂仕之精神。另外，曾點亦顯現出「狂狷」的精神，顯然亦是不喜仕進的一位賢者。而其「未能信」之語，又展現出其謙虛之精神，真君子之風範也。果如此，那麼，在孔門當中，便有多位「不樂仕」的弟子了。正如吳林伯解〈公冶長〉「子使漆雕開仕」章時所云：「謂值世亂，我不信能仕進，乃沿『天下無道則隱』而發，孔子服其志道之篤，故悅之也。」〔註122〕

（三）人性有善有惡說

漆雕氏之儒之所以能自成一派，必然要有其獨特的思想學術主張。在現存的點滴史料中，我們還有幸窺見一鱗半爪。在東漢王充（27～約 97，字仲任）《論衡・本性篇》中有這樣一段話：「周人世碩，以為人性有善有惡，舉人之善性，養而致之則善長；惡性，養而致之則惡長。如此，則情性各有陰陽，善惡有所養焉。故世子作〈養性書〉一篇。宓子賤、漆雕開、公孫尼子之徒，亦論情性，與世子相出入，皆言性有善有惡。……唯世碩、公孫尼子之徒，頗得其正。」

從上述材料，我們可以得到以下信息：第一，漆雕開有關於性情論的著述；第二，漆雕開主張性有善有不善；第三，漆雕開之論性情與世子有「出入」，即相近但並不相同。我們知道，宓子賤、漆雕開為孔子及門弟子，而世子和公孫尼子則為七十子之弟子，為孔門再傳。〔註123〕這裏有一個關鍵

〔註122〕吳林伯：《論語發微》，北京：文化藝術出版社，1989 年，第 56 頁。
〔註123〕錢賓四先生則認為世碩、公孫尼子皆出於荀子之後。賓四先生云：「《論衡・本性篇》：『周人世碩，以為人性有善有惡，舉人之善性養而致之則善長，惡性養而致之則惡長。如此則性各有陰陽善惡，在所養焉。故世子作《養書》一篇。』今按當孟子時論性者，告子曰：『性無善無不善』，或曰：『性可以為善，可以為不善』，或曰『有性善，有性不善』。今《世子》則謂『性

詞——「之徒」。此詞可作兩種理解，一爲門徒、弟子之義，二爲徒黨，指同一類或同一派別的人。對此詞理解不同，便會得出不同的結論。李銳提出，「很可能不是說密子賤、漆雕開、公孫尼子等人或世碩、公孫尼子等人，而是指這些人的弟子後學」。〔註124〕他之理據便是，這裏若是指密子賤、漆雕開、公孫尼子這三人，似「密子賤、漆雕開」不當與世碩並列。對此，我們表示懷疑。因爲將孔子弟子與再傳弟子並列來論述，似無不可，正如〈漢志〉所列儒家諸子，亦無一定順序，並不按照年齡和輩分來列序。其實，這個「之徒」與《史記‧儒林列傳》所載「如田子方、段干木、吳起、禽滑釐之屬，皆受業於子夏之倫，爲王者師」中的「之倫」義近，都是指「這些人」的意思。但這個「之徒」卻並不一定是「同一學派」，只是說這些人有某些相近的特徵罷了。

陳來先生認爲，在孔門當中，從孔子之後到孟子以前，人性論的主流正是這一批人的主張。他說：「世子是孔門當時一個有影響的人物。宓子賤、漆雕開、公孫尼子都是孔門的重要人物，告子『仁內義外』說見於楚簡的《六德》篇等處，孟子對告子的批評，往往使人忽視了告子也是一個儒家。告子與孟子同時，應在公孫尼子和世子之後。宓子賤、漆雕子、世子、公孫尼子、告子，他們的人性論雖然在說法上不完全一致，但都比較接近，可以說這類人性論共同構成了當時孔門人性論的主流。荀子有關人性的基本概念也明顯地受到這一先秦孔門人性論的主流的影響。孟子以後，孔門早期人性論並未即被孟子所取代，而一直延續流傳。所以這種人性論並不能僅僅被定位爲在孔孟之間的儒家人性論，在戰國至漢唐時期，它一直以各種互有差別的形式延續流傳，成爲唐以前儒學人性論的主流看法。」〔註125〕陳先生的這一看法

有善有惡』，蓋出三說之外，兩取孟、荀以爲說。其書應出荀卿後。《春秋繁露‧俞序篇》亦引《世子》，其書據《春秋》發議，尤爲晚出一證，殆與公孫尼子同時耳。班《注》以爲陳人，陳亡遠在前。《論衡》謂之周人，不知謂周代人耶？抑周地人耶？與班異，無可定。」又云：「則公孫尼子殆荀氏門人，李斯、韓非之流亞耶？沈欽韓曰：『《荀子‧強國篇》稱公孫子語』，則其爲荀氏門人信矣。楊倞以公孫子爲齊相，殊無據。蓋本下文荀卿子說齊相而妄臆之爾。又篇中譏之曰云云，正公孫子譏子發，而楊倞謂公孫子美子發，荀子譏之，亦誤。〈漢志〉謂是七十子弟子者已失之。〈隋志〉乃謂其似孔子弟子，則所失益遠矣。」見《先秦諸子繫年》第573～574頁。林案：錢說非是。

〔註124〕李銳：《孔孟之間「性」論研究》，第110頁。
〔註125〕陳來：〈郭店楚簡《性自命出》與儒學的人性論〉，龐樸主編：《儒林》第 1

是否正確，是一回事。而他指出漆雕等人的人性論主張有著重要的影響，則是另一回事。無疑是很重要的一個認識。

王充既說「皆言性有善有惡」，又言「與世子相出入」，可見漆雕開等與世碩的人性論並不完全一致，而是存在差異。但差異果惡乎在？曹建國認為：「性有善有惡在邏輯上至少有兩種解釋，一是說一個人的人性中有善的成分，也有不善的成分，另一種解釋是說有的人天生就善，有的人天生就惡。」〔註126〕而李啓謙先生則進一步分析指出，《孟子·告子上》所載三種人性論，「性無善無不善」，「性可以為善，可以為不善」，「有性善，有性不善」。世碩之人性論可能為第二種，而漆雕開則為第三種。漆雕的這種人性論，正確與否且不論，不過總算是一家之言，所以列為八派之一。〔註127〕

黃暉《論衡校釋（附劉盼遂集解）》云：「《孟子·告子篇》：『或曰：有性善，有性不善。』蓋即謂此輩。」正與李啓謙說同。而黃氏引章太炎《辨性上篇》云：「儒者言性有五家：無善無不善，是告子也。善，是孟子也。惡，是孫卿也。善惡混，是楊子也。善惡以人異殊上中下，是漆雕開、世碩、公孫尼、王充也。」則將漆雕與世碩之人性論歸為一類，無所分別矣。劉咸炘則認為，「其所謂性有善有惡，又與有性善有性不善不同，與公都子所稱及告子、荀子、孟子之說為六說。」則是另一種意見了。儘管我們從王充那裏知道，漆雕開與世子的性情說有「出入」，但史料闕如，我們還是無法確知其詳。

據此，我們可以肯定，人性論是漆雕氏之儒思想主張中一個較為有特色的部分。但它還並非使漆雕氏之儒成立的充要條件。因為我們也應當看到，如果僅以人性論可以為一家之言來解釋漆雕氏之儒的成立，似乎會帶來另一個疑難，那就是，為何在韓非所謂八儒之中，沒有「世碩之儒」，也沒有「宓子賤之儒」呢？

在郭店簡〈性自命出〉問世之後，有學者便注意到這則史料，與之聯繫起來。如丁四新先生說：「《論衡·本性》云公孫尼子論性情，『言性有善有惡』，與〈性自命出〉篇畢竟有相一致的地方，這樣他與宓子賤、漆雕開、世碩等人一起，仍有可能為〈性自命出〉篇的作者。」「宓子賤、漆雕開皆為孔子弟子。《論語·公冶長》云：『子謂子賤：「君子哉若人！魯無君子，

輯，第32頁。
〔註126〕曹建國：〈子游與性自命出〉，簡帛研究網，2003/8/14。
〔註127〕李啓謙：《孔門弟子研究》，第191～192頁。

斯焉取斯。」』孔子贊許宓子賤爲君子，可見其德行頗爲高尚了。〈公冶長〉又云：『子使漆雕開仕。對曰：「吾斯之未能信。」子悅。』此『信』乃自信，以信德允諾其心，可見漆雕開對自身修養的重視了。這樣看來，宓子賤、漆雕開亦無法排除與〈性自命出〉篇的關聯。然亦只是可能性而已，尚難推定。」〔註 128〕

（四）尚　勇

《韓非子・顯學》稱：「漆雕之議，不色撓，不目逃，行曲則違於臧獲，行直則怒於諸侯。世主以爲廉而禮之。宋榮子之議，設不鬥爭，取不隨仇，不羞囹圄，見侮不辱，世主以爲寬而禮之。夫是漆雕之廉，將非宋榮之恕也；是宋榮之寬，將非漆雕之暴也。」張覺以爲「議」通「義」，表示學說主張，可從。〔註 129〕那麼，根據這段記載，我們可以看出韓非眼中的漆雕氏之儒的學說思想特徵。

論者在討論韓非子此處所論時，往往都會與《孟子・公孫丑上》的一段話結合起來。其中說：「北宮黝之養勇也，不膚撓，不目逃，思以一豪挫於人，若撻之於市朝，不受於褐寬博，亦不受於萬乘之君；視刺萬乘之君，若刺褐夫，無嚴諸侯，惡聲至，必反之。孟施舍之所養勇也，曰：『視不勝猶勝也；量敵而後進，慮勝而後會，是畏三軍者也。舍豈能爲必勝哉？能無懼而已矣。』孟施舍似曾子，北宮黝似子夏。夫二子之勇，未知其孰賢，然而孟施舍守約也。昔者曾子謂子襄曰：『子好勇乎？吾嘗聞大勇於夫子矣。自反而不縮，雖褐寬博，吾不惴焉；自反而縮，雖千萬人，吾往矣。』孟施舍之守氣，又不如曾子之守約也。」

翟灝《四書考異》云：「韓非所稱漆雕之議，上二語與此文同，下二語與曾子謂子襄意似。其漆雕爲北宮黝字歟？抑子襄之出於漆雕氏也？」翟氏竟將「漆雕」視爲「北宮黝」之字，顯屬牽強附會，而其指出「下二語與曾子謂子襄意似」，即「自反而不縮，雖褐寬博，吾不惴焉；自反而縮，雖千萬人，吾往矣。」正是漆雕「行曲則違於臧獲，行直則怒於諸侯」的意思，這是很見地的。但他又臆測「子襄之出於漆雕氏」，眞不知何以如此草率？豈不知《孟子》明言這其實是曾子聞諸孔子之言。洪亮吉也指出：「此則《孟子》所云『北宮黝之養勇，不膚撓，不目逃』者，漆雕氏之學也。」而章太

〔註 128〕丁四新：《郭店楚墓竹簡思想研究》，第 201～209 頁。
〔註 129〕張覺：《韓非子校疏》下冊，第 1240 頁。

炎《訄書・儒俠》則直接將漆雕氏之儒與游俠聯繫起來。他說：「漆雕氏之儒廢，而閭里有游俠。」自注云：「漆雕氏最與游俠相近也。」〔註130〕

此後，梁任公、郭沫若等先生續有論說。蒙文通先生亦謂：「北宮黝者，正所謂漆雕氏之徒，殆儒而俠者也。」〔註131〕鍾肇鵬說：「北宮黝的『不膚橈，不目逃』，就是漆雕氏的『不色撓，不目逃』。北宮黝的『不受於褐寬博，亦不受於萬乘之君』、『無嚴諸侯，惡聲至，必反之』，就是漆雕氏的『行曲則違於臧獲，行直則怒於諸侯』。所以北宮黝大概就是漆雕氏之儒這一派。」〔註132〕孔繁說：「這些史料說明，孔子之後的儒家有任俠一派。漆雕氏可能屬於這一派。」〔註133〕

但是，《孟子》明說：「孟施舍似曾子，北宮黝似子夏」，而我們又可以看出，曾子之語與漆雕開的思想主張亦有相同之處，那麼孟施舍與北宮黝又有何區別呢？如此以來，我們能否將北宮黝、孟施舍、子夏、曾子等都歸之於「漆雕氏之儒」呢？顯然不能。

對於韓非所謂漆雕之「廉」，張覺先生以為當訓為「有棱角」「剛正」的意思。與「暴」相應，而與「寬」、「恕」相對。〔註134〕暴，有暴虐，殘暴之義，亦有急促、急躁之義。而馬勇先生據韓非子這一比較，說：「據此，在韓非的心目中，漆雕氏之儒的基本特徵便是以廉、暴而著稱。於是有學者以為漆雕之儒實為游俠之前身，也即孔門中任俠的一派。而《禮記・儒行篇》中盛稱儒者之剛毅特立，或許也就是這一派儒者的典型。果如此，漆雕之儒便不是孔門正宗，可能已經吸收了一些墨家的東西。」〔註135〕

當然，對於所謂「任俠派」的論斷，也有學者表示了不同的看法。如劉九偉從「任俠」的定義入手，指出「任俠」據《漢書・季布傳》顏師古注：「謂任使其氣力。俠之言挾也，以權力挾輔人也。」《史記》集解引荀悅之說云：「立氣齊，作威福，結私交，以立強於世者，謂之游俠。」將此與漆雕開相比較，則漆雕氏之儒離所謂「任俠」相去甚遠。韓非曾提出「儒以文亂法，俠以武犯禁」，將儒與俠分得很清楚。而《史記・游俠列傳》則有謂：「古布

〔註130〕章炳麟著，徐復注：《訄書詳注》，上海：上海古籍出版社，2000，第73頁。
〔註131〕蒙文通：〈漆雕之儒考〉，載氏著《儒學五論》，第61頁。
〔註132〕鍾肇鵬：〈說漆雕氏之儒〉，《求是齋叢稿》上，第381頁。
〔註133〕任繼愈主編：《中國哲學發展史・先秦卷》，第277頁。
〔註134〕張覺：《韓非子校疏》下冊，第1240頁。
〔註135〕龐樸主編，馬勇撰稿：《中國儒學》第1卷，第70頁。

衣之俠，靡得而聞已。……至如閭巷之俠，修行砥名，聲施於天下，莫不稱賢，是爲難耳。然儒、墨皆排擯不載。自秦以前，匹夫之俠，湮滅不見，余甚恨之。」由是，劉氏提出，既然儒家「排擯不載」，那麼儒家又怎能以行俠而成爲「任俠派」呢？這一質問，很有道理。

劉海峰先生也不同意郭沫若以降學者將之視爲「任俠派」的看法，他以爲，尙廉任俠是漆雕氏之儒的思想特徵之一，但不足以稱爲「任俠派」，因爲從孔子到孔門弟子子張、子思（原憲）、子夏、顏子之流，都有這一趨向，可以說任俠是儒家題中應有之義。這一看法是正確的。

因此，我們認爲郭沫若等所持之「任俠派」是不妥當的。章太炎之所以首倡漆雕氏之儒與游俠之親緣關係，則是基於當時特殊時期國難當頭，激勵種姓的救亡目的而大力提倡剛毅之風。其後，熊十力（1885～1968，字子眞）、蒙文通等先生都提倡「儒行」和漆雕氏之儒的「任俠」之風，也都是有感而發，是對當時視儒爲柔的偏見而發，故大倡儒行。所以，我們對這些看法的學術價值不應看得過高。

另外，章太炎先生已明確指出，「俠無書」，且俠爲儒家所排擯。既然如此，〈漆雕子〉是不能歸之於「俠」的，〈儒行〉也是不能歸之於俠的。

至於劉九偉將其視爲「名士派」、劉海峰歸之爲「隱士派」的做法，亦值得商榷。因爲，若論名士派，以不求仕進爲衡量標準，則起碼宓子賤不應歸之，因爲他畢竟曾出仕「單父宰」，而像原憲、季次、閔子騫、曾點等卻應歸之。而且這一說法，不以思想主張來劃分，並不恰當。劉海峰亦不同意劉九偉的意見，而提出了「隱士派」的說法。其實二說並無大的區別，對此我們亦不認同。因爲，很顯然，這與韓非子所說的「漆雕之議」難以相洽。原憲、季次、閔子騫、曾點等雖然在出處進退上，與漆雕氏開相似，但卻無「廉、暴」的思想特徵，因之這樣的分類似乎是顧之於此失之於彼的。

既然「任俠派」、「名士派」、「隱士派」都不妥當，那又將如何界定漆雕氏之儒呢？我們認爲，這樣的命名、歸類，往往是削足適履式的，很難有一個滿意的答案。如果我們非得給他一個命名的話，我覺得不妨「強爲之名」曰「尙勇派」，但也屬於「吾斯之未能信」。

尙勇並不等於尙武和任俠，二者意思並不一致。李零先生說：「我理解，『儒以文亂法，俠以武犯禁』，二者同屬『遊士』的大範疇，背景都是原有貴族傳統的大崩潰。舊的貴族傳統是由武士教育所培養。那時的『士』都是

允文允武，在廟堂之上是謙謙君子，而在戰陣之間則是赳赳武夫。官學破散，儒、俠並出，各代表了舊傳統的一面，『俠』和『武』還是分不開的。」〔註136〕尚勇乃就其德性修養而言，任俠則就其行為處事立論。前者可以涵括後者，而後者則不能涵括前者。尚武往往導致任俠，但重視勇德的培養，並不意味著會流於任俠。儒家講仁智勇三達德，以勇聞名者，有子路。另外，據鄭玄《論語孔子弟子目錄》，「公良孺，字子正，陳人，賢而有勇」，這是孔子弟子當中又一位以勇知名者。但子路之勇，近乎北方之強，屬於「衽金革，死而不厭，北方之強也，而強者居之」的作風。而漆雕氏之儒則近乎孔子所謂南方之強，「寬柔以教，不報無道，南方之強也，君子居之」的做派。可以說，子路近乎（當然也僅是近乎而已）任俠，而漆雕氏則屬於尚勇。觀乎《論語》《家語》中漆雕所謂「吾斯之未能信」，可見其謙虛自守之精神，絕非任俠之人的氣象，卻正是「尚勇」之體現了。

至於有學者說，漆雕氏之儒受黃老學派和墨家之影響，如果將之放在整個戰國思想、學術發展史上去理解，是可能的。當然，也可以反過來說，漆雕氏之儒對黃老學派和墨家產生了影響。因為，在戰國時期，思想學術異常活躍，不同學術流派之間有一種互競互融的關係，只是因為史料有限，我們不能詳論了。

二、〈儒行〉與漆雕氏之儒

前面提到，很多學者都將《禮記・儒行》視為漆雕氏之儒的作品。章太炎先生在《訄書・儒俠》一文中，雖然沒有提出〈儒行〉為漆雕氏之儒的作品的說法，但他在該篇中，將游俠與漆雕氏相關聯，在文末又大倡〈儒行〉之十五儒，其實這本身就容易將人們的思路引導至將〈儒行〉與漆雕氏之儒相聯繫上來。章太炎曾多次公開演講，提倡〈儒行〉，將之作為提倡氣節、砥礪節操的重要思想文本。

郭沫若先生在〈儒家八派的批判〉中，在對漆雕氏之儒進行了一番探索之後，曾猜想：「《禮記》有〈儒行篇〉盛稱儒者之剛毅特立，或許也就是這一派儒者的典籍吧。」〔註137〕這一說法似乎得到了學界的認可。那麼這一觀

〔註136〕李零：〈俠與武士遺風〉，《讀書》1993 年第 1 期。
〔註137〕郭沫若：《十批判書・儒家八派的批判》，《郭沫若全集・歷史編》第 2 冊，第

點到底是否成立呢，我們的研究還是先從分析文本入手。

（一）〈儒行〉的成篇年代

〈儒行〉是《家語》與《禮記》共有的一篇文獻，爲《家語》第五篇，《禮記》第四十一篇。過去，不僅《家語》得不到應有的重視，即使作爲儒家經典的《禮記》也遭受了不白之冤，其各篇成書年代被嚴重「後置」，從而爲理解中國思想史尤其是儒學思想史帶來了極大的混亂。思想史研究是以文獻爲基礎的，對文獻時代定位出現偏差，勢必會直接影響對思想發展史認識的偏差。

既然〈儒行〉同見於這兩部儒家典籍，二者內容主體相同，因此它們的成篇年代應當一致，儘管二者可能經過不同的流傳，以致二者存著著不少的差異。因爲學界對《禮記》的研究相對較多，所以我們可以通過對此前學者對《禮記·儒行》的認識來分析。歷代學者的對於〈儒行〉的認識千差萬別。劉勰（約 465～520，字彥和）《文心雕龍·徵聖篇》云：「〈儒行〉縟說以繁辭，此博文以該情也。」此說正如陳澧所言：「未嘗有譏議之語。」〔註138〕可是到了唐代，來鵠（？～883）云：「〈儒行〉篇非仲尼之言。」〔註139〕宋代大儒程頤（1033～1107，字正叔，世稱伊川先生）以爲：「〈儒行〉之篇，此書全無義理，如後世遊說之士所爲誇大之說。觀孔子平日語言，有如是者否？」〔註140〕言下之意，此篇所謂「子曰」者乃後世僞託。而此說爲後來多數學者所承襲。如宋儒呂大臨（1040～1092，字與叔）曰：「此篇之說，有誇大勝人之氣，少雍容深厚之風，竊意末世儒者將以自尊其教，謂『孔子言之』，殊可疑。」〔註141〕元代陳澔引呂氏，以爲篇中「其過失可微辨不可面數也」一句，乃「尙氣好勝之言，於義理未合。所貴於儒者，以見義必爲，聞過而改者也，何謂『可微辨不可面數』？」〔註142〕清人孫希旦曰：「此篇不類聖人氣象，先儒多疑之。……蓋戰國時儒者見輕於世，故爲孔子之學者託爲此言，以重其道。其辭雖不粹，然其正大剛毅之意，恐亦非荀卿以下之

---

149 頁。

〔註138〕〔清〕陳澧《東塾讀書記》卷九，《陳澧集》第 2 冊，第 167 頁。

〔註139〕〔唐〕來鵠：〈儒義說〉，見陳澧《東塾讀書記》卷九所引，《陳澧集》第 2 冊，第 167 頁。

〔註140〕〔宋〕程顥、程頤：《二程集》，北京：中華書局，2004 年，第 177 頁。

〔註141〕〔清〕孫希旦：《禮記集解》，第 1398 頁。

〔註142〕〔元〕陳澔：《禮記集說》，南京：鳳凰出版社，2010 年，第 461 頁。

所能及也。」〔註 143〕近代熊十力先生也推測該篇「其七十子後學當戰國之衰而作乎」〔註 144〕。任銘善先生亦以爲「非孔子之語」〔註 145〕，今人楊天宇先生注譯《禮記》，徑以該篇是「假託孔子之言」，而「漆雕氏之儒所爲」。〔註 146〕而近年曾經轟動一時的《思想門》對此亦有論斷，作者黃堅說：「《禮記》中有一篇〈儒行〉，整體看，很像是一篇儒者的辯護詞與讚美詩，也是日後所謂儒者們立身之本和處世之道的圭臬與指南。……它至少說明，在作者寫這篇〈儒行〉時，儒並非鐵板一塊，並非一個整體性的團隊，並非已成『一家一派』，很可能是龍蛇混雜，泥沙俱下的有好也有壞，故稱『儒有』。」他甚至懷疑該篇出於「更後的漢儒之手」。〔註 147〕如此理解該篇，顯然是因疑古思潮之影響泊宋迄今根深蒂固的緣故。

縱觀歷代學者對〈儒行〉的時代與學派的評判，多是出於臆斷，其根據往往似是而非。如上引程伊川所謂「〈儒行〉之篇，此書全無義理。如後世遊說之士所爲誇大之說。觀孔子平日語言，有如是者否？」就是一種主觀感覺。正如張橫渠所言：「某舊多疑〈儒行〉，今觀之，亦多善處。書一也，已見與不見耳。故《禮記》之可疑者，故置之。」陳蘭甫對此頗爲讚賞，云：「橫渠讀書審慎，勝於伊川矣。」〔註 148〕對同一文本，不同的人，甚至同一人不同時讀來，對文風、文氣等感覺恐難一致，因此既可以作出肯定也可以作出否定。因此這種方法不足爲據。那麼，如何判斷其時代呢？有學者結合春秋時代儒者的德行和孔子的思想，對該篇進行了研究。比如王鍔以爲：「〈儒行〉是孔子之作，很可能是由當時在場的魯國史官記錄後，經孔門弟子整理而成，成篇於春秋末期至戰國前期。」〔註 149〕這顯然是與鄭玄所謂「〈儒行〉之作，蓋孔子自衛返魯時也」大體相合的說法。

丁鼎先生對比各家說法，提出了較爲「折衷」的看法，他以爲該篇文中確有「類似戰國游俠口氣」的文字，不類孔子口吻，進而主張〈儒行〉可能

〔註 143〕〔清〕孫希旦：《禮記集解》，第 1410 頁。
〔註 144〕熊十力：《讀經示要》，北京：中國人民大學出版社，2006 年，第 90 頁。
〔註 145〕任銘善：《禮記目錄後案》，濟南：齊魯書社，1982 年，第 89 頁。
〔註 146〕楊天宇：《禮記譯注》，上海：上海古籍出版社，1997 年，第 1021 頁。
〔註 147〕黃堅：《思想門：先秦諸子解讀》，北京：中國長安出版社，2007 年，第 176～177 頁。
〔註 148〕〔清〕陳澧：《東塾讀書記》卷九，《陳澧集》第 2 冊，第 167 頁。據陳澧言，張橫渠之說不見《張子全書》，衛湜《禮記集說‧統說》引之。
〔註 149〕王鍔：《〈禮記〉成書考》，第 52 頁。

是戰國中晚期的孔門後學根據先世流傳下來的魯哀公與孔子的問答之辭加以
整理潤色而成的。其主要內容雖流傳有自，但其中可能也有不少戰國時期孔
門後學的假託、增飾之辭。〔註150〕我們認爲，丁氏所言大體可信，正如其他
文獻可能都會有的情況，即後學之增飾、潤色等整理，但至於「假託」，則未
必然。我們通檢先秦兩漢文獻，可知魯哀公與孔子對話流傳不少，將〈儒行〉
所記與其他各篇相參照，難以斷言其爲僞託。通過史籍記載可知，當時孔子
和他的弟子影響甚大，他們這一群體被目爲「儒」，顯非戰國以後之事。而據
《論語》記載，當時孔子已經強調「君子儒」與「小人儒」的區別，正如黃
堅所謂儒者群體「並非鐵板一塊」。而「儒」，據學者研究，應當是自古以來
就有的一種「職業」，既然是「職業」，其人數也不會太少。孔子和他的學派
只不過是其中的一部分。但孔子雖然出於「儒」，但他卻賦予了自身學派以
「道」，從一種方術，提升爲一種「道術」。然而當時之人，可能很多往往「顧
名思義」，誤會了「儒」與「儒家」的不同。比如魯哀公問「儒服」，顯然就
是沒有「理解」何爲「儒家」，沒有眞切意識到孔子「道術」之「儒」與先前
存在以及當時也依然存在的「方術」之「儒」有何差別。本篇所述背景和情
形，恐非後世所能杜撰，反而可見其可信性。因爲，後世「道術之儒」早已
湮沒了「方術之儒」，如此的疑問也就很難發生了。

　　通讀〈儒行〉，我們認爲該篇應是孔子對儒的德行的定義式闡釋，對後世
儒家的立身修行有著極大的指導意義。而孔子之所以要對「儒行」予以闡述，
正是針對當時很多人對其「道術之儒」（君子儒）與「方術之儒」（小人儒）
混淆不清，甚至對於儒家多有誤解與詆毀的狀況而發。如劉咸炘先生所言：「孔
子舉十七義以明之，非儒有十七種也，反覆交五以完其義耳。」「十七條中語
義多複，是固丁寧之態，故不可以十七種嚴分也。約言其義，則爲剛、柔二
端，剛者強而有爲，柔者靜而有守，是二者不可以偏，偏則入於雜流而非儒。」
〔註151〕幸好，有這樣的機會，孔子得以系統地留下了他對「儒」的系統看法
和理解。我們也才得以有了最直接的理解在孔子眼中「儒」的品格、特質的
資料。

　　更爲重要的是，該篇對儒者的德行的「刻畫」與《論語》所見孔子思想
完全相合，絕非衝突矛盾。太炎先生指出：「《論語》、〈儒行〉，本相符合，

〔註150〕丁鼎：《禮記解讀》，北京：中國人民大學出版社，2010 年，第 592 頁。
〔註151〕劉咸炘著，黃署暉編校：《劉咸炘學術論集・哲學編》上冊，第 82、84 頁。

惟《論語》簡約，〈儒行〉鋪張，文字上稍有異趣。」〔註152〕綜合有關孔子的資料，我們還應當清醒地意識到，《論語》所載，絕不是孔子言行的全貌。僅以《論語》爲標準來判斷是否孔子思想言行，必會造成極大的偏失。孔子思想之「博大精深」，「一以貫之」，是在綜合各種資料的基礎上，才會更加清晰和明朗的。

　　綜合各種信息來看，〈儒行〉應爲實錄。有人以爲，此篇出於魯國史官所記。此說不太可信。但孔子弟子有「記筆記」的習慣，《論語》、《家語》中此類記載甚夥，而且孔門也有類似「史官」的專門記事之人。據《孔子家語·七十二弟子解》記載：「叔仲會，魯人，字子期，少孔子五十歲。與孔璇年相比。每孺子之執筆記事於夫子，二人迭侍左右。」〔註153〕因此，本篇也應出於孔門弟子所記，並經整理而成。其實，章太炎先生早就對「斥〈儒行〉爲僞」說進行了反駁：「殊不知〈儒行〉一篇，非孔子自著，由於弟子筆錄。」〔註154〕我們的看法與之一致。

　　《禮記·儒行》既然得到了時代的確定，那麼與之相同的《家語·儒行解》也應當確定其成篇時代。通過仔細對讀這兩篇幾乎相同的文獻，我們發現，《家語》比《禮記》的〈儒行〉更加古樸與完整。其價值顯然更大。

（二）《家語·儒行解》與《禮記·儒行》的比較

　　對比二書之〈儒行〉，可得出以下幾點認識：

　　第一，兩篇內容基本相同，不過也有一些細微的差異。

　　第二，篇名差異。

　　《家語》此篇名〈儒行解〉，而《禮記》無「解」。綜觀《家語》四十四篇，其中十二篇篇名有「解」字，爲全書四分之一強。《家語》篇名帶有「解」字，我們想恐怕出於王肅之手。

　　在其他古籍中，我們也可以發現之一現象。例如《逸周書》各篇篇名基本有「解」字，《管子》也有多篇以「解」冠名者。唐大沛《逸周書分編句釋》則謂，《逸周書》所謂「解」，乃是「章」、「篇」之義，非「解說」的意

〔註152〕章太炎：《〈儒行〉要旨》，載馬勇主編：《章太炎講演集》，石家莊：河北人民出版社，2004年，第122頁。

〔註153〕本文所引《家語》，皆出楊朝明、宋立林主編《孔子家語通解》一書，下不出注。

〔註154〕章太炎：《〈儒行〉要旨》，載馬勇主編：《章太炎講演集》，第119～120頁。

思。他還說：「《家語》中稱『解』者十篇，蓋仍古書之舊目也，與此同例。」
〔註155〕可備一說。不過，多數學者認爲《逸周書》各篇的「解」字可能就
是孔晁作注時所加。對於《家語》各篇「解」字，在《家語》王肅序中，我
們可以得到一點線索。據王肅《孔子家語序》，王肅說：「斯皆聖人實事之論，
而恐其將絕，故特爲之解，以貽好事之君子。」這與《隋書・經籍志》著錄
是一致的：「《孔子家語》二十一卷，王肅解。」〔註156〕

其實，「注」、「解」同爲訓詁術語。《說文》：「解，判也。從刀判牛角。」
〔註157〕「判，分也。從刀，半聲。」〔註158〕按周大璞說：「解的本義是分
析，訓詁就是分析語義，所以也叫做解。」〔註159〕解可與詁連言；或與注、
說連言。「注」，賈公彥《儀禮》疏：「注者，注義於經下，若水之注物。」
段玉裁《說文解字注》云：「注之云者，引之有所適也，故釋經以明其義曰
注。」〔註160〕注與解，意思差別不大，可混用。

由此我們可以推斷，王肅之注《家語》，本稱「解」。〈隋志〉所記爲原本，
今本稱王肅注，可能出於後人所改。至於何以僅四分之一篇名有「解」字，
則不可得知，文獻不足徵，只能付之闕如。

第三，二書中該篇之主要差異表現在篇首篇尾。

《家語・儒行解》篇首一段記：

> 孔子在衛，冉求言於季孫曰：「國有聖人而不能用，欲以求治，是
> 猶卻步而欲求及前人，不可得已。今孔子在衛，衛將用之。已有
> 才而以資鄰國，難以言智也。請以重幣迎之。」季孫以告哀公，
> 公從之。

該段話介紹了魯哀公與孔子對話的背景，而爲《禮記》所無。根據學者考察，
在先秦兩漢的文獻流傳過程中，存在「穿靴戴帽」的現象，即整理者爲了文
獻的完整性，會對背景和結果略作交待。〔註161〕《禮記》、《國語》、《戰國策》

〔註155〕黃懷信、張懋鎔、田旭東：《逸周書彙校集注》（修訂本），上海：上海古籍出
　　　　版社，2007年，第1頁。
〔註156〕〔唐〕魏徵：《隋書》，北京：中華書局，1973年，第937頁。
〔註157〕〔漢〕許慎：《說文解字》，北京：中華書局，1963年，第94頁。
〔註158〕〔漢〕許慎：《說文解字》，北京：中華書局，1963年，第91頁。
〔註159〕周大璞：《訓詁學初稿》，武漢：武漢大學出版社，1987年，第20頁。
〔註160〕〔清〕段玉裁：《說文解字注》，杭州：浙江古籍出版社，1998年，第555頁。
〔註161〕王鍔：《〈禮記〉成書考》，第43～44頁。

等便可見多則例證。當然這個整理者是孔門弟子、後學還是漢代學者，很難論定。不過，其爲原始記錄的可能性要大一些。可以推測，《禮記》之所以失載，可能乃是缺簡所致。

揆之簡制，亦大體可見缺簡之可能。此段文字有74字。據孔安國《孔子家語後序》云，《孔子家語》這篇材料在秦漢之際流傳，皆「載於二尺竹簡」，漢尺約合23釐米，二尺則爲46釐米左右。若「二尺」爲「二尺四寸」的虛指，則應在55釐米左右。根據學者對簡牘形制的研究，戰國秦漢之際，簡的長度和容字量雖然都有規定，但因情況複雜，差別很大。〔註162〕本段74字，正當1簡或2簡之字數。

關於哀公與孔子對話的具體場合和情形，在《家語·儒行解》緊接著上段文字，云：「孔子既至，舍哀公館焉。公自阼階，孔子賓階，升堂立侍。」

《禮記·儒行》只是在篇尾有所交代，云：「孔子至舍，哀公館之」，而且，《禮記·儒行》在「聞此言也，言加信，行加義」後緊接「終沒吾世，不敢以儒爲戲」，顯然脫「曰」字，而《家語》則十分完整。可見《禮記·儒行》既顯突兀，又模糊不清，弗如《家語·儒行解》完整。

對比之後，我們認爲，此處《家語·儒行解》較之《禮記·儒行》相對完整、優越。王鍔《〈禮記〉成書考》以爲，此處《家語》所多出的一段，應爲「解」文，則是誤會了「解」的含義，不足採信。

第四，《家語·儒行解》與《禮記·儒行》的其他幾處差異。

其一，《家語·儒行解》較之《禮記·儒行》，在「儒有內稱不避親」一段與「儒有澡身浴德」一段之間，少一段文字：「儒有聞善以相告也，見善以相示也；爵位相先也，患難相死也，久相待也，遠相致也。其任舉有如此者。」本段39字，正合一簡大體字數，可以推測《家語》所逸當是傳抄過程中的脫簡所致。

其二，《家語·儒行解》中，「儒有委之以貨財 而不貪，淹之以樂好 而不淫，劫之以眾 而不懼，阻之以兵 而不懾。見利不虧其義，見死不更其守。往者不悔，來者不豫，過言不再，流言不極，不斷其威，不習其謀。其特立有如此者。」一段與《禮記》差異較大。《禮記》該段文字是：

> 儒有委之以貨財，淹之以樂好，見利不虧其義；劫之以眾，沮之以

〔註162〕駢於騫、段書安：《二十世紀出土簡帛綜述》，北京：文物出版社，2006年，第38～50頁。

> 兵，見死不更其守，鷙蟲攫搏不程勇者，引重鼎不程其力；往者不
> 悔，來者不豫；過言不再，流言不極；不斷其威，不習其謀。其特
> 立有如此者。

明顯的是，《禮記》「鷙蟲攫搏不程勇者，引重鼎不程其力」二句爲《家語》
所無。而正是此二句，被某些學者作爲該篇爲「漆雕氏之儒」所作的根據。
另外本段前部分，《家語》不僅多出數字而且語序不同。王鍔以爲，多出的數
字是所謂「解」文，顯然不當。雖然《禮記》的意思也較爲明白，但是相較
而言，《家語》文字更加清晰和條理，意思也更加完整。

其三，另有一處異文，可堪注意。《家語》云：「儒有內稱不避親，外舉
不避怨。程功積事，不求厚祿。推賢達能，不望其報。君得其志，民賴其德。
苟利國家，不求富貴。其舉賢援能有如此者。」而《禮記》作：「儒有內稱不
辟親，外舉不辟怨。程功積事，推賢而進達之，不望其報。君得其志，苟利
國家，不求富貴。其舉賢援能有如此者。」

《禮記》無「不求厚祿」、「民賴其德」二語。而這處異文恰可反映《禮
記》在漢代改編的痕迹。眾所周知，漢代建立起了中央集權的統一帝國，與
孔子所處的春秋亂世不同。因此，孔子所謂「民賴其德」，在漢代顯然有所忌
諱，因此「被刪」。而認真品味，《家語》表達工整，語氣通暢。而《禮記》
的表述則顯得毫無章法，頗爲散亂。正是改編而未能天衣無縫的結果。

還有一處，也需注意。《家語》作：「儒有上不臣天子，下不事諸侯，愼
靜尙寬，底厲廉隅，強毅以與人，博學以知服。雖以分國，視之如錙銖，弗
肯臣仕。其規爲有如此者。」而《禮記》則作：「儒有上不臣天子，下不事諸
侯；愼靜而尙寬，強毅以與人，博學以知服；近文章，砥厲廉隅；雖分國，
如錙銖，不臣不仕。其規爲有如此者。」

《家語》的「雖以分國，視之如錙銖，弗肯臣仕」，在《禮記》中變成了
「雖分國，如錙銖，不臣不仕」了，表述顯然隱晦了不少，個中緣由恐怕也
是出於政治的壓力。「分國」在「七國之亂」以後的漢帝國，顯然有犯忌諱，
於是予以刪改。結果打破了原有表述的清晰工整，便使語義十分晦澀了。

其四，其他差異或爲互訓，或意思相通，或是語氣詞的改變，都是極小
的差異。如「不」與「弗」、「求」與「祈」、「預」與「豫」等。

經過以上分析，我們認爲，《禮記》與《家語》的〈儒行〉一篇，應當
是「同源」材料整理而成。而《家語》之所以文本更加完整，表述更加清楚，

在文本上更加優越，主要是由於二者的成書和流傳過程的差異造成的。《禮記》雖然是先秦文獻，但經過漢代學者的編輯，而在編輯過程中，也有不少迫於形勢的「改編」、「潤色」，這樣的例證很多，茲不贅述。而《家語》經過孔安國整理編次後，獻上朝廷，卻因巫蠱之禍未見施用，一面沉寂於秘府，另一方面作為家學在孔氏家族中傳承，因此沒有因政治的原因而有所改編潤色。因此它顯得古樸、完整。

（三）〈儒行〉與漆雕氏之儒之關聯

通過分析，我們知道，這一篇文字，其實反映的本是孔子的思想。此篇正可用以討論孔子思想。郭沫若等以為其為漆雕氏之儒的作品，恐怕理據不足，失之偏頗，同時也降低了其文獻本身的意義。

不過，蒙文通先生的看法卻值得關注。在〈漆雕之儒考〉一文中，蒙先生指出：「以漆雕言之，則〈儒行〉者，其漆雕之儒之所傳乎？」〔註163〕如果我們確信〈儒行〉與漆雕氏之儒有所關聯的話，那麼，蒙文通先生的說法庶幾近之。因此，我們認為，說〈儒行〉為漆雕氏之儒的作品，並不能理解為該篇為漆雕氏之儒所「作」，而只能理解為該篇乃漆雕氏之儒所「傳」。正如，〈中庸〉〈表記〉〈緇衣〉〈坊記〉等皆記孔子之言，而為子思之儒所傳，而可以稱之為子思之儒的作品一樣。

當然，至於該篇是否為漆雕氏之儒所傳，如今亦無確鑿不移的證據可以證實，僅作為一種較為合理的推測而已。

不過，我們根據本篇所記內容，與曾子、子思一系的思想氣質亦相接近。如曾子所強調之「士不可以不弘毅，任重而道遠」思想，子思之「恒稱其君之惡者為忠臣」觀念，其剛毅自立、特立獨行、剛柔並濟，倡乎中庸，正可能是受此篇之影響。或可謂，本篇有可能為子思之儒所傳述，故收在《孔子家語》之中。

如果可以確定〈儒行〉的成篇年代確乎為春秋末期戰國之初，也就是說，該篇所載孔子言論確乎實錄，可以採信的話，則孔子心目中的「儒」便可以討論了。

陳來先生近期發表了〈戰國時代「儒」的刻畫與論說〉，利用《禮記‧儒行》對戰國時代「儒」的形象進行了討論。他說：「與墨者同時的孔門七

〔註163〕蒙文通：《儒學五論》，第 62 頁。

十子及其後學也以「儒」而自命，並往往通過追述『孔子曰』對『儒』加以定義和說明，在這一方面，《禮記》的〈儒行〉篇可謂是最明顯的例證。」「其實，不管『儒』字在字源上的原始意義如何，從學術史的觀點來看，戰國儒學在運用『儒』字上所表達的自我理解，以及戰國時代的其它學派對『儒』的思想刻畫從他者的一面所反映的『儒』的意象描述，都突出顯現了對何爲儒之人格，何爲儒家的學說宗旨在當時通行的理解，值得作一番清理。」他依然對該篇是否實錄保持懷疑，如他所說：「『儒服』之說不一定是哀公與孔子眞實的問話，可能是孔門七十子及其後學時代儒服論流行時所添加。」但他又說：「〈儒行篇〉的思想是符合孔子思想的」，「這種說法符合孔子的立場，代表了早期儒家的思想。」〔註164〕陳氏的這種「矛盾」，在很多現代學者那裏同樣都有所體現。究其實，正是因爲他們思想的深處，對文獻可靠性的「過度」警惕。

這一篇文獻果爲漆雕氏之儒所傳，那正說明其思想特色之所由來。漆雕氏之儒之所以傳述該篇，正是認同於該篇所載的孔子思想，尤其是其中對「剛毅」「特立獨行」等德行的倡揚。

近代以來，面對民族危難，爲了砥礪氣節，激揚民族精神，很多仁人志士提倡和表彰〈儒行〉。其中以章太炎和熊十力爲代表。

章太炎先生曾大力提倡〈儒行〉，云：「〈儒行〉所說十五儒，大抵堅苦卓絕，奮厲慷慨。」「奇節偉行之提倡，〈儒行〉一篇，觸處皆是。」〔註165〕熊十力先生在其《讀經示要》一書中，特爲表彰〈儒行〉，並將之與〈大學〉等量齊觀。他說：「〈大學〉〈儒行〉二篇，皆貫穿群經，而撮其要最，詳其條貫，揭其宗旨，博大宏深。」「經旨廣博，〈大學〉爲之總括。三綱八目，範圍天地，乾坤可毀，此理不易。續述〈儒行〉，皆人生之至正至常，不可不力踐者。」〔註166〕而該篇末段數論「仁」，正合孔子「仁」學之旨。如熊氏所云：「儒者之學，仁學也。故儒者百行，總歸於仁。」〔註167〕可謂明道之言。今人有徐澤榮者，撰〈儒行今述〉云：「儒行者，懷德抱仁之士所行也。艱苦卓絕，特立獨行，慷慨激昂而溫柔敦厚。有如明月清風，時令好雨，拂照天地，化育

〔註164〕陳來：〈戰國時代「儒」的刻畫與論說〉，《中華國學研究》創刊號，第136～158頁。

〔註165〕章太炎：〈《儒行》要旨〉，《章太炎講演集》，第118～121頁。

〔註166〕熊十力：《讀經示要》，第97頁。

〔註167〕熊十力：《讀經示要》，第95～96頁。

萬物。奇節偉行之提倡，〈儒行〉一篇是也。」〔註168〕正秉熊十力先生之論。而此論，正是對該篇重要價值的表彰。

總而言之，〈儒行〉對於理解原始儒學，理解孔子，理解漆雕氏之儒，乃是十分系統而完整的論述。這篇珍貴文獻理應引起學者的重視。

第五節 《大戴禮記》之「《曾子》十篇」與樂正氏之儒

樂正氏之儒的學派特點是突出「孝」，學者稱之為「孝道派」。樂正氏之儒正是在繼承和發展曾子之儒的基礎上形成的儒家學派，其思想見諸《大戴禮記》之「《曾子》十篇」之中。

一、《大戴禮記》「《曾子》十篇」與曾子—樂正氏之儒

〈漢志〉有《曾子》十八篇，班固自注：「曾參，孔子弟子。」認為是曾子的著作。根據古書通例，我們認為《曾子》當為「曾子之儒」的學派著作，其中有曾子本人的作品，也可能有曾子弟子及後學的作品。可惜，這部《曾子》早已亡佚。而學者發現，《大戴禮記》中有十篇和曾子有關的文獻，即〈曾子立事〉、〈曾子本孝〉、〈曾子立孝〉、〈曾子大孝〉、〈曾子事父母〉、〈曾子制言〉上、中、下、〈曾子疾病〉、〈曾子天圓〉，而這十篇文獻的篇題之中都有「曾子」二字，因此很可以聯想到，這「曾子」二字原是書名，而其原篇名可能即是「立事」、「本孝」、「立孝」、「大孝」、「事父母」、「制言」、「疾病」和「天圓」，被編入《大戴記》之後才形成現在的篇題。〔註169〕也就是說，這十篇文獻很可能就是原來《曾子》十八篇中的一部分。至於其餘篇章是否當時也被編入《大戴記》，則因《大戴記》本身也是亡佚太半之書，故不好判斷。這十篇文獻，被學者稱之為「《曾子》十篇」。不過，即使這十篇文獻，也是十分可貴的，幸賴《大戴記》而流傳至今。除去《大戴禮記》的「曾子十篇」之外，屬於《曾子》的可能還有《禮記·曾子問》一篇。

對於「《曾子》十篇」的可靠性，自宋代以來學者便多有懷疑，如朱子

〔註168〕徐澤榮：〈《儒行》今述〉，孔子2000網站，2007/1/13。

〔註169〕阮元說：「《大戴》十篇皆冠以『曾子』者，戴氏取《曾子》之書入於雜記之中，識之以別於他篇也。」見其《曾子十篇注釋》。梁濤先生等很多學者也已指出這一點。參梁濤：〈上博簡《內禮》與《大戴禮記·曾子》〉，簡帛研究網2005/6/26。

《晦庵集》卷八十一說：「世傳《曾子》書者，乃獨取《大戴禮》之十篇以充之，其言語氣象，視《論》、《孟》、〈檀弓〉等篇所載相去遠甚。」《周氏涉筆》說：「《曾子》一書，議道褊迫，又過於《荀子》，蓋戰國時爲其學者所論也。孔子言七十而從心所欲不踰矩，正指聖境妙處，此書遽謂七十而未壞，雖有後過亦可以免。七十而壞與否，已不置論，而何以爲過？何以爲免？聖門家法無此語也。」明方孝孺《遜志齋集》卷四說：「意者出於門人弟子所傳聞而成於漢儒之手者也，故其說間有不純。」梁任公先生也認爲：「《大戴》所載十篇，文字淺薄，不似春秋末的曾子所作，反似漢初。」〔註 170〕至張仲清先生《僞書通考》則《曾子》十篇已定爲「僞書」。〔註 171〕在國外漢學界，《曾子》十篇晚出是主流的說法。王安國（Jeffrey Riegel）先生認爲，《曾子》十篇不可能是在《曾子》亡佚之前被借用的，《大戴禮記》中許多與曾子有關的篇章可以證明是採自其它文獻資料，其餘的可能是漢代僞造的。〔註 172〕津田左右吉認爲《曾子》成書在漢代，是以《荀子‧大略》爲素材而構成的。〔註 173〕當然對於《曾子》十篇，也並非一種聲音，反對僞書說者，亦復不少。如清人錢曉徵《潛研堂集》卷二十七云：「《曾子》十篇，皆古書之僅存者。」〔註 174〕盧文弨則說：「余嘗謂此書之極精粹者，《曾子》數篇而已，而〈立事〉一篇，尤學者所當日三復也。『博學而孱守之』，余素服膺斯言。自爲棘人，每誦『君子思其不可復者而先施焉』數語，輒不禁淚之盈眥也。」〔註 175〕

現代學者對《曾子》十篇多有系統研究，其可靠性也得到基本的認可。如王鐵從文體、語言、文獻引述等方面考察了《曾子》十篇，認爲它成書於公元前 400 年前後的數十年間。鍾肇鵬先生則推測《曾子》是由曾子第二、三代弟子綴輯他的遺言、遺文而成，時間在戰國前期。黃開國先生則對《曾子》十篇進行了區分，認爲是由曾子後學不同的學派編訂的，〈本孝〉、〈立孝〉、〈大孝〉、〈事父母〉四篇，出自孝道派弟子之手，〈立事〉、〈制言〉、〈疾

〔註 170〕梁啓超：《古書眞僞及其年代》，北京：中華書局，1936 年版，第 40 頁。

〔註 171〕張心澂：《僞書通考》，第 341 頁。

〔註 172〕〔英〕魯惟一主編，李學勤等譯：《中國古代典籍導讀》，瀋陽：遼寧教育出版社，1997 年，第 485 頁。

〔註 173〕〔日〕津田左右吉：《論語と孔子の思想》，東京：岩波書店，1946 年，第 65 頁。

〔註 174〕〔清〕錢大昕：《潛研堂集》上，第 462 頁。

〔註 175〕〔清〕盧文弨：〈新刻大戴禮跋〉，《抱經堂文集》卷八，第 118 頁。

病〉、〈天圓〉四篇，與孝道派沒有關聯。在郭店簡、上博簡問世之後，關於《曾子》十篇的研究進入了一個新的高潮。羅新慧女史比較了《曾子》十篇和郭店簡，她認爲從用辭、內容方面看，《曾子》十篇成書年代和郭店簡大致相當。張磊對《曾子》文獻的研究也值得關注，其〈上海博物館竹書《內豐》與《大戴禮記》「曾子十篇」〉、〈《曾子》源流與《大戴禮記》「曾子十篇」〉，將上博簡〈內豐（禮）〉和《曾子》十篇作了對比，認爲《曾子》十篇已經比較接近曾子及其門人生活的年代。劉光勝之博士學位論文〈《大戴禮記·曾子》研究〉，更進行了詳實而系統的考察，提出將《曾子》十篇分爲內、外、雜篇，其中〈曾子立事〉、〈曾子制言〉（上中下三篇）、〈曾子疾病〉與《論語》內容相近，受孔子思想影響明顯，爲內篇；〈曾子本孝〉、〈曾子立孝〉、〈曾子大孝〉、〈曾子事父母〉四篇其主旨與《孝經》互相發明，以孝道爲核心，其成書時間比〈內篇〉晚，估計成書於曾子第二代弟子之手或者更晚，爲外篇；〈曾子天圓〉爲雜篇。〔註176〕

在上博簡中有一篇被題爲〈內豐（禮）〉的佚籍，與《大戴禮記》之〈曾子立孝〉、〈曾子事父母〉兩篇有關。學者對此也進行了很好的研究。一方面，〈內豐（禮）〉只對應〈立孝〉之第一段和〈事父母〉之第一段。雖然簡文有〈立孝〉第二段之首句，據廖名春先生研究，這一句當屬上讀，屬下讀誤，因此實際只當〈立孝〉首章。〈事父母〉之後半部分不見於簡文。另一方面，〈內豐（禮）〉與〈立孝〉、〈事父母〉比較仍有若干差異。具體表現在：其一，簡文中提到「爲人君」、「爲人父」、「爲人兄」如何如何，而〈立孝〉僅有「爲人子」、「爲人弟」、「爲人臣」如何如何的內容。廖名春先生認爲，〈立孝〉篇所少的內容，可能是漢儒編輯《大戴記》時由於當時專制政治的現實而進行的刪削。這與我們認爲《大戴禮記》將〈王言〉改爲〈主言〉的情形是一致的。其二，〈內豐（禮）〉所謂「事父母」是與上文銜接的，一氣呵成。而在《大戴記》分在兩篇，而且在〈事父母〉篇是單居離與曾子的問答。至於是何者爲原始，何者爲改編，不好判斷。不過，我們傾向於認爲，在形式上當以〈事父母〉爲原始。

除了存於《大戴禮記》的這「《曾子》十篇」之外，涉及曾子的文獻還

〔註176〕劉光勝：《〈大戴禮記·曾子〉研究》，清華大學博士學位論文，2010 年，第105～106 頁。本文所引關於《曾子》研究之學術史多處參考了該文之研究綜述。謹此致謝！

有不少。《孔子家語》「孔安國後序」曰:「又有〈曾子問禮〉一篇,自別屬《曾子問》,故不復錄。其諸弟子書所稱引孔子之言者,本不存乎《家語》,亦以其已自有所傳也,是以皆不取也。」這裏透露出,在西漢前期,二戴《禮記》尚未編定之時,有《曾子問》一書,而此書是否隸於《曾子》?抑或即是同一書?皆不可知。《曾子問》或許只是《曾子》書中的一部分,專記曾子與孔子問對之言語,正如《子思》書中有記錄孔子之言者一樣。

那麼,今存《禮記·曾子問》一篇應該屬於《曾子》,該篇大部分爲曾子問孔子,主要涉及喪禮,其中只有兩條例外,一條爲子游問,一條爲子夏問,但這兩條皆見於《孔子家語·曲禮子夏問》,有學者以爲是戰國秦漢間的禮家,根據現實生活中行喪禮所遇到的或設想可能遇到的各種具體情況,託爲曾子與孔子的問答,以爲之說,而作爲此篇。〔註177〕我們認爲這種猜測沒有根據,不可從。任銘善先生云:該篇「皆曾子問於孔子者,而子游問一事、子夏問二事附之。蓋曾子弟子所記也。」〔註178〕任先生的這一說法也有待商榷。王鍔先生認爲,「這些文字,先是由曾子等人當時或事後記錄下來的,後有人根據這些文字整理成篇。這位整理者所處的時間,應該晚於子游,而早於孟子,大概與子思生存的年代相當,約在戰國前期,其人可能是曾子的弟子。」〔註179〕這一說法大體可信。我們認爲,該篇名爲〈曾子問〉,其中涉及子游、子夏的材料,可能是因同爲關於喪禮而被漢儒編輯《禮記》時竄入,亦有可能是因錯簡而誤入該篇。因此,〈曾子問〉當出於曾子所記,曾子弟子整理,可能原來即屬於《曾子(問)》一書,後爲漢儒編入《禮記》。

而同見於《大戴禮記》與《孔子家語》的另一篇文獻,前者作〈主言〉,後者作〈王言解〉。王聘珍、宋翔鳳、盧文弨及今人黃懷信、方向東等以爲當從《大戴記》作「主言」。〔註180〕楊朝明師對此做了詳細的分疏,認爲《家語》作「王言」當是原始面貌,而《大戴記》作「主言」則是漢儒出於當時政治形勢所進行的修改,並非形近而訛所致。〔註181〕該篇亦當出於曾子所

〔註177〕楊天宇:《禮記譯注》,第300頁。

〔註178〕任銘善:《禮記目錄後案》,第20頁。

〔註179〕王鍔:《〈禮記〉成書考》,第57頁。

〔註180〕參黃懷信:《大戴禮記彙校集注》,第4頁;方向東:《大戴禮記彙校集解》,第1~2頁。

〔註181〕參楊朝明:〈讀《孔子家語》札記〉,《文史哲》2006年第4期。

記孔子言論。按孔安國〈家語後序〉的意思,該篇可能並不屬於《曾子問》,而根據《大戴記》的編排,似乎該篇也不屬於「《曾子》十八篇」,但該篇確實是有關曾子的重要文獻。

　　根據古書通例,《曾子》十篇及〈曾子問〉、〈王言解〉應該屬於曾子之儒的作品。僅以「《曾子》十篇」而言,亦當屬於《曾子》書,乃是弟子所記曾子言語,以及曾子與其弟子問對言語,當然其中也有曾子再傳弟子所記曾子弟子如樂正子春的事迹,則《曾子》當陸續成於曾子、曾子弟子及再傳弟子之手。學者發現這十篇之中各篇的主旨及思想特色不同,應該分屬於曾子不同的傳人。我們知道,曾子弟子眾多,如樂正子春、子思、公明儀、公明高、單居離、吳起、子襄、沈猶行、陽膚以及其子曾元、曾申、曾華(有人以爲曾華即曾申)等。其中〈大孝〉篇爲公明儀問曾子,然後又附有樂正子春傷足事,可能是公明儀或樂正氏之儒所記;而〈事父母〉、〈天圓〉篇則爲單居離與曾子問對,可能是單居離所記。

　　〈大學〉一篇,據宋儒所言,當出於曾子。這一點遭到近代學者的否定。但是,從簡帛資料提供的信息看,〈大學〉當與曾子一系有關,李學勤先生認爲帛書〈五行〉經傳體例與朱子所分〈大學〉同,由於傳文明記有「曾子曰」,而曾子的話又和整個傳文不能分割,按戰國時著書通例,這是曾子門人記錄曾子的論點,和孟子著書有與其弟子的討論相同,所以〈大學〉的傳應認爲曾子作品,曾子是孔子弟子,因而經的部分就一定是曾子所述孔子之言〔註182〕。梁濤先生雖然不同意李先生主張的〈大學〉分爲經、傳的說法,而認爲〈大學〉應爲獨立的一篇,但仍肯定了傳統上認爲〈大學〉成於曾子或其弟子之手的說法。〔註183〕劉光勝對此問題進行了詳細的分析,他分析了《曾子》十篇與〈大學〉之間存在的異同,認爲:「依照目前的文獻證據,〈大學〉的作者存在兩種可能性,一是出於曾子學派,爲曾子或其弟子所作;二是〈大學〉受曾子之學的影響,但作者不是曾子弟子。與其各執一詞,強行論定〈大學〉的具體作者,不如相信《漢志》的說法,認爲〈大學〉出於七十子弟子之手,將〈大學〉定位在曾子與孟子之間,承認〈大學〉與曾子

〔註182〕李學勤:〈先秦儒家著作的重大發現〉、〈荊門郭店楚簡中的《子思子》〉,均載《中國哲學》第20輯,第16、78頁。〈從簡帛佚籍《五行》談到《大學》〉,《孔子研究》1998年第3期。

〔註183〕梁濤:〈《大學》早出新證〉,《中國哲學史》2000年第3期。

之學的密切關聯，但又不一定把〈大學〉推定爲曾子弟子所作，這樣做似乎更爲穩妥一些。」〔註184〕我們認爲，這一判斷固然較爲穩妥，但是從《曾子》十篇與〈大學〉的相通可以得出其間存在著密切的關聯，這是出於曾子之儒的必要條件。由二者之異，是否就可以得出否定性的結論呢？我們認爲，應當充分認識到思想家思想的階段性和豐富性，而且不同的文本其主題不同，自然會出現差異。其實，《曾子》十篇之中，〈立事〉等篇與〈大孝〉等篇便有主旨之異，但不能說這些不屬於曾子之儒。因此，儘管現在學者之間還存在著爭議，但是我們認爲，〈大學〉屬於曾子一系的可能性較大，該篇也當歸入《曾子》。

　　曾子思想有兩個最爲重要的方面：一個是內省的仁學，一個是注重孝悌。而前者主要爲子思之儒所繼承並發展，後者則爲樂正氏之儒所承襲和闡揚〔註185〕，在儒家內部分別形成了不同的學術流派。這在《論語》中的曾子言論中可以看出，也能夠從《大戴記》之「《曾子》十篇」得到印證。〈曾子制言中〉云：「是故君子以仁爲尊。天下之爲富，何爲富？則仁爲富也；天下之爲貴，何爲貴？則仁爲貴也。」這明顯是代表曾子重視仁學的思想傾向的；而〈大孝〉等篇則謂：「民之本教曰孝，……夫仁者，仁此者也；義者，宜此者也；忠者，中此者也；信者，信此者也；禮者，體此者也；行者，行此者也；強者，強此者也。」將孝置諸仁、義、禮等之上，顯然與孔子思想有著重大距離，也就不同於曾子早年思想。

　　曾子之思想可能被不同的弟子從不同的側面予以繼承和發展，從而形成了不同的學派。如前文已經指出的，子思雖然學於曾子，但是當子思成年之後，思想日漸成熟，與曾子的思想距離越來越大，終於獨立爲一個新的學派：子思之儒。而曾子的另外一個著名弟子樂正子春則以曾子嫡傳自居，開創了一個樂正氏之儒的新學派。

　　那麼，如何看待樂正氏之儒與曾子之儒的關係呢？樂正子春在曾子門下確實儼然嫡傳，其影響在當時也是十分巨大。曾子去世之前，子思已經與曾子產生了較大的分歧，獨立爲子思之儒了。曾子去世之後，樂正子春很可能

〔註184〕劉光勝：《〈大戴禮記・曾子〉研究》第184頁。
〔註185〕參梁濤：〈樂正氏之儒的「泛孝論」及與思孟學派的關係（上）〉，《孝感學院學報》2006年第1期。黃開國：〈論儒家的孝道學派〉，《哲學研究》2003年第3期。

便成爲曾子之儒的領袖。但是由於樂正子春本人的影響力超過了曾子的兒子曾元和曾申,曾子之儒已經無法獨立存在,樂正子春的弟子很可能出於尊崇其師的目的,祭出了樂正氏之儒的大旗,以樂正氏之儒代替了曾子之儒。如果這一推測大體不誤的話,那麼樂正子春很可能主持了《曾子》書的第一次結集。〔註186〕因此,其中很可能有不少的篇章反映了樂正子春的思想特色或傾向。

顏炳罡先生認爲,《禮記‧曾子問》、《大戴禮記》之〈曾子立事〉、〈曾子本孝〉、〈曾子立孝〉、〈曾子大孝〉、〈曾子疾病〉、〈曾子制言〉皆自樂正子春之手。〔註187〕我們認爲,顏先生的這一說法沒有注意到《曾子》十篇的內在矛盾之處,可知其並非出於一人之手。黃開國先生根據內容將《曾子》十篇分爲兩部分,一是〈曾子本孝〉、〈曾子立孝〉、〈曾子大孝〉三篇相連的文章,都有關於孝道的論述,當出自孝道派弟子之手,可能都與樂正子春有聯繫,而〈事父母〉爲單居離所記,與上述三篇相近,但卻不完全一致,可暫置不論。其中〈曾子大孝〉是樂正子春爲代表的孝道派的主要理論體現,其餘篇章沒有關於孝道的論述,與孝道派沒有關聯。〔註188〕這一判斷是可信的。在黃開國先生的基礎上,劉光勝對《曾子》十篇進行了內、外、雜的區分,他說:「〈曾子立事〉、〈曾子制言〉(上中下三篇)、〈曾子疾病〉以仁義爲核心,講博學、修身、守仁、行道,與《論語》內容相近,受孔子思想影響明顯,我們稱這五篇爲內篇。〈曾子本孝〉、〈曾子立孝〉、〈曾子大孝〉、〈曾子事父母〉四篇其主旨與《孝經》互相發明,汪晫《曾子全書》、王定安《曾子家語》都曾將這四篇合爲一篇,我們認爲這四篇以孝道爲核心,主張在爲父母盡孝的行爲中提升自己的品德,其內容多與〈孝經〉同,其中記載樂正子春傷足、與門弟子談孝的內容,其成書時間比《內篇》晚,估計成書於曾子第二代弟子之手或者更晚,我們稱之爲外篇。……〈曾子天圓〉講天地陰陽之道、萬物生成之理,認爲天道圓,地道方,萬物由陰陽二氣化生,涉及『天道』、『地道』、『氣』、『陰陽』等概念,與《曾子》書其他九篇明顯不同,因此我們稱〈曾子天圓〉爲雜篇。」〔註189〕

〔註186〕梁濤先生也認爲:「《曾子》的結集可能完成於樂正子春弟子之手。」見其〈上博簡《內禮》與《大戴禮記‧曾子》〉,簡帛研究網,2005/6/26。
〔註187〕顏炳罡:〈「儒分爲八」的再審視〉,《儒林》第 1 輯,第 145 頁。
〔註188〕黃開國:〈論儒家的孝道學派──兼論儒家孝道派與孝治派的區別〉,《哲學研究》2003 年第 3 期。
〔註189〕詳參劉光勝《〈大戴禮記‧曾子〉研究》,第 101～106 頁。

劉光勝兄的這一分類，我們雖然在某些細節上並不完全贊同，如〈曾子大孝〉等篇是否與《孝經》同，需要重新審視，不過，其說大體上是可從的。而學者公認，〈大孝〉篇是樂正氏之儒的作品，我們也將以此篇為核心，兼採〈本孝〉、〈立孝〉篇，對樂正氏之儒的思想特色予以分析。

有學者認為，〈大孝〉等篇所記當是樂正子春或其弟子假託曾子的話，〔註190〕其實表達的是樂正氏之儒的思想。對此，我們認為不應當遽下斷語。我們通過對比《論語》、《孝經》與《大戴禮記》「《曾子》十篇」，的確可以發現其中的曾子形象有所不同，甚至似乎有彼此矛盾之處，但是，這是否表明其中有弟子後學的假託呢？我們認為，造成這種印象的原因可能是多方面的，未必其中是弟子故意偽造曾子言語或形象。一個人的思想往往具有多方面的向度，不同的弟子從不同的向度上接受了老師的思想，那麼他所記錄的形象便是那個向度的樣子。而且，一個人的思想會隨著時間的推移而發展變化，曾子當然也不例外。曾子的不同向度和發展性與孔子的思想的多歧性和階段性是一個道理。因此會出現在不同的弟子記錄下的形象出現分歧、矛盾之處。所以，我們對於所謂《曾子》十篇不同篇章之間的所謂「矛盾」應該有一個恰當的看法，不能將之視為樂正子春等曾子弟子假託。故而，將〈大孝〉等篇視為樂正氏之儒的作品，僅僅是表明在「孝論」這一方面，是樂正子春繼承了曾子的思想。

二、《孝經》與〈曾子大孝〉

這裏還有一個問題，那就是〈曾子大孝〉與《孝經》的關係問題。

關於《孝經》的作者，郭沂、梁濤、劉光勝等先生認為，《孝經》出自樂正氏之儒，羅新慧則認為《孝經》當在孟子之後。這樣一來，關於《孝經》與〈大孝〉的關係，便成了一個問題。如《孝經》與〈大孝〉是否屬於同一學派，思想主旨是否一致？二者的成書年代孰先孰後？這是需要考察的。

梁濤先生雖然主張二者皆出於樂正氏之儒，但他認為，《孝經》當在〈大孝〉之後，《孝經》在〈大孝〉基礎上對孝作了進一步闡發。〔註191〕而黃開國

〔註190〕黃開國：〈論儒家的孝道學派〉，《哲學研究》2003 年第 3 期。何元國：《《曾子》泛化孝再評價〉，《湖北大學學報》2006 年第 1 期。
〔註191〕梁濤：〈樂正氏之儒的「泛孝論」及與思孟學派的關係（上）〉，《孝感學院學報》2006 年第 1 期。

先生雖然也認爲《孝經》晚於〈大孝〉，是〈大孝〉的孝道理論爲《孝經》提供了理論前提。不過他又主張，〈大孝〉是孝道論，而《孝經》則是孝治論，二者思想不同，並不屬於同一學派，〔註192〕這種分析是可信的。

鄭玄認爲，《孝經》爲孔子所作。清儒陳東塾解釋道：「此經是孔子之言，其筆之於書者，但可謂之述，不可謂之作，故鄭君以爲孔子作也。」他以《四庫全書總目》謂《孝經》與《禮記》爲近，認爲「《孝經》爲七十子之遺書」。〔註193〕所謂《孝經》與《禮記》相近，「七十子之遺書」，顯然是從七十子所述記孔子之言的角度而言的。因此我們認爲，《孝經》應當是曾子所記孔子孝治思想。而這一思想可能爲子思所承繼；而〈大孝〉則是樂正子春所記曾子孝道思想；也就是說，曾子的孝論也有一個發展的過程，即最先是繼承了孔子的孝治思想，而後將孝論做了進一步的提升，發展爲孝道論，孝成爲最高的「德」，因此形成特色鮮明的「曾子之儒」，這一思想爲樂正子春所繼承並發展。由此可知，子思與樂正子春雖同受教於曾子，對孔子、曾子之孝論有所繼承，但卻走向了不同的路向。子思基本上仍是承繼了孔子－曾子的孝治思想，而樂正子春則繼承了曾子的「孝本論」，將「孝」的層次進行了拔高，成爲最高的核心道德，誇大了孝的地位，走向了泛孝論的孝道論，從一定程度上背離了孔子的孝治思想。

在孔子弟子中，最能繼承並發揚孔子孝思想的應屬曾子。他踐行孝道的事迹見於《孟子》之〈離婁上〉和〈盡心上〉。孔子曾經這樣評價曾參，他說：「孝，德之始也；悌，德之序也；信，德之厚也；忠，德之正也。參中夫四德者也。」（《家語·弟子行》）。因爲曾參「志存孝道，故孔子因之以作《孝經》」。此與《史記·仲尼弟子列傳》所載「孔子以爲能通孝道，故授之業，作《孝經》」相合。

如果我們將《孝經》視爲孝治派的話，那麼這種思想實際上體現在《論語》、《孔子家語》所記的孔子言論之中。《孝經》之孝治思想完全可以和《孔子家語》中所見的孔子孝治思想對上號。

我們通過對《論語》、《孔子家語》中孔子孝論的分析，可以看到，孔子是將「孝」與「仁」、「禮」上下貫通起來的，從根本上是孝治論。一方面，孝，乃修身之本，乃是「仁」的入門之功；而孝一旦推而廣之，便與家庭、

〔註192〕黃開國：〈論儒家的孝道學派〉，《哲學研究》2003年第3期。
〔註193〕〔清〕陳澧：《東塾讀書記》卷一，《陳澧集》第2冊，第16、15頁。

社會、祭祀、婚姻等相關聯，這便進入了「禮」的範疇。而仁，乃修身範疇，屬於「內聖」一環；禮，乃政治範疇，屬「外王」一環。而孝便將仁與禮，亦即內聖與外王聯繫起來，打通了儒家從內聖開出外王的通道。因此，在孔子那裏，他一方面強調「立身有義，而孝爲本」，另一方面又講求「國家必以孝」。

　　孔子政治思想的邏輯起點在於修身，因此孔子論孝，自然首先從修身立身講起。《論語》中，有子曾說：「君子務本，本立而道生。孝弟也者，其爲仁之本與！」（《論語‧學而》）注家或以「爲仁」之「仁」訓「人」，如此則「孝弟」，便爲「爲人之本」了。而據我們的認識和理解，此處「爲仁」並非「爲人」之訛誤或假借，而應從其本字爲訓。所謂「爲仁」，是行仁之意，與「爲仁由己」之「爲仁」同義。爲仁其實就是「內聖」完成之過程。在孔子那裏，仁，是一個由己外推的過程，第一步要「親親」，所謂「仁者人也，親親爲大」；第二步，「不獨親其親，不獨子其子」，「老吾老以及人之老，幼吾幼以及人之幼」；第三步，「泛愛眾」；第四步，「仁厚及於鳥獸蟲魚」。很明顯，這是一個「外推」的過程，是以「己」爲中心的擴大的同心圓。在《孝經》中，孝被擡到了更高的高度。孔子說：「夫孝，德之本也，教之所由生也。」「夫孝，始於事親，忠於事君，終於立身。」也與上述看法一致。

　　類似的表述，我們可以從《孔子家語》中發現。〈六本〉篇云：

> 孔子曰：「行己有六本焉，然後爲君子也。立身有義矣，而孝爲本；喪紀有禮矣，而哀爲本；戰陣有列矣，而勇爲本；治政有理矣，而農爲本；居國有道矣，而嗣爲本；生財有時矣，而力爲本。置本不固，無務農桑；親戚不悅，無務外交；事不終始，無務多業；記聞而言，無務多說；比近不安，無務求遠。是故反本修邇，君子之道也。」

孔子之道首先是成人之道。所謂成人，首先是指培養有修養的君子。而君子則是爲政者的後備力量。孔子希望用自己的學說和思想改造士人階層，使之成爲「文質彬彬」的君子人，然後爲政，則可以實現「風行草偃」的教化效果。此處孔子論「行己」之「六本」，也同樣是在闡述士人何以能夠成爲「君子」的。而孔子首先強調的就是「孝」。將孝作爲「立身之本」，這一思想與《論語》所記載的是相同的，和《孝經》也是吻合的。

　　在傳道授業過程中，孔子對於人的修身便格外重視。其教學便也體現出

這個特徵。《孔子家語・弟子行》記衛將軍文子云：「吾聞孔子之施教也，先之以詩、書，而道之以孝、悌，說之以仁、義，觀之以禮、樂，然後成之以文德。」可見孔子向來將「孝」作爲引導弟子的首要道德要求。

而《孔子家語・六本》記載了一則關於曾參的故事，可以進一步理解孔子論孝的深層內涵。

> 曾子耘瓜，誤斬其根。曾皙怒，建大杖以擊其背。曾子仆地而不知人久之。有頃，乃蘇，欣然而起，進於曾皙曰：「向也，參得罪於大人，大人用力教參，得無疾乎？」退而就房，援琴而歌，欲令曾皙而聞之，知其體康也。孔子聞之而怒，告門弟子曰：「參來，勿內。」

> 曾參自以爲無罪，使人請於孔子。子曰：「汝不聞乎，昔瞽瞍有子曰舜。舜之事瞽瞍，欲使之，未嘗不在於側；索而殺之，未嘗可得。小棰則待過，大杖則逃走，故瞽瞍不犯不父之罪，而舜不失蒸蒸之孝。今參事父，委身以待暴怒，殛而不避。既身死而陷父於不義，其不孝孰大焉？汝非天子之民也？殺天子之民，其罪奚若？」

> 曾參聞之，曰：「參罪大矣。」遂造孔子而謝過。

孔子曾說過「無違」爲孝，似乎曾子做到了「不違」，縱使被父親打得不省人事，醒來後還是要表現出「欣然」，以令父親不爲自己擔心。若以此衡量，曾參確乎是個孝子。但在孔子看來，曾子顯然知其一，不知其二，對於孝的理解卻存在著極大的偏差，因此他「聞之而怒」。而孔子的孝論，顯然更加深刻。孝，不應與其他道德相衝突。比如，孝應當「無違」，「順」，但也要「事父母幾諫」（《論語・里仁》）、「不順情以危親」（《家語・曲禮子夏問》）。比如，「小棰則待過，大杖則逃走」，因此才能有「瞽瞍不犯不父之罪，而舜不失蒸蒸之孝」的結果。像曾參泥於「孝順」，這樣「委身以待暴怒，殛而不避」，結果只能是「身死而陷父於不義」，而卻明顯違背了孝的初衷，與孝道眞義背道而馳了。可見，孔子站得更高，跳出了常人的「愚孝」的泥沼，以中庸的視野審視這一問題，既有原則，又富有靈活性，可以說所謂「孝子不順情以危親」，正是針對這一「愚孝」而發的。而曾參後來重視孝，「能通孝道」，與孔子的此番教誨是分不開的。〈三恕〉說：

> 子貢問於孔子曰：「子從父命，孝乎？臣從君命，貞乎？奚疑焉？」
> 孔子曰：「鄙哉，賜！汝不識也。昔者明王萬乘之國，有爭臣七人，

則主無過舉；千乘之國，有爭臣五人，則社稷不危也；百乘之家，有爭臣三人，則祿位不替；父有爭子，不陷無禮；士有爭友，不行不義。故子從父命，奚詎爲孝？臣從君命，奚詎爲貞？夫能審其所從，之謂孝，之謂貞矣。」

這與《孝經》「諫諍章」所記大體相同：

曾子曰：「若夫慈愛、恭敬、安親、揚名，則聞命矣。敢問子從父之令，可謂孝乎？」子曰：「是何言與，是何言與！昔者天子有爭臣七人，雖無道，不失其天下；諸侯有爭臣五人，雖無道，不失其國；大夫有爭臣三人，雖無道，不失其家；士有爭友，則身不離於令名；父有爭子，則身不陷於不義。則子不可以不爭於父，臣不可以不爭於君；故當不義，則爭之。從父之令，又焉得爲孝乎！」

這裏同樣閃爍著孔子理性精神、獨立意識的光輝。孔子和早期儒家強調「絜矩之道」，主張推己及人的忠恕之道，所以他明確反對「有親不能孝，有子而求其報」（《家語‧三恕》）的做法。

孔子將「父慈、子孝、兄良、弟悌、夫義、婦聽、長惠、幼順、君仁、臣忠」稱之爲「人義」（《家語‧禮運》），而所謂「人義」即是人之常道，也是人之常德。他強調：「君君、臣臣；父父、子子。」（《論語‧顏淵》）亦即《大學》所謂「爲人君，止於仁，爲人臣，至於敬；爲人父，止於慈；爲人子，止於孝。」從這些表述，我們看到的是孔子和原始儒家的理性精神，絕非什麼絕對和專制。賀麟（1902～1992，字自昭）先生指出：「常德就是行爲所止的極限，就是柏拉圖的理念或範型，也就是康德所謂人應不顧一切經驗中的偶然情況，而加以絕對遵守奉行的道德律或無上命令。」〔註194〕以父子一倫爲例，父應當做到的就是慈，而子應當奉行的就是孝。此爲絕對的，而非相互報酬的交易式的道德。即使父（母）不慈，作爲子（女）也不能以之爲理由或條件而不盡爲人子（女）的本分，即孝敬父（母）；當然父母之慈，從邏輯上講必然不能以子女之孝爲前提，是不待論的，做到慈也是其必須奉行的「無上命令」。因爲絕大多數父母（當然也有像舜的頑父、囂母，但爲數不多。）出於人類天然的血緣親情，能夠做到對子女的養育，但事實證明，子女對於父母孝卻並非「天然」，否則孔子不會大談孝道，從他回答子游問孝

〔註194〕賀麟：〈五倫觀念的新檢討〉，《文化與人生》，北京：商務印書館，2005年，第59頁。

的話中，我們至少可以看到，在春秋末期，以養爲孝的認識已經很流行了。但是，從宰我問三年之喪的故事中，孔子顯然「認爲孝是由父母對子女的愛引起的子女對父母的愛。在這種愛的基礎上產生的尊敬的心情、愉悅的顏色，乃至奉養的行動，必然是純眞無僞的情感的流露。」〔註195〕如此，則可見孝絕非僅僅屬於天然的血緣層面，還需要社會意識的投入。可以說，孝，是自然性的情與社會性的理的完美結合，高度統一。「從而在中國倫理史上第一次自覺地確立了情與理高度統一的哲理精神。這種重視情與理高度統一的哲理精神構成了儒家思維的基本特徵。」〔註196〕

那麼，應當如何做到孝？首先應當明白何謂孝？孝，《說文》曰：「善事父母者。從老省，從子，子承老也。」子承老，包含兩層意思，其實也就是孝的兩個大的層次：一是事父母，二是繼志述事。繼志述事爲孝的最高境界，此故不論。可見，「孝作爲一種道德必須由具體的行爲來體現的，是德行合一的」。〔註197〕就「事父母」一層來說，李零先生將之歸納爲「第一要孝順，第二要孝敬，第三要孝養。」〔註198〕我們認爲，第一是孝養，第二是孝順，第三是孝敬，這樣的次序方能顯示出孔子孝論的重點。物質上的「養」當然是孝的基礎，但孔子更重視內心的「敬」，他說：「人小皆能養其親，君子不敬，何以辨？」（《禮記·坊記》）「今之孝者，是謂能養，至於犬馬皆能有養，不敬何以別乎？」（《論語·爲政》）《孝經》也說：

> 子曰：「孝子之事親也，居則致其敬，養則致其樂，病則致其憂，喪則致其哀，祭則致其嚴。五者備矣，然後能事親。事親者，居上不驕，爲下不亂，在醜不爭。居上驕則亡，爲下而亂則刑，在醜而爭則兵。三者不除，雖日用三牲之養，猶爲不孝也。」

而敬的外在表現則是「容色」，因此孔子說「色難」，《禮記·祭義》云：「孝子之有深愛者，必有和氣；有和氣者，必有愉色；有愉色者，必有婉容。」正是這一意思。而這種敬，近乎一種宗教情感，尤其是在喪祭之禮中更能體現出來。而孔子所謂「心安」的說法，與敬也是相通的。此「心」顯然超越了「天然」動物性和血緣性，而有了「良知良能」的萌芽意味，此心應爲道

〔註195〕匡亞明：《孔子評傳》，南京：南京大學出版社，1990年，第218頁。
〔註196〕徐儒宗：《人和論──儒家人倫思想研究》，北京：人民出版社，2006年，第197頁。
〔註197〕錢世明：《儒學通說：說忠孝》，北京：京華出版社，1999年，第70頁。
〔註198〕李零：《喪家狗：我讀〈論語〉》（下冊），第51頁。

德的心。

孔子以孝爲「德之始」的認識，使其在評價人物時，十分強調「孝」這一德行。如他對春秋時期兩位賢人的評語中可以發現孝之重要地位。他評價趙文子：「思天而敬人，服義而行信，孝於父母，恭於兄弟，從善而不教，蓋趙文子之行也」；他評論柳下惠：「孝恭慈仁，允德圖義，約貨去怨，輕財不匱，蓋柳下惠之行也」。（《孔子家語·弟子行》）據《家語·觀鄉射》篇記載，他在矍相圃舉行鄉射禮，而命弟子公罔之裘、序點對圍觀者說：「幼壯孝悌，耆老好禮，不從流俗，修身以俟死者，在此位。」結果「蓋去者半」。可見孔子對孝之一貫重視。

孔子固然十分強調「孝」的修身立身意義，但基於孔子思想的政治關切性，他更多的是將「孝」提到治國安邦的高度予以闡釋的。

孔子主張德化，他曾經向曾子闡述了治國的「七教」：「上敬老則下益孝，上尊齒則下益悌，上樂施則下益寬，上親賢則下擇友，上好德則下不隱，上惡貪則下恥爭，上廉讓則下恥節，此之謂七教。七教者，治民之本也。政教定，則本正也。」（《孔子家語·王言解》）其中孝佔有非常重要的位置。

孔子的德化思想的主體是爲政者，他認爲：「君子之德風，小人之德草，草上之風必偃。」（《論語·顏淵》）相似的觀點也反映在《家語·王言解》中。孔子以爲，「凡上者，民之表也」，將爲政者稱爲「表率」和「標杆」。要求在上者首先要做到這一點，然後才能要求老百姓和臣下做到。

《論語·爲政》有一則記載，可以發現孔子已將孝與爲政聯繫起來。

> 或謂孔子曰：「子奚不爲政？」子曰：「《書》云：『孝乎惟孝，友於
> 兄弟，施於有政。』是亦爲政，奚其爲爲政？」

這可以視作孔子對孝之政治意義的直接表述。孝之政治意蘊，用有子的話來說，就是「其爲人也孝弟而好犯上者，鮮矣；不好犯上而好作亂者，未之有也」。《禮記·坊記》也記有「子云：孝以事君，弟以事長，示民不貳也」的話。而《大學》則聲稱：「孝者所以事君也，弟者所以事長也，慈者所以使眾也。」《大學》的這一思想，當是曾子引述孔子。可見，在孔子和曾子那裏，明確了孝的政治意蘊，將孝道推而廣之，可以實現家庭的和諧，進而達到社會的安定有序。尤其是統治者更應如此，因爲「上老老而民興孝」，「一家仁，一國興仁」。《孝經》也明確提出「聖王以孝治天下」：

> 子曰：「昔者明王之孝治天下也，不敢遺小國之臣，而況於公、侯、

伯、子、男乎？故得萬國之歡心，以事其先王。治國者，不敢侮於
鰥寡，而況於士民乎？故得百姓之歡心，以事其先君。治家者，不
敢失於臣妾，而況於妻子乎？故得人之歡心，以事其親。夫然，故
生則親安之，祭則鬼享之。是以天下和平，災害不生，禍亂不作。
故明王之以孝治天下也如此。《詩》云：『有覺德行，四國順之。』」

在《家語》中，我們也可以看到孔子曾經對季孫氏等當權者提出「國家
必以孝」的主張，並得到了魯國為政者的認可。然而孔子與當權者的看法並
不一致。在〈始誅〉篇記載了一則故事，可見其間的認識差距何其大也！

孔子為魯大司寇，有父子訟者，夫子同狴執之，三月不別。其父請
止，夫子赦之焉。季孫聞之不悅，曰：「司寇欺余。曩告余曰：『國
家必先以孝。』余今戮一不孝以教民孝，不亦可乎？而又赦，何哉？」

孔子對此卻鄭重其事地將批判的矛頭指向了為政者：

上失其道而殺其下，非理也。不教以孝而聽其獄，是殺不辜。三軍
大敗，不可斬也；獄犴不治，不可刑也。何者？上教之不行，罪不
在民故也。夫慢令謹誅，賊也；征斂無時，暴也；不試責成，虐也。
政無此三者，然後刑可即也。

從這則資料，我們可以清楚地體會到孔子德化思想的真諦，那就是「仁者愛
人」，對為政者的批判，也可以看到孔子思想之獨立性。由於孔子注意到了君
臣、父子、夫婦之間的不平衡，所以他將德化的主體放在了君、父、夫這一
邊。這不能看作是造成不平等，反而是孔子基於社會的現實而進行的改造。
既然君、父為強勢，其責任便也相應的大。因此「上」（君，在家庭倫理中可
以包括父和夫，但孔子對於夫的論述不多）應當做到「表率」的模範作用。

因此，在留下來的孔子言論中，很大一部分是孔子與各國公卿大夫的對
話。其中蘊藏著孔子的教化思想，也體現出孔子寄望通過教化為政者來實現
王道政治的理想。在他周遊回國後，魯哀公經常問政於孔子，他就此提出了
一系列主張，見於《禮記》和《家語》等，其中很多是孔子常年思索的結果。
孔子說：「立愛自親始，教民睦也；立敬自長始，教民順也。教之慈睦，而民
貴有親；教以敬，而民貴用命。民既孝於親，又順以聽命，措諸天下，無所
不可。」這正是眾所周知的，孔子治道乃以孝為本。

而《家語‧辯政》篇記載的宓子賤治單父的故事，反映了孔子孝治思想
在其弟子的為政中的實踐情形。

> 孔子謂宓子賤曰：「子治單父，眾悅，子何施而得之也？子語丘所以
> 爲之者。」對曰：「不齊之治也，父恤其子，其子恤諸孤而哀喪紀。」
> 孔子曰：「善。小節也，小民附矣，猶未足也。」曰：「不齊所父事
> 者三人，所兄事者五人，所友事者十一人。」孔子曰：「父事三人，
> 可以教孝矣；兄事五人，可以教悌矣；友事十一人，可以舉善矣。
> 中節也，中人附矣，猶未足也。」曰：「此地民有賢於不齊者五人，
> 不齊事之而稟度焉，皆教不齊之道。」孔子歎曰：「其大者乃於此乎
> 有矣！昔堯舜聽天下，務求賢以自輔。夫賢者，百福之宗也，神明
> 之主也。惜乎不齊之所以治者小也。」

宓子賤曾被孔子稱讚爲「君子」，而其治單父也得到了夫子「惜哉不齊（子賤
之名）所治者小，所治者大則庶幾矣」（《史記·仲尼弟子列傳》）的評價。而
宓子賤爲政的重要內容就是能夠將孝弟之道教化於民。

　　在上博簡〈仲弓〉篇中，我們也可以看到類似的表述。孔子的弟子仲弓
也是被孔子十分看好的政治人才，孔子稱其「可南面」，在這篇出土文獻中，
仲弓問孔子「爲政何先」，孔子答以「老老慈幼，先有司，舉賢才，赦過舉罪，
政之始也。」所謂「老老」顯係從孝親推擴而來，是孝的進一步擴展。該篇
殘簡中還有「雖有孝德」之語，可見孔子對於爲政重視「孝德」的重視。《家
語·正論》篇中曾記載，魯哀公請教孔子「隆敬於高年」的道理時，孔子向
其講述了三代時期聖王的作爲：「昔者，有虞氏貴德而尚齒，夏后氏貴爵而尚
齒，殷人貴富而尚齒，周人貴親而尚齒。虞、夏、殷、周，天下之盛王也，
未有遺年者焉。年者，貴於天下久矣，次於事親。是故朝廷同爵而尚齒。」
可見「尚齒」之爲聖王爲政之重要內容，而其中「年者」「次於事親」之說，
可知「尚齒」乃從孝悌推衍而來，與上引上博簡「老老」之意正同。而如此
爲政，其效果顯然是美好的：「夫聖王之教，孝悌發諸朝廷，行於道路，至於
州巷，放於蒐狩，循於軍旅，則眾感以義，死之而弗敢犯。」（《家語·正論》）

　　在孔子那裏，孝，這一源於天然親情的倫理，經過層層擴展推衍，已經
超越了單純的小的家庭範圍，而進入了政治領域，具有了深刻的政治意蘊。
而如何通過教化民眾踐行孝道，則成爲爲政的首務。

　　孝治的運用與禮密不可分，尤其是喪祭之禮。儒家重視祭祀，乃是「慎
終追遠，民德歸厚」的理性政治觀的體現。孔子強調，孝的重要表徵就是「生，
事之以禮；死，葬之以禮，祭之以禮。」《孝經》也說：「孝子之事親也，居

則致其敬，養則致其樂，病則致其憂，喪則致其哀，祭則致其嚴。」「生事愛敬，死事哀戚，生民之本盡矣，死生之義備矣，孝子之事親終矣。」二者是一致的。而且在上博簡〈仲弓〉中，孔子也將孝德與爲政聯繫起來。簡文記仲弓問孔子：「敢問導民舉德如何？」孔子曰：「舉之，服之，緩弛而勞。順之，唯有孝德……」而所謂孝德有四點要求：一是「祭，至敬之」，重視祭祀先祖之禮；二是「學」，即學習繼承先祖的德業；三是「成死」，即慎重對待父母的喪葬之禮；四是「順柔」，即對父母要恭順溫柔。

不過，孔子更重視禮中所蘊涵著的禮義，那就是對於父母的愛與敬。《家語・正論》記載孔子弟子子路向孔子感慨自己貧窮，對於父母「生而無以供養，死則無以爲禮」，孔子卻說：「啜菽飲水，盡其歡心，斯謂之孝。斂手足形，旋葬而無椁，稱其財，斯謂之禮，貧何傷乎？」貧窮並不值得感傷，孝與不孝，不在於禮之儀式，形式可能簡單到「啜菽飲水」，而關鍵在於內心是否敬、愛自己的父母，「盡其歡心」。這與《論語・爲政》所謂「至於犬馬皆能有養，不敬何以別乎」之義相同。

過去我們多以爲孔子不言鬼神，其實，恰恰相反，孔子十分重視鬼神，他提出「合鬼與神而享之，教之至也」（《家語・哀公問政》），將鬼神祭祀上升到施政教化的最佳做法的高度。這是其「神道設教」觀念的體現。所謂「合鬼與神而享之」，按王肅的解釋就是，「合神鬼而事之者，孝道之至。孝者，教之所由生也。」他把握到了祭祀所體現的孝道以及其教化意義。因此，他強調「君子反古復始，不忘其所由生，是以致其敬，發其情，竭力從事，不敢不自盡也，此之謂大教。」隨後他引述文王的祭祀之禮來證明自己的觀點：「昔者，文王之祭也，事死如事生，思死而不欲生，忌日則必哀，稱諱則如見親，祀之忠也。思之深，如見親之所愛。祭欲見親之顏色者，其唯文王與！《詩》云：『明發不寐，有懷二人。』則文王之謂與！祭之明日，明發不寐，有懷二人，敬而致之，又從而思之。祭之日，樂與哀半，饗之必樂，已至必哀，孝子之情也。文王爲能得之矣。」（《家語・哀公問政》，又見於《禮記・祭義》，略異）這與《孝經》的說法是相吻合的：

> 子曰：「昔者明王事父孝，故事天明；事母孝，故事地察；長幼順，故上下治。天地明察，神明彰矣。故雖天子，必有尊也，言有父也；必有先也，言有兄也。宗廟致敬，不忘親也；修身慎行，恐辱先也。宗廟致敬，鬼神著矣。孝悌之至，通於神明，光於四海，無所不通。

《詩》云：『自西自東，自南自北，無思不服。』」

孔子之所以特別重視喪祭之禮，乃是出於這樣的一種思路：「不孝者，生於不仁。不仁者，生於喪祭之無禮也。明喪祭之禮，所以教仁愛也。能教仁愛，則服喪思慕，祭祀不解，人子饋養之道。喪祭之禮明，則民孝矣。故雖有不孝之獄，而無陷刑之民。」而如果「禮行於祖廟，而孝慈服焉」（《家語·哀公問政》），其教化之效果不可謂不大。

孔子孝治思想的理性主義還可以從下面的資料中清晰地表現出來。在《家語·致思》篇記載了子貢問孔子關於死人是否有知覺的問題，孔子的回答很巧妙。他說：「吾欲言死之有知，將恐孝子順孫妨生以送死；吾欲言死之無知，將恐不孝之子棄其親而不葬。賜欲知死者有知與無知，非今之急，後自知之。」其中所體現的就是孔子「神道設教」的思想。

因爲祭祀之禮如此重要，可以作爲衡量一個人行爲的標杆，甚至從中可以窺見吉凶的消息。《家語·三恕》篇記載，魯國的公索氏在要舉行祭祀時把犧牲給丟了，孔子聽說後，說道公索氏用不了二年就會滅亡。結果不到一年就滅亡了。孔子弟子很是納悶，就此事問孔子，孔子如此回答：「夫祭者，孝子所以自盡於其親。將祭而亡其牲，則其餘所亡者多矣。若此而不亡者，未之有也。」其實並非孔子具有神乎其神的預測本領，而是他善於觀察，善於推理。同時，孝在孔子儒家心目中的地位亦可一覽無遺。

那麼，孔子之孝治思想有何歷史的根據或形上的依據呢？

《家語·辯樂》有一則資料，可以說明孔子孝治思想的歷史依據在於聖王之治。孔子以周初武王之治爲例，說：「郊祀后稷，而民知尊父焉；配明堂，而民知孝焉；朝覲，然後諸侯知所以臣；耕籍，然後民知所以敬親。六者，天下之大教也。」在孔子心目中，古代的聖王，以德教化民，親爲表率，利用各種禮儀形式來傳達其「德」。在孔子整理的《尚書》中，我們可以發現更多關於三代時期聖王重「孝」的記載。如〈堯典〉「克諧以孝」；《太甲中》「奉先思孝，接下思恭」；〈微子之命〉「恪慎克孝」；〈蔡仲之命〉「惟忠惟孝」；〈君陳〉「惟爾令德孝恭，惟孝友於兄弟，克施有政」；〈康誥〉「元惡大憝，矧惟不孝不友」；〈酒誥〉「用孝養厥父母」等等，不勝枚舉。可見，孔子之孝治思想，淵源有自。理解了孔子孝治的思想淵源，明白了孔子對孝的格外重視，對於孔子稱舜「大孝」，稱武王、周公爲「達孝」（《中庸》），以孝來讚揚他所嚮往的先王，也就可以理解了。

　　孔子孝道思想的另一根據是天道，這在《家語》中也有所體現。我們知道，孔子晚年好易，達到了「居之在席，行之在橐」的地步，以至於「韋編三絕」。他晚年作《易傳》，將其政治思想和道德學說提升到了天道的高度，換句話說，為其思想主張找到了「天道」的依據。過去人們以子貢所謂「夫子之言性與天道，不可得而聞也」之語來否定孔子思想中的「天道」論述，也否定了孔子與《易》的關係。而從馬王堆帛書《易傳》出土以來，這個問題得到了重新的認識和討論，孔子與《易》的關係再次得到肯定，孔子論述「天道」也可以採信了。在《家語·大婚解》有魯哀公問孔子關於「天道」的話：魯哀公問孔子：「君子何貴乎天道也？」孔子回答說：「貴其不已也。如日月東西相從而不已也，是天道也；不閉而能久，是天道也；無為而物成，是天道也；已成而明之，是天道也。」隨後孔子又向魯哀公解釋道：

> 仁人不過乎物，孝子不過乎親。是故仁人之事親也如事天，事天如
> 事親，此謂孝子成身。

從中可以看出孔子將「孝」與天道相結合的思想。在孔子看來，子之「孝親」乃本乎天道，屬於自然而然、不得不然的。職是之故，孔子將「父慈、子孝、兄良、弟悌、夫義、婦聽、長惠、幼順、君仁、臣忠」稱之為「人義」（《家語·禮運》），視孝為人倫之「十義」之一。

　　這種天道可以說就是一種基於血緣親情而來的倫理道德。這可從《詩·小雅·蓼莪》一詩中得到驗證：「蓼蓼者莪，匪莪伊蒿，哀哀父母，生我劬勞……父兮生我，母兮鞠我，拊我畜我，生我育我，顧我復我，出入腹我。欲報之德，昊天罔極！」因此，蔡元培先生在其《中國倫理學史》中云：「人之令德為仁，仁之基本為愛，愛之源泉，在親子之間，而尤以愛親之情之發於孩提者為最早。故孔子以孝統攝諸行。」〔註199〕現代新儒家重鎮梁漱溟先生也說：「孝弟是個人生活本體的問題，是生命裏面靈活的、自然的一個心情，……凡事都有一個方向，孝弟也是一個方向。」〔註200〕

　　從以上分析可知，《孝經》所反映的思想確實應該屬於孔子，當然也屬於早年的曾子。在這裏，孔子雖然非常強調「孝」，甚至說「夫孝，天之經也，地之義也。」但是還沒有將「孝」置之於「仁」之上，形成「孝本論」或「泛

〔註199〕蔡元培：《中國倫理學史》，北京：商務印書館，1999年，第11頁。
〔註200〕李淵庭、閻秉華整理：《梁漱溟先生講孔孟》，桂林：廣西師範大學出版社，
　　　　2003年，第106頁。

孝論」。而到了曾子晚年和樂正子春那裏，孝被無限地拔高了，成爲高於仁等諸德的最高範疇，這已經與孔子思想不能完全相合了。可見，曾子是儒家孝思想發展的中間環節，具有不可忽視的轉折作用。

三、〈曾子大孝〉與樂正氏之儒的「孝道論」

　　有學者已經注意到，孔子思想在晚年對孝的重視，生發了「以孝爲本」的思想，將「孝」與「政治」聯繫起來，孝在儒學中的地位即已確定。而曾子則承擔起弘揚孝道的重任。曾子的貢獻可以概括爲三點：第一，孝道的體系化，第二，孝道的普遍化，第三，孝道下移及自下而上地建立倫理本位社會。〔註201〕我們認爲，這一概括是精到的。不過，曾子的這些貢獻並非一蹴而就的，如上所述，曾子早年可能主要是接受了孔子晚年的孝治思想，在其思想發展的過程中，逐漸形成了孝道論，突出了孝的地位。而這一孝道論，也爲曾子的弟子樂正子春一系所繼承和發揚，體現了這一學派的思想特徵。

　　樂正子春的孝道論或泛孝論，我們可以從〈曾子大孝〉的「樂正子春傷足」所記載的言論窺得一二。該事見於〈大孝〉，又見於《禮記・祭義》和《呂氏春秋・孝行覽》，應該是樂正子春弟子所記，可以反映子春的思想。

　　　　樂正子春下堂而傷其足，傷瘳，數月不出，猶有憂色。門弟子問曰：
　　　　「夫子傷足瘳矣，數月不出，猶有憂色，何也？」樂正子春曰：「善！
　　　　如爾之問也。吾聞之曾子，曾子聞諸夫子曰：『天之所生，地之所養，
　　　　人爲大矣。父母全而生之，子全而歸之，可謂孝矣。不虧其體，可
　　　　謂全矣。故君子頃步之不敢忘也。』今予忘夫孝之道矣，予是以有
　　　　憂色。故君子一舉足不敢忘父母，一出言不敢忘父母。一舉足不敢
　　　　忘父母，故道而不徑，舟而不遊，不敢以先父母之遺體行殆也。一
　　　　出言不敢忘父母，是故惡言不出於口，忿言不及於己。然後不辱其
　　　　身，不憂其親，則可謂孝矣。」

可見，樂正子春對孝之理解，與〈大孝〉篇所引「曾子曰」是相符合的，因此可以肯定，學者們將〈大孝〉認爲是樂正氏之儒的作品是可信的。

　　孝道派與孝治派的不同主要體現在，前者屬於以孝爲核心的倫理學說，而後者則是一致政治學說。也就是說，在孝道派那裏，孝只具有倫理學的意

〔註201〕朱曉微：〈關於曾子孝道政治觀的若干思考〉，《西南師範大學學報》2004 年
　　　第 1 期。

義,而在孝治派那裏,孝則具有政治學的意義。〔註202〕

我們分析了《孝經》以及見於《孔子家語》等的孔子－曾子的孝治思想。而在〈大孝〉、〈立孝〉、〈本孝〉等篇中,孝一方面被提升至無以復加的高度,成爲最高的德行,但是另一方面又基本上脫離了政治的視域,由政治退回到倫理,甚至退縮爲「全身」思想。

在曾子－樂正子春那裏,雖然多次提到了「忠」,但大多數情況下卻並非「事君忠」之義。如〈本孝〉:「忠者,其孝之本與?」〈立孝〉:「君子立孝,其忠之用,禮之貴。」又說:「君子之孝也,忠愛以敬,反是亂也。」又:「致敬而不忠,則不入也。」〈大孝〉:「忠者,中此者也。」以上幾處「忠」,按照王聘珍引《說文》以訓解,〈本孝〉篇首一句之「忠」,乃「敬」義。其他幾個「忠」字,多爲「中心」義。〈立孝〉:「君子立孝,其忠之用,禮之貴。」在上博簡〈內豊(禮)〉則作:「君子之立孝也,愛是用,禮是貴。」可見,這裏的忠,即愛之義。廖名春先生通過考察古籍認爲,忠與愛是同義換讀。〔註203〕可從。可見這裏所強調的並非「事君忠」,而是「內心的眞實情感」。其實,在《論語》中,有曾子以「忠恕」解孔子「一貫之道」的記載,其「忠」即「盡己之謂忠」。儘管這幾篇也仍然有「事君不忠,非孝也」(〈大孝〉)的話,但已經非其重心所在了。

可見,曾子－樂正子春的孝道派,已經不像孔子－曾子那樣關注孝之政治意義,而是將之退縮回倫理的論域。其中的原因,一方面可能是儒家孝論發展的內在理路所決定的,但更主要的是當時社會環境的變化使然。我們知道,孔子爲了實現其政治理想而四處周遊,結果四處碰壁,無功而返。在春秋戰國的禮壞樂崩之亂世,群雄貪欲膨脹,物欲橫流,孝之於政治的意義顯然無法實現,因此儒家開始將孝論的目光下移,由關注上層的政治領域,轉向下層的社會倫理建構,這不能不說是不得已而爲之的。有學者認爲,曾子受晚年孔子政治思想的影響,不再希望完全放在列國諸侯身上,而是到民間去傳播孝道,以便自下而上地建立倫理社會。這樣,孝的位置開始凸顯,從「仁之事」轉變爲「仁之本」,導致一切都圍繞著孝而展開。〔註204〕這種看法

〔註202〕黃開國:〈論儒家的孝道學派〉,《哲學研究》2003 年第 3 期。

〔註203〕廖名春:〈楚竹書《內禮》、《曾子立孝》首章的對比研究〉,孔子 2000 網,2005/4/4。

〔註204〕朱曉徵:〈關於曾子孝道政治觀的若干思考〉,《西南師範大學學報》2004 年第 1 期。

有其道理，但是我們認爲，曾子－樂正子春一系儘管不可能不關注政治，不論及政治，但是其重心卻轉移了，這已經非孝治思想所能涵蓋，不可混爲一談了。

孝道派之所以稱爲「孝道派」，主要是基於其對「孝」地位的無限拔高和凸顯，建立以「孝」爲核心範疇的思想體系。

〈大孝〉引曾子曰：「夫孝者，天下之大經也。夫孝置之而塞於天地，衡之而衡於四海，施諸後世而無朝夕，推而放諸東海而準，推而放諸西海而準，推而放諸南海而準，推而放諸北海而準。《詩》云：『自西自東，自南自北，無思不服，』此之謂也。」所謂「夫孝者，天下之大經也」，即《孝經》所謂「夫孝，天之經也，地之義也。」這是曾子繼承孔子對孝的地位的肯定，但下面的話則是曾子對孝的地位的進一步發揮和提升。所謂「夫孝置之而塞於天地，衡之而衡於四海，施諸後世而無朝夕」，已經將孝的地位提高到無以復加的地步，並成爲「放之四海而皆準」的天下之法則。這則是孔子所不可能有的思想。

基於這種對孝道的尊崇，曾子提出「民之本教日孝」的主張。而這種主張則是來源於孔子。《孝經》引孔子曰：「夫孝，德之本也，教之所由生也。」如果說，這種主張是對孔子思想的繼承的話，那麼下面的一段文字則絕對是曾子所作的發展。下文又謂：「夫仁者，仁此者也；義者，宜此者也；忠者，中此者也；信者，信此者也；禮者，體此者也；行者，行此者也；強者，強此者也；樂自順此生，刑自反此作。」無疑將孔子思想中的幾個非常重要的範疇如仁、義、禮、忠、信等置於孝之下，這些德行皆成爲孝道的體現了。眾所周知，仁和禮，在孔子思想中具有核心地位，儘管有「仁爲核心」與「禮爲核心」的爭論，但仁和禮在孔子思想中的位置，均高於孝的地位，這是不待言的。雖然孔子非常重視孝，並將孝與仁、禮等都結合起來進行了闡述，但卻並無「孝爲核心」的意思。有學者認爲孔子開創的以仁爲主導的思想方向遭到扭轉和顛覆，〔註205〕是有道理的。黃開國先生指出，這種對孝的極度推崇，是孝道派的根本觀點。這樣，也就建立起了以孝爲核心，囊括各種具體德行的孝道理論框架。〔註206〕

〔註205〕參梁濤：〈樂正氏之儒的「泛孝論」及與思孟學派的關係（上）〉，《孝感學院學報》2006年第1期。何元國：〈《曾子》泛化孝再評價〉，《西南師範大學學報》2006年第1期。
〔註206〕黃開國：〈論儒家的孝道學派〉，《哲學研究》2003年第3期。

既然孝具有如此之地位，那麼怎樣才能算是孝呢？其弟子公明儀問：
「夫子可謂孝乎？」，曾子非常謙遜，認爲自己尚未達到孝，而「直養者也」。
曾子也區別了養和孝的差異。在曾子看來，孝是有不同的層次的。他說：「孝
有三：大孝尊親，其次不辱，其下能養。」何謂養？「烹熟鮮香，嘗而進之，
非孝也，養也。」而做到養，是最低層次的孝。眞正的孝，應該「敬」。這
似乎依然是孔子的思想。孔子說：「今之孝者，是謂能養，至於犬馬皆能有
養，不敬何以別乎？」曾子關於養、敬與孝的關係，自然是承襲孔子的。不
過，如果細看，曾子所謂「敬」，已經超出了孔子所謂「敬」的範圍。曾子
說：「身者，親之遺體也。行親之遺體，敢不敬乎？故居處不莊，非孝也；
事君不忠，非孝也；蒞官不敬，非孝也；朋友不信，非孝也；戰陳無勇，非
孝也。五者不遂，災及乎身，敢不敬乎？」可以看出，這裏提到的「居處莊，
事君忠，蒞官敬，朋友信，戰陳勇」皆是敬之體現。這五種敬的表現，已經
非孔子所謂「敬」能夠涵蓋。孔子所謂敬，主要是對父母心存尊敬；而曾子
所謂敬，則是爲人處事的一般法則。如此以來，孝被擴展到人生的方方面面，
不僅是家庭之倫理，而且成爲社會倫理、政治倫理。雖然《孝經》有「夫孝，
始於事親，中於事君，終於立身」的說法，已經將孝擴展出家庭之外，但並
未像〈大孝〉這樣無所靡外，無所不包。因此，曾子說：「養，可能也；敬，
爲難。敬，可能也；安，爲難。安，可能也；久，爲難。久，可能也；卒，
爲難。」孝，並非僅僅是父母在世時之事，即使「父母既歿」，也要「愼行
其身，不遺父母惡名」，唯如此才能算是「能終也」。

由以上的分析可知，曾子及樂正子春之儒，對於「身」極爲重視，「全身」
成爲孝的重要標準。我們知道，在孔子那裏，對於身，也是極爲看重的。不
似道家那樣認爲身是一種累贅。孔子重視身，是因爲身是一切修身、爲政的
根本。孔子的道德、倫理思想的基礎便是身，因此他特別強調「修身」、「反
求諸己」。郭店簡「仁」字便與「身」存在密切關聯。郭店簡中「仁」字，從
身從心，上下結構，最爲直觀地體現了仁與身的關係。孔子說：「不使不仁者
加乎其身。」（《論語·里仁》）。曾子也繼承了這一觀念，提出：「吾日三省吾
身。」這都體現了儒家重視身的思想。但正如梁濤先生指出的，「身的意義體
現在仁之上，而爲了實現仁，犧牲生命、殺身成仁也在所不惜。」在〈大孝〉
篇可以看到，曾子和樂正子春，身不是與仁聯繫在一起，而是與孝緊密結合
起來。曾子認爲，爲了避免「災及乎身」，故而應當「敬」，處處保持恭敬謹

愼。樂正子春說，「故君子一舉足不敢忘父母，一出言不敢忘父母」。

那麼〈大孝〉的這一思想，是否背離了孔子呢？〈大孝〉中樂正子春有「吾聞之曾子，曾子聞諸夫子」的一段話，曰：「天之所生，地之所養，人爲大矣。父母全而生之，子全而歸之，可謂孝矣；不虧其體，可謂全矣。故君子頃步之不敢忘也。」這段話以樂正子春的意思，當是孔子之言。這與《孝經》所謂「身體髮膚，受之父母，不敢毀傷，孝之始也。立身行道，揚名於後世，以顯父母，孝之終也。」思想有相一致之處。我們估計，這一思想恐怕並非樂正子春的「依託」，而可能眞是源於孔子的。只不過，需要注意的是，這一點在孔子思想中並不佔據主要地位，而曾子和樂正子春將之放大，作爲重點予以闡釋。因此，《大孝》的這一思想雖然是源自孔子的，但卻在整體上背離了孔子。梁濤先生認爲，樂正子春以「全身」爲特徵的孝論，反映了對個體生命的重視和關注，體現了戰國亂世的人們重視生命的社會思潮。〔註207〕其實，正是因爲它適應了當時社會思潮的變遷，所以曾子與樂正氏之儒的「孝本論」或「泛孝論」才會在戰國時期產生重大影響。曾子與樂正氏之儒的這一轉向，一方面提升了孝的地位，另一方面也顯露出後世「愚孝」的苗頭。然而令人惋惜的是，在後世中國，儒家學說中對社會影響最大的不是仁學，而是孝道。有人說，「孝可能是中國文化中最悠久、最基本、最重要而且影響最深遠的傳統倫理觀念」〔註208〕。在中國不僅有一部出自儒家的《孝經》，而且民間流傳的「二十四孝」的故事，在在可以證明儒家孝思想在中國社會、文化的根深蒂固，融入民族文化的基因之中。

〔註207〕梁濤：〈樂正氏之儒的「泛孝論」及與思孟學派的關係（上）〉，《孝感學院學報》2006 年第 1 期。

〔註208〕伍曉明：《吾道一以貫之：重讀孔子》，北京：北京大學出版社，2003 年，第158 頁。

第四章　新出簡帛與「儒家八派」及相關問題

　　我們這裏所說的「新出簡帛」，主要指自上世紀後半葉以來所發現的幾宗重要的思想性簡帛佚籍，即 1973 年發現的湖南長沙馬王堆漢墓帛書，1993 年發現的湖北荊門郭店楚墓竹簡，1994 年上海博物館收藏的戰國楚竹書。

　　在馬王堆帛書之中，與儒家有關的主要是帛書《周易》經傳尤其是其中的六篇《易傳》和〈五行〉等篇。帛書《易傳》與今本《易傳》有同有異，對研究《易傳》的形成過程有很大幫助，尤其是其中的〈要〉篇和〈繆和〉、〈昭力〉等不見於今本的內容，更是十分珍貴。對於理解孔子晚年研易、傳易及其易教思想有重大價值，對於瞭解孔門易學的傳承也彌足珍貴。〈五行〉篇的出土，為解開荀子〈非十二子〉中提到的「思孟五行」之謎帶來了希望。該篇涉及到子思、孟子以及世子等先秦儒家重要人物，對於探究「儒家八派」意義重大。

　　郭店楚簡更是內容豐富，其意義之大是如何估量都不過分的。其中有儒簡十四篇，其中〈緇衣〉見於傳世的《禮記》，〈五行〉則已於二十年前出土於馬王漢墓，這兩種文獻的意義自然非同尋常，因而引起了學者的很大關注，研究論著相對較多。其他如〈性自命出〉、〈成之聞之〉、〈窮達以時〉、〈唐虞之道〉、〈忠信之道〉、〈尊德義〉、〈六德〉、〈魯穆公問子思〉以及〈語叢〉（一、二、三、四）等皆具有珍貴的思想史學術史價值。郭店簡不僅證明在先秦時期，儒家六經之說早已存在，而且其中涉及到「儒家八派」有關的諸多問題，尤其是與子思之儒的關係，更是引起廣泛關注。

　　上博楚竹書的數量之多，內容之豐，較之郭店簡，有過之而無不及。上博簡共 1200 餘枚，相傳出自湖北，經科學測定，其年代稍晚於郭店簡，當戰國晚期。自從 2001 年出版第一冊整理報告以來，至 2011 年已出版八巨冊。其中涉及儒家的篇目有：第一冊有：〈孔子詩論〉和〈性情論〉、〈緇衣〉。其中，〈性情論〉是與郭店簡〈性自命出〉基本相同的一篇文獻，〈緇衣〉則成為繼今本、郭店本之後的第三個版本，尤其令人歎美；〈孔子詩論〉屬於首次發現，其內容與《孔叢子》所記有很多相同之處；第二冊有：〈子羔〉、〈魯邦大旱〉、〈從政〉、〈昔者君老〉和〈民之父母〉（梁靜改題「子夏」）；第三冊有：〈仲弓〉和〈周易〉；第四冊有：〈相邦之道〉（李零原題「子貢」）、〈內豐（禮）〉、〈曹沫之陣〉；第五冊有：〈君子為禮〉、〈弟子問〉、〈季康子問於孔子〉；第六冊有：〈孔子見季桓子〉、〈天子建州〉甲、乙；第七冊有：〈武王踐阼〉。第八冊有：〈顏淵問於孔子〉。另據最初整理者李零先生說，還有一種〈齊師子家見曾子〉，可能與曾子有關，與〈君子為禮〉、〈弟子問〉合抄，在竹簡背面，未發表；另一種與曾子有關的未發表簡文；另有一種與子游有關，與〈昔者君老〉、〈內豐（禮）〉可能在一卷，未發表；另有一種與子路有關的文獻，與〈民之父母〉、〈武王踐阼〉合抄，也未發表。這麼多簡帛佚籍，涉及顏淵、仲弓、子路、子貢、子羔、子夏、子游、曾子、子張、子思等人，與「儒家八派」問題關係尤為密切。〔註1〕

　　在郭店簡和上博簡問世之後，迅速引起了海內外學者的巨大關注，吸引了大量的學者投入到簡帛文獻的研究之中。有學者已經指出，像郭店簡、上博簡這樣的珍貴簡帛佚籍，我們的研究才剛剛起步。就現有研究看，儘管來自古文字學、古文獻學、歷史學、哲學、文學等各個學科的專家學者紛紛加入到研究中來，但是有很多問題還遠遠沒有形成共識，有的甚至還處於猜謎、假設的階段，分歧之大，令人矚目。就這幾批簡帛文獻，所涉及到的早期儒家學派問題而言，其意義也已引起了高度的關注。如郭店簡與子思之儒的關係；其中，〈性自命出〉的學派歸屬分歧較大，不僅與子思有關，而且可能與子游、公孫氏之儒有關；〈從政〉不僅與子思有關，也與子張之儒有關。上博簡中〈仲弓〉與仲弓的關係；〈詩論〉、〈民之父母〉與子夏的關係，〈君子為禮〉、〈顏淵問於孔子〉與顏子的關係；〈內豐（禮）〉與曾子的關係等等。

〔註1〕　詳參李零：《喪家狗——我讀〈論語〉》，第 46～47 頁。梁靜：〈簡帛文獻與早期儒家研究〉，《簡帛》第 5 輯。

在本章中，我們主要就簡帛文獻與「思孟學派」的關係，〈君子爲禮〉與顏氏之儒，〈忠信之道〉、〈從政〉等與子張之儒；〈仲弓〉與仲弓；簡帛文獻中的子貢，馬王堆帛書與孔子易學傳承問題等予以討論。〈內豊（禮）〉與傳世文獻《大戴禮記》〈曾子立孝〉和〈曾子事父母〉相關，而這兩篇文獻屬於曾子－樂正氏之儒，但是可資單獨討論的不多，我們已於上一章的相關部分進行了分析。

第一節　簡帛文獻與「思孟學派」

在帛書〈五行〉篇與郭店簡問世之後，子思著作的材料得到前所未有的擴充，掀起了一個「思孟學派」研究的高潮。

在郭店簡的十四篇儒家簡之中，除了見於傳世文獻的〈緇衣〉與見於帛書的〈五行〉之外，在郭店儒簡中，可以歸爲《子思》（諸位先生都習慣稱之爲《子思子》，其實揆諸〈漢志〉，當以名《子思》爲準。）的還有幾篇文獻。我們知道，對於郭店儒簡，以李學勤、姜廣輝等先生爲代表的諸多學者提出，其中的多數應當屬於《子思子》或與之相關。但李先生所指爲《子思子》的有〈緇衣〉、〈五行〉、〈成之聞之〉、〈性自命出〉、〈六德〉，〈尊德義〉和〈魯穆公問子思〉等 7 篇。〔註2〕而姜廣輝先生則又多出〈唐虞之道〉、〈窮達以時〉，而去掉了〈尊德義〉。〔註3〕臺灣學者楊儒賓先生，便將〈魯穆公問子思〉、〈窮達以時〉、〈唐虞之道〉和〈五行〉、〈緇衣〉、〈忠信之道〉與等六篇劃爲一組，指出「這六篇可視爲子思學派的作品」〔註4〕。另一位臺灣學者葉國良先生將 14 篇儒簡全部歸入曾子、子思子一系作品。〔註5〕而李景林先生則認爲，在 14 篇儒簡中，除〈語叢〉外，其餘皆屬於子思一系作品。〔註6〕但這種看法卻不占主流。

當然對於郭店儒簡屬於《子思》的說法，也有很多學者表示異議。如陳

〔註2〕 李學勤：〈先秦儒家著作的重大發現〉，〈荊門郭店楚簡中的《子思子》〉，均載姜廣輝主編：《中國哲學》第 20 輯，第 13～17，75～80 頁。

〔註3〕 姜廣輝：〈郭店楚簡與《子思子》〉，《中國哲學》第 20 輯，第 81～92 頁。

〔註4〕 楊儒賓：〈子思學派初探〉，《郭店楚簡國際學術研討會論文集》，第 607～624 頁。

〔註5〕 葉國良：〈郭店儒家著作的學術譜系問題〉，載姜廣輝主編：《中國哲學》24 輯《經學今詮三編》，瀋陽：遼寧教育出版社，2002 年，第 234～238 頁。

〔註6〕 李景林：《教化的哲學——儒學思想的一種新詮釋》，第 214 頁。

來先生將郭店儒簡稱之為「荊門《禮記》」，便是不認同大部分屬於子思一系的觀點。我們知道《禮記》乃是漢儒所編訂的儒家諸子文獻，而郭店簡為戰國儒簡，稱之為「荊門《禮記》」顯然不當。而郭齊勇先生則將之視為「孔子、七十子及其後學的部分言論與論文的彙編、集合」，這與陳來先生的看法相似，但避免了陳先生說法的失誤。李澤厚先生則尤為明確地反對將之歸為《子思》的做法，他說：「主體仍屬儒學的不同傾向或派別的文獻。早者或可與孔子同時或稍前後，也不排除其中有孔子本人的論著或語錄在內。而全體則均應早於孟子。雖有〈緇衣〉、〈五行〉、〈魯穆公問子思〉諸篇，卻並未顯出所謂『思孟學派』的特色（究竟何謂『思孟學派』，其特色如何，並不清楚）。……斷定竹簡屬『思孟學派』，似嫌匆忙，未必準確。相反，竹簡給我的總體印象，毋寧更接近《禮記》及荀子……其基本傾向似更近荀而不近孟；更可能是當時派系分化尚不鮮明，只是處於某種差異中，因此不能判其屬於某派某子。」〔註7〕李澤厚先生的說法看似有理，其實他忽略了一個重要的問題。子思與孟子儘管有相同相近之處，思想也有承繼，但畢竟二者思想並不完全一致，因此韓非子所謂「儒分為八」中既有子思之儒又有孟氏之儒。孟子可能只是承繼了子思思想的一部分，並有所發展。而子思思想中有另外一個向度，為荀子所繼承。正如梁濤先生所指出的，「孟、荀雖然看似對立，但卻都與子思的思想有著直接、間接的聯繫，子思以後儒學的發展是多向的，而不是單向的，孟、荀不過代表了這一分化過程的不同方面而已」〔註8〕。

我們雖然不贊同將郭店儒簡的全部歸為子思一系的作品，但是，其中的〈緇衣〉、〈五行〉、〈成之聞之〉、〈性自命出〉、〈尊德義〉、〈六德〉、〈魯穆公問子思〉等當屬於《子思》。〈忠信之道〉、〈成之聞之〉除與子思有關，也與子張之儒有關；而〈性自命出〉可能為子思作品，但與子游或公孫尼子有密切關係，這就證明這二人與子思存在著較為密切的關係。與前文的論證相符。

上博簡有〈性情論〉、〈從政〉篇可能與子思之儒有關。〈性情論〉與郭店簡〈性自命出〉基本一致，可以斷定為一篇文獻的不同傳本，如果〈性自命出〉與子思有關，那麼很自然的〈性情論〉也與子思有關，當屬於《子思》。

〔註7〕 李澤厚：〈初讀郭店竹簡印象記〉，載姜廣輝主編：《中國哲學》第21輯，第8～9頁。

〔註8〕 梁濤：《郭店竹簡與思孟學派》，第527頁。

而據楊朝明師考證，〈從政〉篇當屬於《子思子》。〔註9〕我們認爲，〈從政〉
篇可能同時屬於《子思》，又與子張之儒有關。〈從政〉屬於輯錄的孔子遺說，
那麼子張與子思皆爲傳述者，而非眞正意義上的作者。該篇的情況與〈緇衣〉
等篇類似。

一、簡帛〈五行〉與「思孟學派」及世子之關係

　　早期學術史上有一個著名的公案，即《荀子・非十二子》所批評的「思
孟五行」說。〈非十二子〉云：「略法先王而不知其統，猶然而材劇志大，聞
見雜博。案往舊造說，謂之五行，甚僻違而無類，幽隱而無說，閉約而無解。
〔註10〕案飾其辭而祗敬之曰：此眞先君子之言也。子思唱之，孟軻和之。世
俗之溝猶瞀儒，嚾嚾然不知其所非也，遂受而傳之，以爲仲尼、子游爲茲厚
於後世，是則子思、孟軻之罪也。」荀子雖然言之鑿鑿，思孟五行說到底具
體何指，千百年來，無數學者對此予以疏解，但都難以服人。思孟五行說，
始終是個謎團。

　　首先是馬王堆帛書〈五行〉篇的問世，使《荀子・非十二子》所說「思
孟五行說」的千古之謎有了破解之契機。龐樸先生率先指出，帛書〈五行〉
中的「仁義禮智聖」當即思孟五行說。〔註11〕這一觀點得到了學界較爲廣泛
的認可。而郭店簡〈五行〉篇，其首句即「五行」二字，這便進一步印證了
龐樸先生的推測，原來主張帛書〈五行〉應該命名爲「德行」的魏啓鵬先生
也改變了原先的看法，認爲當以題名「五行」爲準。不過，簡本的出現，也
引起了更多的討論，使這一研究引向深入。

　　不過，其間關於〈五行〉的時代與歸屬的爭議很大。龐樸先生最初以爲
帛書〈五行〉當是孟氏之儒或樂正氏之儒所作，換句話說就是孟子所作或稍
晚於孟子的孟氏之儒的作品。〔註12〕甚至有學者提出帛書〈五行〉當是孟子
的學生樂正子的作品，屬於《樂正子》。〔註13〕不過，簡本〈五行〉有「經」

〔註9〕　楊朝明：〈上博竹書《從政》篇與《子思子》〉，《孔子研究》2005年第2期。
〔註10〕　關於荀子所謂「無說，無解」，劉信芳先生認爲，當是無善說、無善解之意。這
　　　　一說法富有啓發性。見氏著〈簡帛《五行》述略〉，《江漢考古》2001年第1期。
〔註11〕　龐樸〈馬王堆帛書解開了思孟五行說古謎──帛書《老子》甲本卷後古佚書
　　　　之一的初步研究〉，《文物》1977年第10期。
〔註12〕　同上。
〔註13〕　見余英時先生《十字路口的中國史學》（何俊編，上海：上海古籍出版社，
　　　　2004年，第24～25頁）所記述的他在1981年訪問北京時中國學者顧鐵符

無「傳」，年代當早於公元前 300 年，當在孟子之前，可知〈五行〉之經文部分肯定早於孟子。〔註14〕

　　對於簡文，現在大部分學者都將之歸入子思一系。如李學勤、姜廣輝、魏啓鵬、李零、郭沂、邢文、陳來、梁濤、劉信芳等先生主張將之歸爲《子思》。〔註15〕郭沂先生還認爲〈五行〉當是子思早期思想的反映。〔註16〕李景林先生雖然也同意上說，但他認爲，〈五行〉之思想可以追溯至孔子，屬於子思紹述之論。〔註17〕這與劉信芳先生的看法類似。劉信芳先生認爲，簡本〈五行〉有經有說而無傳，帛書本有經、說、傳，他分析說：〈五行〉的思想根源，可以追溯至孔子與子游，其成文的上限在戰國早期；子思對〈五行〉之成書有一定程度的編撰與加工。〔註18〕

等先生介紹馬王堆帛書的情況時的情形。顧先生介紹說，最初這篇文獻被認爲是世子或子思早已散佚的作品中的一部分，但學者後來確認應當是《樂正子》，暫定爲戰國作品，是孟子五行說的傳統，代表了思孟學派在後世的發展。日本學者島森哲（〈馬王堆出土儒家古佚書考〉，《東方學》1978 年第 56輯）在 1978 年就帛書〈五行〉與《荀子》內容互通，斷定〈五行〉成書年代在荀子游齊之後，而在《中庸》成立之前。臺灣學者黃俊傑（〈孟子後學對身心關係的看法——以馬王堆漢墓帛書《五行篇》爲中心〉，《清華學報》1990 年新 20 卷第 1 期）認爲帛書〈五行〉可能遲至秦亡之後，可以視爲《孟子》到《荀子》與《中庸》思想的一個過渡橋梁。但這樣的看法，在郭店簡問世後，其錯誤是顯而易見的。

〔註14〕當然也有部分學者堅持郭店簡之時代甚晚，故他們同樣堅持〈五行〉當爲孟子之後的作品。如王葆玹：〈郭店楚簡的時代及其與子思學派的關係〉（《郭店楚簡國際學術研討會論文集》，第 648 頁）認爲，〈五行〉不得早於《孟子》；日人池田知久：《馬王堆漢墓帛書五行研究》（北京：線裝書局、中國社會科學出版社，2005 年）、〈郭店楚簡《五行》研究〉（《中國哲學》第 21 輯，第92～133 頁）則認爲，〈五行〉是綜合孟子、荀子，吸取了諸子思想的作品。不過，這一論點並未得到學界的認可。

〔註15〕李學勤：〈荊門郭店楚簡中的《子思子》〉，《中國哲學》第 20 輯，78 頁。姜廣輝：〈郭店楚簡與《子思子》〉，《中國哲學》第 20 輯，第 84 頁。魏啓鵬：《簡帛文獻〈五行〉箋證》，北京：中華書局，2005 年，第 145、173～174 頁。李零：《郭店楚簡校讀記》，第 83 頁。郭沂：《郭店楚簡與先秦學術思想》第 457～459 頁。邢文：〈《孟子·萬章》與楚簡《五行》〉，《中國哲學》第 20 輯，第228～242 頁。陳來：〈竹帛《五行》爲子思、孟子所作論〉，《孔子研究》2007年第 1 期。梁濤：《郭店楚簡與思孟學派》，第 184～217 頁。

〔註16〕郭沂：《郭店楚簡與先秦學術思想》第 457～459 頁。

〔註17〕李景林：〈從郭店簡看思孟學派的性與天道論〉，《郭店楚簡國際學術研討會論文集》，第 633 頁。

〔註18〕劉信芳：〈簡帛《五行》述略〉，《江漢考古》2001 年第 1 期。

關於帛書〈五行〉的「傳」，主要有兩種意見，一爲孟子或孟子後學所作說，一爲世子或其後學所作說。

龐樸先生認爲是孟子後學所作。他說：「對照兩邊引文，自會發現，佚書同孟子，在這裏不僅思想相同，而且連語言也一樣，幾乎無需多加說明。……據此，可以說佚書中的聖是脫胎於孟子的。」〔註19〕認爲傳文當是孟子後學根據荀子的批評而修改。梁濤先生對此表示同意。〔註20〕李景林先生也認爲，傳文部分思想接近孟子。〔註21〕日本學者池田知久雖然認爲〈五行〉與子思無關，但他也承認，「馬王堆〈五行〉所懷抱的思想是儒家思想，作爲其中最重要的思想是孟子思想，這一點無庸置疑。」〔註22〕只不過，他認爲其中有荀子思想的影響。陳來先生經過分析，明確提出：簡帛〈五行〉的經文部分爲子思所作，而說的部分則爲孟子所作，以合荀子所謂「子思唱之，孟軻和之」的說法。同時，他又對竹簡〈五行〉進行了章句解讀，指出該篇自有經與解。〔註23〕美國學者齊思敏（Mark Csikszentmihalyi）則提出，〈五行〉應該有一個較早的版本，比《孟子》要早。《孟子》傳授給弟子們，萬章等人修改了較早的〈五行〉，形成了《孟子》的相關部分。〔註24〕但沒有足夠的證據來證實，也只能看作一種推論或猜測。

李學勤、邢文等先生則認爲帛書〈五行〉傳文部分，當爲世子之學。〔註25〕而劉信芳先生則認爲，簡本〈五行〉第 23 至 26 章屬於說解性文字，當是出自子思之手；世子與〈五行〉的傳承有關，但具體做了哪些工作，則只能存

〔註19〕龐樸：〈馬王堆帛書解開了思孟五行說古謎——帛書《老子》甲本卷後古佚書之一的初步研究〉，《文物》1977 年第 10 期。

〔註20〕梁濤：〈從簡帛《五行》「經」到帛書《五行》「說」——兼論孟氏之儒對子思之儒的繼承與發展〉，載王中江、李存山主編：《中國儒學》第 2 輯，北京：商務印書館，2007 年，第 15 頁。

〔註21〕李景林：〈從郭店簡看思孟學派的性與天道論〉，載《郭店楚簡國際學術研討會論文集》，第 633 頁。

〔註22〕〔日〕池田知久：〈郭店楚簡《五行》研究〉，《中國哲學》第 21 輯，第 97～98 頁。

〔註23〕陳來：〈竹帛《五行》爲子思、孟子所作論〉，《孔子研究》2007 年第 1 期；〈竹簡《五行》章句簡注——竹簡《五行》分經解論〉，《孔子研究》2007 年第 3 期。

〔註24〕Mark Csikszentmihalyi, Material Virtue:Ethics and the Body in Early China, p.113.

〔註25〕李學勤：〈荊門郭店楚簡中的《子思子》〉，《中國哲學》第 20 輯，78 頁。邢文：〈《孟子·萬章》與楚簡《五行》〉，《中國哲學》第 20 輯，第 228～242 頁。

疑；帛書〈五行〉之傳，乃是世子之傳人所作，早於孟子。〔註 26〕郭沂的看法與之相近，他認爲作者當是戰國末期的世子之後學。〔註 27〕丁四新先生則認爲，楚簡〈五行〉很可能是世子之作，帛書〈五行〉說解部分屬其門徒之作。〔註 28〕

　　我們認爲，〈五行〉篇經文出於子思，傳文出於孟子，而又與世子存在密切的關聯。對比簡本和帛本的〈五行〉經文，可以發現二者雖然是同一篇文獻，但經過了很大的改動。儘管有簡本漏抄的部分，但更多是出自帛書傳文作者的改動。下面我們根據簡文〈五行〉來探討子思之儒的思想。

　　何爲「五行」？對此，〈五行〉開篇就點明了主旨：

> 五行：仁形於內謂之德之行，不形於內謂之行。義形於內謂之德之行，不形於內謂之行。禮形於內謂之德之行，不形於內謂之行。智形於內謂之德之行，不形於內謂之行。聖形於內謂之德之行，不形於內謂之德之行。

可見，這裏所謂「五行」，就是仁、義、禮、智、聖。以往對於「五行」所指的猜測都不成立。不過，在這裏還有一個更爲重要的論題：德之行與行。所謂「德之行」，是「行於內」的，當指內在的德性，而所謂「行」，則是「不行於內」的，可能僅是指外在的行爲，即我們通常所說的「德行」。陳來先生已經指出了這一點。他說：「德之行指德性（virtue），即人的內在的品性、品質，行在這裏則泛指德行（moral conduct），即合乎道德原則的行爲。」郭齊勇先生認爲，形於內與不形於內，是就天道而言的，「這些形而上的天道，只有被人覺悟，方得成形於人心之內，是爲『形於內』；倘或並未被人覺悟，沒能在人心中成形，只是被仿傚於行爲，便謂之某『行』」。〔註 29〕他還指出，「行爲是外在的，德性是內在的。……德行的自內而形於外是〈五行〉篇的主題。」〔註 30〕顯然是正確的。梁濤先生也認爲，行是一種外在規範，沒有與道德主體意識發生關係時，是「不形於內」，即沒有形於內心。

〔註 26〕劉信芳：〈簡帛《五行》述略〉，《江漢考古》2001 年第 1 期。

〔註 27〕郭沂：《郭店楚簡與先秦學術思想》第 465 頁。不過他早先曾經推測是子思之門人。見其，〈郭店竹簡與中國哲學（論綱）〉，《郭店楚簡國際學術研討會論文集》，第 575 頁。

〔註 28〕丁四新：《郭店楚墓竹簡思想研究》，第 167 頁。

〔註 29〕參見郭齊勇：〈郭店儒家簡與孟子心性論〉，《武漢大學學報》1999 年第 5 期。

〔註 30〕陳來：〈竹簡《五行》篇與子思思想研究〉，《竹帛〈五行〉與簡帛研究》，北京：生活・讀書・新知三聯書店，2009 年，第 121～122 頁。

當其與道德主體發生關係時，即形於內，是一種主體自覺。「德之行」與「行」實際是一種雙重道德律，與郭店簡其它篇目中的「仁內義外」說表達的是一個意思。〔註31〕

　　簡文第2章又說，「德之行五，和謂之德，四行，和謂之善。善，人道也；德，天道也。」德之行五和謂之德，屬於天道。而四行和則謂之善，屬於人道。這裏不僅區分了成善與成德的不同，而且也明晰了天道與人道的不同。關於這一點，在下文第10～11章又得到進一步強化：「君子之爲善也，有與始，有與終也。君子之爲德也，有與始，無與終也。金聲而玉振之，有德者也。金聲，善也；玉振，聖也。善，人道也；德，天道也。唯有德者，然後能金聲而玉振之。」作爲人道之善，是「有始有終」，而作爲天道之德，則是「有始無終」的，永遠不會完成歇止，無止境的。這正是天道之特點。陳來先生指出，「德，天道也」的說法，把天道和人道相分，表現出作者既注重從「形於內」的內在性理解「德」，也同時從「天道」來強調「德」的普遍性、超越性的意義。或者說，「德」是既內在又超越的。由於「德」合於天道，故而高於只是人道的「善」。只是，在竹簡〈五行〉這裏，內在性還未達到《孟子》「性善」的觀念，超越性也還未達到《中庸》「天命」的觀念，但〈五行〉作者對「德」的超越性的面向已經有了明確的肯定，爲《中庸》的進一步發展準備了基礎。這一看法無疑是深刻的。

　　很顯然，在五行之中，「聖」居於核心和統率的地位。在屬於人道的四行之中，沒有「聖」，而只有「五行」之中才有聖，可見「聖」是內屬於天道的。這與《中庸》有著緊密的聯繫。《中庸》說：「唯天下至聖爲能聰明睿知，足以有臨也；寬裕溫柔，足以有容也；發強剛毅，足以有執也；齊莊中正，足以有敬也；文理密察，足以有別也。」龐樸先生說：「聰明睿智，不是『聖』嗎？寬裕溫柔，不是『仁』嗎？發強剛毅，無疑是『義』；齊莊中正，無疑是『禮』；而足以有別的文理密察，就是『智』了。」〔註32〕此說至確，而在五者之中，聖居於首要地位。而從「唯天下至聖」可知，聖，確實是高於仁義禮智的。在《中庸》中，聖是與誠緊密相關的。所謂「誠者，天之道也；誠之者，人之道也。誠者不勉而中，不思而得，從容中道，聖人

〔註31〕見梁濤：〈簡帛《五行》新探——兼論《五行》在思想史中的地位〉，《孔子研究》2002年第5期。

〔註32〕龐樸：〈竹帛《五行》篇與思孟『五行』說〉，載《龐樸文集》第2卷《古墓新知》，濟南：山東大學出版社，2005年，第157頁。

也。」可見，聖人是以誠來合於天道的，誠成爲二者之間的橋梁。因此可以說，聖與誠是相通的，或說是同一的。《孟子》中也非常強調「誠」與天道的關係。而在〈五行〉中則沒有「誠」的概念，這也許可以證明〈五行〉早於《中庸》（這裏指子思所作部分）。

其實關於「五行」的思想在《尚書‧洪範》已經有較爲系統的表述。雖然〈洪範〉「五行」是指水、火、木、金、土，但是其下有「五事」，已點出了其「德行和德性」內涵：

> 一、五行：一曰水，二曰火，三曰木，四曰金，五曰土。水曰潤下，
> 火曰炎上，木曰曲直，金曰從革，土爰稼穡。潤下作鹹，
> 炎上作苦，曲直作酸，從革作辛，稼穡作甘。

> 二、五事：一曰貌，二曰言，三曰視，四曰聽，五曰思。貌曰恭，
> 言曰從，視曰明，聽曰聰，思曰睿。恭作肅，從作乂，
> 明作哲，聰作謀，睿作聖。

侯外廬、李學勤等前輩學者已經指出，這與《中庸》的上引一段文字雖然並不完全相符，但顯然是相通的。可以證明《中庸》的那一段文字當時本於〈洪範〉。而據學者研究，〈洪範〉五行、五事等與古代數術傳統有密切關係，頗具神秘色彩。而子思將五行與五事糅合起來，難怪荀子要批評其「略法先王而不知其統」、「案往舊造說」、「僻違而無類」了。

那麼，荀子又說子思之「五行」造成人們誤解是「仲尼、子游爲茲厚於後世」，那麼可以推知，孔子與子游當有相關表述，只是與子思「五行」並不相同，否則荀子又怎能將子思五行與孔子、子游相聯繫呢？

我們知道，在孔子那裏，仁義禮智是經常提及和論述的，這自不待言。而孔子晚年也暢論聖與天道，見於今、帛《易傳》與《孔子家語》等文獻。如《孔子家語‧五儀解》中記有孔子論「聖人」之一段文字：

> 所謂聖者，德合於天地，變通無方，窮萬事之終始，協庶品之自然，
> 敷其大道而遂成情性。

這段文字同見於《大戴禮記‧哀公問五義》，文字稍異。其實，《易傳‧乾文言》亦云：「夫大人者，與天地合其德，與日月合其明，與四時合其序，與鬼神合其吉凶，先天而天弗違，後天而奉天時。天且弗違，而況於人乎？況於鬼神乎？」這裏的「大人」當與「聖人」所指相近。可見，孔子已經將「聖」或「聖人」與天道聯繫起來。而據李銳先生的考察，在《尚書大傳‧洪範五

行傳》的鄭玄注中引用了孔子論「聖」之語：「聖者，通也。兼四而明，則所謂聖。」這裏所謂「四者」是〈洪範〉五事中的「貌、言、視、聽」，而「聖」對應的是五事之中的「思心」。也就是說，思心與貌、言、視、聽並非並列關係，這與〈五行〉是一致的。同篇又有「子曰：心之精神是謂聖」的話，而此語又見於《孔叢子・記問》，明記爲孔子答子思之語。〔註33〕這一發現非常重要。這將孔子思想與子思「五行」之間的關係進一步明朗化了。

而在《禮記・禮運》篇亦有「五行」之說：

> 故人者，其天地之德，陰陽之交，鬼神之會，五行之秀氣也。故天秉陽，垂日星；地秉陰，竅於山川。播五行於四時，和而後月生也，是以三五而盈，三五而闕。五行之動，迭相竭也。五行、四時、十二月，還相爲本也。五聲、六律、十二管，還相爲宮也。五味、六和、十二食，還相爲質也。五色、六章、十二衣，還相爲質也。故人者，天地之心也，五行之端也，食味、別聲、被色而生者也。故聖人作則，必以天地爲本，以陰陽爲端，以四時爲柄，以日星爲紀，月以爲量，鬼神以爲徒，五行以爲質，禮義以爲器，人情以爲田，四靈以爲畜。

這一段文字同樣見於《孔子家語・禮運》，惟個別文字有異。這段文字出於孔子之口，而〈禮運〉當爲子游所記、所傳。這裏的五行，尚是自然五行說，但也與聖人、天道連在一起了，這些都爲子思「五行」說的出現奠定了基礎。不過，總體來說，在孔子和子游那裏，「五行說」尚未「德性」化，和天道、聖等範疇尚未眞正結合起來，這都有待於子思的進一步闡釋。

荀子一向不喜歡思孟一系的「內在超越」的先驗之路，故他才指責是子思之「五行」的出現連累了孔子和子游，造成後人的誤解。而且，在孔子那裏，所謂「聖」主要是指先王而言的，即堯舜禹湯文武周公等上古聖王，聖人與君子之間存在著相當大的距離，然而，〈五行〉提出：「五行皆形於內而時行之，謂之君子。」這裏的「君子」已經包涵了「聖」。顯然與孔子之認識有極大的差距。這恐怕就是荀子批評子思「五行」之「猶然而材劇志大」的緣故吧。〔註34〕

〔註33〕詳見李銳：《新出簡帛的學術探索》，第163～165頁。

〔註34〕陶磊先生已經指出了這一點。見其〈思孟五行考辨〉，簡帛研究網，2006/11/24。不過，他認爲〈五行〉並非子思之作，「五行」亦非指「仁義禮智聖」，而是《大戴禮記・孝行覽》之「仁義禮信強」。楊朝明師亦曾將之聯繫起來。見〈曾

很多學者指出，〈五行〉之中突出了「聖智」，這在先秦文獻中是罕見的。不過，陳來先生以爲：「從政治思想上看，『聖智』的觀念的流行，似乎與『聖王』的觀念有關。聖王的觀念是戰國時代儒、墨、法各家共用的觀念。突出聖智的觀念，不僅是對一般君子的道德要求，而是指向聖王的一種政治要求。竹簡〈五行〉中的智，不是孟子書中『仁義禮智』系列的一德，而是與仁義禮相對獨立的，並與『聖』密切聯結的一德。故在竹簡〈五行〉中，聖智是一對，仁義禮是一組。而這種『聖智』的配合，是戰國時代所常見的觀念，是一種對於全面知識和高度智慧的推崇。」〔註35〕陳先生發現了「五行」說的「政治思想意義」，無疑是富有卓識之見。不過，「聖王」觀念可能在孔子那裏即已非常重要，他推崇聖王，但他並沒有將「聖」與君子結合起來。

陳來先生不同意很多學者所認爲的，〈五行〉中突出「聖智」而貶低了「仁義」，他認爲：簡本〈五行〉的「作者其實很強調仁作爲聖智的基礎的意義。」因此，「竹簡〈五行〉篇中，仁義與聖智都有其重要地位，把〈五行〉篇的思想僅僅歸結爲聖智說是片面的。」〔註36〕這個分析有其文本的依據，但是，無可否認，〈五行〉篇對於「聖智」的強調，不僅在帛書〈五行〉中不見蹤迹，

子與思孟學派學術關聯申說〉，載楊朝明、修建軍主編：《孔子與孔子弟子研究》，第439頁。其實，在《大戴禮記‧曾子大孝》中並非是「仁義禮信強」，還有「忠」與「行」二字。而「五行不遂」在〈大孝〉作「五者不遂」，沒有「五行」字樣，但是陶磊認爲，這正說明，從〈曾子大孝〉到〈祭義〉，再到「〈孝行覽〉底本」的文本變化，改編者在有意地建立一套五行學說。這個改編者就是子思。但這一說法之論證尚不足以證成其結論，也不足以推翻子思作〈五行〉，五行是「仁義禮智聖」的說法。

〔註35〕陳來先生還認爲：「孔子以後，以子思爲代表，早期儒家重視提倡聖智仁義說，這不僅影響了墨子及其學派，也使得道家的莊子一派在『絕仁去義』之前，必須先舉起『絕聖去智』的旗幟來，以與儒家大唱其反調。竹簡《老子》年代較早，不可能以子思爲批判對象，所以未及提『絕聖棄智』，只說『絕智棄辯』。而到莊子，子思的聖智仁義說已經相當流行，成爲這一時期道家的主要的、具有標誌性的對立面，於是《老子》文本改爲『絕聖棄智』、『絕仁棄義』。《文子》中的道家言論『捨聖智，外賢能，廢仁義』似乎針對的就是子思五行說代表的儒家思想。沒有竹簡〈五行〉，我們就無法知曉『絕聖棄智』的具體針對性，竹簡〈五行〉的出土把這一被湮沒的思想史的線索顯露了出來，爲我們進一步瞭解當時的思想世界提供了條件。」這是相當重要的一點提示。見其〈竹簡《五行》與子思思想研究〉，〈竹帛《五行》與簡帛研究〉，第148～149頁。

〔註36〕陳來：〈竹簡《五行》與子思思想研究〉，《竹帛〈五行〉與簡帛研究》，第150～151頁

而且與其他儒家文獻相比，仍能顯出其特色。

　　於是，在帛書〈五行〉中，五行的次序或重要程度發生了變化。很多學者已經正確指出，帛書〈五行〉降低了聖智的地位，而突出了仁義[註37]，「在這個意義上，孟子的意義不僅是在孔子的『仁』的思想之後提出『仁義』的思想，而且是把七十子及其弟子的偏離了仁義優先的思想修正過來。這也是孟子雖然在中年曾爲〈五行〉篇作解說，但晚年則以四端說代替五行說的原因。」[註38]

　　《孟子》對子思之「五行」說有所繼承，在《孟子》書中並不見「五行」字樣，卻經常出現「四端」之說，啓人疑竇。不過，在〈盡心下〉有一段文字：「仁之於父子也，義之於君臣也，禮之於賓主也，知之於賢者也，聖人之於天道也，命也。有性焉，君子不謂命也。」不論「聖人」是否是「聖」之訛[註39]，其實可以看出，這裏已經將仁、義、禮、智、聖並提了。不過，這畢竟不是〈五行〉所論之五行說。而孟子之「四德」正可以對應〈五行〉之「四行」。

　　另外，我們知道，《孟子》有「大體」「小體」之說，將「心之官」與耳、目等區別看來，強調「心」之作用，有「盡心、知性、知天」（〈盡心上〉）的說法。〈告子上〉云：「耳目之官不思，而蔽於物。物交物，則引之而已矣。心之官則思，思則得之，不思則不得也。此天之所與我者。」這與〈五行〉是有關的。〈五行〉強調「思」：

　　　　仁之思也精，精則察，察則安，安則溫，溫則悅，悅則戚，戚則親，

[註37] 邢文先生首先指出了這一點，李存山先生進而進行了詳細分疏，見邢文：〈《孟子·萬章》與楚簡《五行》〉，《中國哲學》第20輯，第238頁。李存山：〈從簡本《五行》到帛書《五行》〉，載《郭店楚簡國際學術研討會論文集》，第244～245頁。

[註38] 陳來：〈竹簡《五行》與子思思想研究〉，《竹帛〈五行〉與簡帛研究》，第143頁。不過，丁四新先生並不同意簡帛本〈五行〉經文的思想變化。他甚至認爲，簡帛〈五行〉經、傳當是一個學派內部遞相傳受的系統。見氏著《郭店楚墓竹簡思想研究》，第160、167頁。我們認爲，這一看法顯然存在問題。簡帛經文發生的思想重心的轉移是顯而易見，不容否認的。

[註39] 龐樸先生引用了朱熹《四書集注》中的見解：「或曰：『人』，衍字」，進而認爲：「現在有了馬王堆帛書，我們可以而且應當理直氣壯地宣佈，『聖人之於天道也』一句中的人字，是衍文，應予削去，原本爲『聖之於天道也』。孟軻這裏所談的，正是『仁義禮智聖』這『五行』。」參見龐樸：〈馬王堆帛書解開了思孟五行說古謎——帛書《老子》甲本卷後古佚書之一的初步研究〉，《文物》1977年第10期。但有學者不同意此說。

親則愛。愛則玉色，玉色則形，形則仁。（5章）

智之思也長，長則得，得則不忘，不忘則明，明則見賢人，見賢人
則玉色，玉色則形，形則智。（6章）

聖之思也輕，輕則形，形則不忘，不忘則聰。聰則聞君子之道。聞
君子之道則玉音，玉音則形，形則聖。（7章）

不僅如此，〈五行〉還提出了「中心」與「外心」的範疇。在簡本〈五行〉的
「說」部分有「中心辯然而正行之，直也。」「以其外心與人交，遠也。」的
說法。而在第25章則提出了「耳目鼻口手足」與「心」之關係：

耳目鼻口手足六者，心之役也。心曰唯，莫敢不唯；諾，莫敢不諾；
進，莫敢不進；後，莫敢不後；深，莫敢不深；淺，莫敢不淺。和
則同，同則善。（25章）

我們推測，孟子之所以重視「心之官則思」，正是受到〈五行〉之啟發。在〈五
行〉之中，關於「大體小體」的區分，已經是呼之欲出了。而到了帛書〈五
行〉的「傳」部分，則直接出現了「大體小體」的說法：「耳目也者，悅聲色
者也；鼻口者，悅臭味者也；手足者，悅佚愉者也；心也者，悅仁義者也。……
小不勝大，賤不勝貴也哉！……耳目鼻口手足六者，人□□，〔人〕體之小者
也。心，人□□，人體之大者也。」很可以與《孟子》的說法相符。

〈五行〉之「德之行」對於孟子的「四端」說可能具有啟示意義。這一
點學者們已有不少論述。「四端」實際上是「形於內」，是內在於「心」的，
可與「德之行」相比，但一爲四端，一爲五行，缺少「聖」一行。而之所以
如此，據李銳的考察，一則是因爲在這具體的語境中沒有提及的必要，另外
更可能與孟子的「聖人觀」有關。在孟子那裏，雖然不否定「人皆可以爲堯
舜」，但更強調「爲之而已」，並非是「人皆有之」。人皆性善，可以爲善，但
成聖成王則未必。可見，孟子對〈五行〉有所修正。〔註40〕不過，其實，〈五
行〉本身已經區分了「善」與「德」，「四行」與「五行」，孟子並非不重視「聖」，
而是更重視聖，他並不認爲君子與聖是可以等同的，其實是回到了孔子那裏。

當然，學者已經注意到，〈五行〉經、傳與思、孟思想儘管有一致之處，
但也與《中庸》、《孟子》所見思、孟的思想有重大差異。我們想，其中的原
因可能是，子思、孟子思想本身都有一個發展過程，而其前期和後期的思想

────────────────
〔註40〕李銳：《新出簡帛的學術探索》，第169頁。

可能存在較大的變化和發展，一些早年的思想在後來可能被放棄。〔註 41〕因此，我們認爲，簡本〈五行〉是子思所作的可能性較大，而將之視爲子思之儒的作品，即將之歸入《子思》（或《子思子》）更爲妥當。至於帛書〈五行〉經文部分與簡本的差異，可能是帛書〈五行〉傳文的作者進行的改動，也可能是早在子思後學那裏已經發生了改變。

至於帛書〈五行〉中兩次引用「世子曰」，則說明傳文的作者與「世子」有密切關係，他可能是世子的後學，但這與孟子所作說並不一定矛盾。丁四新先生儘管不認爲孟子是世子的正宗傳統系統的一員，但他也承認孟子可能私淑於世子門人。〔註 42〕李銳先生對此也進行了考察。他認爲，爲〈五行〉作傳者對於世子之語比較熟悉，有可能曾經學於世子。世子對於〈五行〉可能做過解釋，但並不能據此推斷世子與〈五行〉的關係。〔註 43〕

我們認爲，世子與子思之間存在著密切的關係。而據此推測，可能孟子也曾與世子存在較爲緊密的關係。

二、〈性自命出〉（〈性情論〉）與子思之儒及子游、公孫氏之儒的關係

郭店簡〈性自命出〉與上博簡〈性情論〉當爲同一文獻之不同傳本，文本大體相同，稍有差異。表現在，〈性自命出〉較爲完整，而〈性情論〉則殘損較爲嚴重。根據李零先生的說法，郭店簡有兩個分篇符號，可以分爲兩篇，但不分章。而上博簡則有一個篇號和五個章號，是分章不分篇。上博簡的第一章相對於郭店簡的上篇，簡序相同。第二至第六章相對於郭店簡下篇，但簡序不同。〔註 44〕尤其是〈性自命出〉中與子游有關的一段話，不見於〈性情論〉，另外〈性自命出〉簡 63、簡 64「欲務齊而泊，喜欲知而無末，樂欲

〔註 41〕李存山先生認爲，這幾部作品的時間序列應當是，竹簡〈五行〉—《中庸》—《孟子》—帛書〈五行〉。他認爲，如果說竹簡〈五行〉是子思學派的作品，那麼帛書〈五行〉似可謂「孟氏之儒」之別派的作品。之所以說「別派」，是因爲帛書〈五行〉受到其經文和孟子思想兩方面的牽制，故與孟子的思想並不完全相同。見其〈「郭店竹簡與思孟學派」復議〉，載郭齊勇主編：《儒家文化研究》第 1 輯，第 56～71 頁。陳來先生對於簡帛〈五行〉的差異的看法與我們接近。他也認爲可能傳文作於孟子中年時期，而《孟子》七篇的成書則在其晚年，思想有所差異也是可以理解的。當然還有可能是孟子後學的增飾。見氏著《竹帛〈五行〉與簡帛研究》，第 108 頁。

〔註 42〕丁四新：《郭店楚墓竹簡思想研究》，第 165 頁。

〔註 43〕李銳：《新出簡帛的學術探索》，第 170～171 頁。

〔註 44〕李零：《郭店楚簡校讀記》（增訂本），第 115 頁。

釋而有持，憂欲斂而毋悶，怒欲盈而毋暴」一句已不見於〈性情論〉，而這段話據李銳的看法，可能與公孫尼子之養氣說有關。但是，儘管二者有如此差別，在主體部分還是相近的。因此難以據此判斷孰先孰後及其學派屬性，二者可能屬於同源異流的文獻。〔註45〕

李學勤先生則主張當分爲各自獨立的兩篇，簡 1～36 爲一篇，中心在論樂，可名爲〈樂說〉；簡 37～67 爲一篇，中心在論性情，可稱爲〈性情〉。他認爲：「兩者思想相關，可能共屬一書，然而各爲起迄，不是同一篇文字。」〔註46〕不過，李先生沒有顧及簡文中的分篇符號，而是從思想的角度考慮，並且認爲簡序應當調整，故將簡 36 與簡 1～35 歸爲一篇。此後陳偉先生也提出了同樣的看法。〔註47〕此外，還有周鳳五、林素清、梁立勇、郭沂等位先生。〔註48〕

廖名春先生提出簡文當分爲三部分，簡一至三五爲上篇；簡三六至四九爲中篇，簡五○至六七爲下篇。陳偉後來在對照了上博簡〈性情論〉後改從此說。他進而推測，在戰國時大約既有分編單行的，也有合於一編的。因爲三部分之間存在內在的聯繫。或許是同一位作者爲了論述一個或關聯密切的幾個主題而撰寫的「系列論文」。〔註49〕日本學者金谷治也提出了三分法。他認爲：「〈性自命出〉的主題是特殊的心性論，它在上篇（第一號簡—第十四號簡）表現爲『性情論』的主題，在中篇（第十五號簡—第三十四號簡）的『禮樂論』中也具一貫性。但章句脈絡不順，形態之雜亂顯著。例如，上篇和中篇（十五號簡『詩書禮樂』部分以下）之連結非常不自然，無法相信是由同一作者一口氣創作下來的。下篇（第三十五號簡—六十七號簡）命名爲『雜

〔註45〕 李銳：《新出簡帛的學術探索》，第 250 頁。

〔註46〕 李學勤：〈郭店簡與《樂記》〉，《李學勤文集》，上海：上海辭書出版社，2005年，第 437～441 頁。引文見第 437 頁。

〔註47〕 陳偉：〈文本復原是一項長期艱巨的工作〉，《湖北大學學報》1999 年第 2 期。李天虹認爲陳偉之說早於李先生。其實，李先生提出這一說法是在 1998 年 10 月 31 日的美國哈佛大學法學院郭店簡研讀班的演講中首先提出來的。見李先生〈郭店簡與《樂記》〉一文的《附記》，《李學勤文集》第 441 頁。不過，此後陳偉先生改變了看法，贊同廖名春先生的三分法。見其《郭店竹書別釋》，武漢：湖北教育出版社，2003 年，第 173～178 頁。

〔註48〕 參見廖名春：〈郭店簡《性自命出》的編連與分合問題〉，《中國哲學史》2000年第 4 期。陳偉：《郭店竹書別釋》，武漢：湖北教育出版社，2003 年，第 173～178 頁。

〔註49〕 廖名春：〈郭店簡《性自命出》的編連與分合問題〉，《中國哲學史》2000 年第 4 期。

篇』才更合適。雖有把與心性論相似內容集合起來的感覺，但其傾向不明顯。總之，可視爲編輯之殘餘、雜亂的堆積。」因此他認爲〈性自命出〉更像一部「抄集書」，尚在形成過程之中。〔註50〕

　　也有學者不同意將之劃分爲獨立的兩篇或三篇，而是認爲是一篇，不過分爲上下兩篇或兩部分。李零先生將〈性自命出〉劃分爲上下兩篇，上篇爲第1～12章，即簡1～35，而下篇則爲第13～20章，即簡36～67。但簡文的上下篇同屬一篇，上篇講教習和心性的關係，以及禮樂的教化功能；下篇講心術，即施行教化的心理技巧。後者與前者在內容上存在密切關聯。〔註51〕陳來先生雖然對於是否分爲獨立的兩篇問題沒有明確的表態，但是他還是認爲，這兩部分的內容雖有一致之處，但重點確實不同。上部重點在於以樂化情，以禮養性，而下部重點則是君子的德行和容貌。〔註52〕梁濤先生則認爲，「竹簡〈性自命出〉以三十五簡爲界，可以分爲前後兩個部分。兩部分的主旨雖各有側重，但主要都是討論心性問題，是一篇專門的心性論之作。」〔註53〕李天虹教授也認爲，簡1～35與簡36～67的內容，主旨確有差異。而前半部分似乎不是以論樂爲中心，而是專門講心性的。只不過因爲樂對人的心性修養的作用特別深入，故以較大篇幅論樂。後半部分以情爲重心。但全文宗旨不離儒家心性學說的範疇，且思想內涵一致。〔註54〕丁四新先生在研究中並沒有觸及分篇問題，看見在其眼中，該篇就是一篇。皆與李學勤先生所說不同。

　　正是基於上述的認識，很多學者都指出，該篇是一篇有關儒家心性論的重要文獻。這篇儒家心性論的重要文獻當早於《中庸》、孟子的性善論和荀子的性惡論，是孔子人性論過渡到孟子、荀子人性論的中間環節。〔註55〕

〔註50〕〔日〕金谷治撰，曹峰、〔日〕西山尚志譯：〈楚簡《性自命出》的考察〉，載龐樸主編：《儒林》第2輯，濟南：山東大學出版社，2006年，第59頁。

〔註51〕李零：《郭店楚簡校讀記》（增訂本），第115頁。105～107頁。

〔註52〕陳來：〈郭店楚簡《性自命出》與上博藏簡《性情論》〉，《竹帛〈五行〉與簡帛研究》，第75頁。

〔註53〕梁濤：《郭店楚簡與思孟學派》，第135頁。

〔註54〕李天虹：《郭店竹簡〈性自命出〉研究》，武漢：湖北教育出版社，2003年，第10～11頁。

〔註55〕參李維武：〈《性自命出》的哲學意蘊初探〉，《郭店楚簡國際學術研討會論文集》第312～313頁。廖名春：〈荊門郭店楚簡與先秦儒學〉，《中國哲學》第20輯，第60頁。

關於〈性自命出〉（包括〈性情論〉，下同）的作者或學派屬性，學者之間爭議頗大。主要有三種意見：其一爲子思之儒；其二爲子游之儒；其三爲公孫氏之儒。當然另外還有學者將作者的可能性指向了世子、曾子和子夏〔註56〕。

李學勤、姜廣輝等先生都根據〈性自命出〉與《中庸》的密切關係，而推斷該篇當爲子思所作。〔註57〕葉國良、李景林等先生皆同意此說。

廖名春先生根據簡文中有一段文字見於《禮記‧檀弓》，記爲子游之語，而推斷該篇當出於子游，這與他將該篇視爲儒家心性論從孔子到《中庸》的橋梁的看法是相一致的。他反對該篇出於公孫尼子的看法。他認爲，簡文的性論、樂論皆與公孫尼子不合。〔註58〕陳來先生起初傾向於公孫尼子，但他後來又認爲該篇當屬於子游氏之儒的作品，當然子游與公孫尼子、子思都有密切關係。〔註59〕在另一文中，他提出「可能是孔子直接門人的作品」，進一步肯定這一看法。〔註60〕

陳來先生在最初的研究中指出了三種可能性，即子游、子思與公孫尼子。不過，他傾向於認爲該篇當屬於《公孫尼子》。〔註61〕而李學勤先生在隨後的研究中，也指出該篇與〈樂記〉的緊密關係，雖然沒有點名該篇出於公孫尼子，但也肯定了陳來的推斷。不過，從李先生的論述看，他仍然認爲該篇與子思有關。〔註62〕這就意味著，他認爲子思與公孫尼子之間可能存在著某種緊密關係。歐陽禎人雖然肯定〈性自命出〉與〈樂記〉的深刻聯繫，

〔註56〕丁四新提出可能與曾子、世子有關，李天虹則舉出子游、子思、世子、公孫尼子與子夏、宓子賤、漆雕開等，認爲子思的可能性最大，其次是公孫尼和世碩，漆雕開的可能性最小。當然還有一種可能是不是上述任何一人，而是一位不知名的儒者所爲。見李天虹：《郭店竹簡〈性自命出〉研究》，第107～125頁。

〔註57〕李學勤：〈先秦儒家著作的重大發現〉，載姜廣輝主編：《中國哲學》第20輯《郭店楚簡研究》，第15～16頁。姜廣輝：〈郭店楚簡與《子思子》──兼談郭店楚簡的思想史意義〉，《中國哲學》第20輯，第84頁。

〔註58〕廖名春：〈荊門郭店楚簡與先秦儒學〉，《中國哲學》第20輯，第60～62頁。

〔註59〕陳來：〈史料困境的突破與儒家系譜的重建──郭店楚簡與先秦儒學研究〉，載《郭店楚簡國際學術研討會論文集》，第566頁。又收入氏著《竹帛〈五行〉與簡帛研究》，第11～12頁。此文作於1999年，是提交香港中文大學50週年校慶會議的論文，後以此文參見當年的武漢大學郭店楚簡國際學術研討會。

〔註60〕陳來：〈郭店楚簡《性自命出》與儒學人性論〉，載龐樸主編：《儒林》第1輯，第24頁。又載氏著《竹帛〈五行〉與簡帛研究》，第77頁。

〔註61〕陳來：〈郭店楚簡之《性自命出》初探〉，《孔子研究》1998年第3期。

〔註62〕李學勤：〈郭店簡與《樂記》〉，《李學勤文集》，第440～441頁。

但他認為〈性自命出〉只能歸屬於「思孟學派」。〔註63〕丁四新對此也進行了深入分析，他認為子游有可能但並非必定出於子游或其門人之手，而純就思想的相近程度而言，曾子比子游更可能是〈性自命出〉的作者，而該篇儘管存在著出於公孫尼子的可能，但相較而言，出於子思或世子的可能性更大。〔註64〕

〈性自命出〉與《中庸》存在密切聯繫是毋庸置疑的。學者對此論述已多，不必詳論。而且學者已經指出，〈性自命出〉雖有「重情」、「重信」的思想，但未出現《中庸》中十分重要的範疇「誠」，雖提出「獨處則習父兄之所樂」，接近於《中庸》的「慎獨」說，但畢竟二者之間存在差距。〔註65〕在《中庸》中雖然尚未提出「性善論」，但是從「天命之謂性」和「誠者，天之道也」的說法來看，其實已經蘊含著性善論了。而〈性自命出〉在上下兩部分中，其性論存在著不同。上部分雖然講「性自命出，命自天降」，但主要是以生言性的自然人性論，持性有善有不善的觀點，而在下部分則出現「性善」的思想。竹簡的上下兩部分之間，「呈現出由自然人性論向道德人性論的過渡。」〔註66〕由此也可以判斷，〈性自命出〉應該早於《中庸》。可見在心性論的成熟程度上，《中庸》要高於〈性自命出〉，因此〈性自命出〉當早於《中庸》。但又不能太早。因為二者只是程度的不同，不是主旨的巨大差異。可能正是子思早期或晚期思想的差異而已。

早於《中庸》，就意味著不會出現在子思之後，那麼，公孫尼子說便出現極大的疑問。因為，公孫尼子為七十子弟子，其年齡不會長於子思，甚至可能會小於子思。不過，不可否認，〈性自命出〉與〈樂記〉之間又有著密切的關係，對禮樂尤其是樂十分重視，只是在樂論方面不及〈樂記〉圓融深刻。而且二者之間也存在較大的差異，因此丁四新不太贊成出於公孫尼子的說法。但卻無法完全否定。

〔註63〕歐陽禎人：〈在摩蕩中弘揚主體——郭店楚簡《性自命出》認識論檢析〉，載《郭店楚簡國際學術研討會論文集》第362～364頁。

〔註64〕丁四新：〈論《性自命出》與公孫尼子的關係〉，《武漢大學學報》1999年第5期；〈論《性自命出》與思孟學派的關係〉，《中國哲學史》2000年第4期。

〔註65〕李天虹：《郭店竹簡〈性自命出〉研究》，第112～117頁。

〔註66〕梁濤：〈竹簡《性自命出》的人性論問題〉，《管子學刊》2002年第1期。郭齊勇先生也認為，簡文為「後世的性善論埋下了伏筆」，見其〈郭店儒家簡與孟子心性論〉，《武漢大學學報》1999年第5期。

我們知道，〈樂記〉成於公孫尼子，但其基本思想可能源於孔子和子游。而且簡文中有子游之語，而且子游又是孔門中重視「禮樂教化」的重要代表。那麼，是否可以由此推論出於子游呢？廖名春、陳來等學者皆主張此說。不過，僅憑這一段話就斷定其出於子游之手，似乎證據稍顯不足，立論有些牽強。但簡文與子游之間的思想關聯也是無法否定的。我們認為，引有子游之語，則推論出於子游後學更為妥當。

因此，綜合各種證據，我們認為，〈性自命出〉應當屬於《子思》，是子思一系的作品。但是，這並不必然否定該篇與子游、公孫尼子的關係。我們認為，這三者之間是有緊密聯繫的。正如前文的考證，子游與子思之間存在著一定的師承關係，因此該篇引有子游之語是自然的。對於公孫尼子的師承，我們前面已經進行了探討。公孫尼子可能曾經師承子游，又與子思存在密切關係。因此，〈性自命出〉與〈樂記〉相通，也是非常正常的。

第二節　上博簡〈君子為禮〉與顏氏之儒

《上海博物館藏戰國楚竹書》第五冊，收入〈君子為禮〉一篇，據整理者張光裕先生說，該篇與〈弟子問〉簡文內容性質相類，多屬孔門弟子與夫子之間答問，兩篇合共四十一簡，然殘缺仍多，彼此之間實在難以依序編連。整理者根據竹簡切口位置、文字書寫風格及特徵等方面審視，大致分為兩類，故依次分為〈君子為禮〉和〈弟子問〉兩篇。〔註67〕根據這種分類，〈君子為禮〉共有十六支簡。

此後徐少華先生對該篇進行了重新的編連和考釋，〔註68〕已經基本上可以看出其中的內容及主旨所在了。根據徐先生的分章，該篇可分為三章，第一章是孔子與顏回之問答；第二章關於禮容；第三章是子羽與子貢關於孔子與子產、禹、舜孰賢問題之討論。〔註69〕因為竹簡殘毀嚴重，這三章是否果

〔註67〕見馬承源主編：《上海博物館藏戰國楚竹書》第五冊〈君子為禮〉之〈說明〉，上海：上海古籍出版社，2005 年，第 253 頁。

〔註68〕見徐少華：〈論《上博五‧君子為禮》的編聯與文本結構〉，載丁四新主編：《楚地簡帛思想研究》第 3 輯，武漢：湖北教育出版社，2007 年；〈論竹書《君子為禮》的思想內涵與特徵〉，《中國哲學史》2007 年第 2 期。

〔註69〕日本學者淺野裕一先生則認為，簡文當分為四部分。陳劍、陳偉等先生也有類似看法。其實，這與我們的看法也是一致的。我們分為三章，第一章為有關顏回之內容，但第一章仍可分為兩節，也是四部分內容。見其〈上海楚簡《君子為禮》與孔子素王說〉，陳偉主編：《簡帛》第 2 輯，上海：上海古籍

爲一篇，還難以判斷。我們傾向於分爲三篇來看待。如果是這樣的話，正如李零先生所說，篇題就不合適了。〔註70〕整理者根據簡文第1簡「君子爲禮」擬爲「君子爲禮」，雖然符合古書命名通例，但三章內容互不相關，此篇題不能概括全部內容。我們認爲，〈君子爲禮〉作爲第一章的篇題是合理的。

〈君子爲禮〉之第二章與本文題旨無關，不在論述範圍之內。第三章是關於子貢的資料，將在本章第6節予以論述。這裏只討論〈君子爲禮〉之第1章。

第1章在簡3有墨鈎，屬於分章的標誌，因此又可以細分爲兩節。第1節包括簡1、簡2和簡3的墨鈎之前的部分；第2節包括簡3墨鈎之後部分和簡9A、簡4和簡9B。這兩節的內容都與顏回有關。

先看第1節。經過重新整理的釋文應該是：

> 顏淵侍於夫子。夫子曰：「回，君子爲禮，以依於仁。」顏淵作而答
> 曰：「回不敏，弗能少居也。」夫子曰：「坐，吾語汝。言之而不義，
> 口勿言也。視之而不義，目勿視也。聽之而不義，耳勿聽也。動〔之〕
> 而不義，身毋動焉。」顏淵退，數日不出。〔門人問〕之曰：「吾子
> 何其瘠也。」曰：「然，吾親聞言於夫子，欲行之不能，欲去之而不
> 可。吾是以瘠也。」

其中簡1與簡3爲完簡，簡1有44字，其中「夫子」爲重文，簡3有42字，其中夫子爲重文，簡2底端殘缺，共存37字，約殘3至5字左右。文意基本完整可讀。其中，簡2下端殘缺部分，徐少華補爲「□□〔問〕」三字，陳劍等僅於「之」前補一「問」字。我們很容易想到，〔〔問之曰〕之前當是發問者，我們根據下文「吾子」的說法，可以推測這個發問者有可能是顏回的弟子。這與我們前文曾經考證的，顏回有弟子的看法是相符的。陳劍先生推測「問之曰」前所殘缺兩字，當是「弟子」或「門人」，可從。〔註71〕徐少華先生在簡2的第1個「動」字後補「之」字，從圖版看，此處雖然不缺字，但補足符合上下文例，可從。〔註72〕簡3的兩個「瘠」字，張光裕先生釋爲「惰」，徐少華從之。而陳劍先生以爲當隸定爲「瘠」字，廖名春先生從之，並指出

出版社，2007年，第290頁。

〔註70〕李零：《喪家狗——我讀〈論語〉》，第46頁。

〔註71〕陳劍：〈談談《上博（五）》的竹簡分篇、拼合與編聯問題〉，簡帛網，2006/2/19。

〔註72〕徐少華：〈論竹書《君子爲禮》的思想內涵與特徵〉，《中國哲學史》2007年第2期。

此則可與《尸子・佚文》、《韓非子・喻老》、《史記・禮書》等所記閔子騫、子夏之事參看。其中所表現的都是「天人交戰」的心裏矛盾、思想鬥爭，文獻中與「肥」相對的「臞」，正可與「瘠」相參。〔註73〕從文意看，釋爲「瘠」較「惰」較勝。

　　整理者已經指出，這一節內容，與《論語・顏淵》篇的內容密切相關。〈顏淵〉篇首章云：

> 顏淵問仁。子曰：「克己復禮爲仁。一日克己復禮，天下歸仁焉。爲仁由己，而由人乎哉？」顏淵曰：「請問其目。」子曰：「非禮勿視，非禮勿聽，非禮勿言，非禮勿動。」顏淵曰：「回雖不敏，請事斯語矣。」

一經對比，就會發現，簡文與《論語》存在很大的相關性。尤其是關於「視聽言動」的「四勿」，二者更能見出其相關性。當然，二者存在的差異也十分明顯。第一，《論語》所記爲「顏淵問仁」，而簡文則是記「顏淵侍於夫子，夫子曰」，一是顏回主動問「仁」，一是顏回被動聞教。第二，顏回的反應不同。《論語》只說「請事斯語」，而簡文則說，「數日不出」、「欲行之不能，欲去之不可」，第三，《論語》所記之「四勿」是關於「禮」的，而簡文則是關於「義」的。《論語》提到的是禮與仁的關係，而簡文則提到了禮與仁與義三者的關係，換句話說，簡文與《論語》相比，多出了一層：「義」。

　　這裏有個疑問，那就是簡文與《論語・顏淵》首章的關係如何？學者也有所推論。如徐少華先生根據「侍於夫子」作開篇語多見諸於文獻，認爲這是「孔子之後的儒家學者們藉以立言立說的一種基本形式。」〔註74〕言下之意，這篇簡文當是儒家學者「藉以立言」的，並非實有其事。淺野裕一則認爲，簡文是以〈顏淵〉首章這類資料爲基礎並將其故事化的。〔註75〕陳桐生先生對〈君子爲禮〉與〈顏淵〉首章的關係也做了探討，他提出：有沒有可能二者所記載的是孔子與顏回兩次談話呢？答案是否定的。其理由是，顏回「聞一知十」，這一對聖賢師徒決不可能重複同一話題。那麼如何看待二者之間的差異呢？他分析道，《論語・顏淵》「顏淵問仁章」「非禮勿視，

〔註73〕廖名春：〈《上博五・君子爲禮》篇校釋札記〉，簡帛研究網，2006/3/6。

〔註74〕徐少華：〈論竹書《君子爲禮》的思想内涵與特徵〉，《中國哲學史》2007年第2期。

〔註75〕〔日〕淺野裕一：〈上海楚簡《君子爲禮》與孔子素王說〉，載陳偉主編：《簡帛》第2輯，第291頁。

非禮勿聽，非禮勿言，非禮勿動」這一組高度凝煉齊整的排比句，是《論語》編纂者在「顏氏之儒」（《韓非子・顯學》）的原始記錄材料上提煉的，具體地說，「非禮勿視」四句是從「言之而不義，口勿言也；視之而不義，目勿視也；聽之而不義，耳勿聽也；動而不義，身勿動焉」濃縮而成，它是《論語》編纂者藝術加工的產物。我們看到，加工前後的孔子語錄，藝術效果是大不一樣的，〈君子爲禮〉中這幾句話很普通，不會引起人們特別的注意，而到了《論語》，編纂者將其提煉成四個「非禮勿……」的整齊句式，而且有意識地將「言」「視」二句互換位置，使第二句句末的「聽」和第四句句末的「動」押韻，經過這種點石成金的藝術處理，思想內涵沒有發生變化，但孔子這句話卻成爲千古名句了。〔註76〕

我們認爲，二者之間的關係存在幾種可能。其一，二者所記爲二事，即不同場合的顏回與孔子之問答；其二，二者所記爲一事。在這種情況下，二者之所以存在差異，亦有三種可能，一則是傳聞異辭，一則是《論語》乃是根據簡文精鍊改編而成；一則是簡文乃是根據《論語》鋪陳敷衍而成，甚至就是僞託之作。我們認爲，這幾種可能都不能排除，徐、淺野二位先生所說的可能性儘管並非完全不存在，但是我們對二人的這種看法不以爲然。我們認爲，陳桐生先生的看法倒可能接近於事實。當然我們也不否定這二者是因要表述的重點不同而造成的「同是一事而輒異辭」的傳聞之辭。簡文與《論語》未必存在孰先孰後的問題，可能屬於顏回門人之傳聞異辭。

無論如何，二者雖然有異，主旨卻極爲相近。〈君子爲禮〉與《論語・顏淵》的關係，和〈仲弓〉與《論語・子路》的情形有些類似。

《論語・顏淵》首章著重論述了「仁」與「禮」的關係，是對「仁」的一種解釋。何謂「仁」？孔子認爲，要實現仁，便需要首先做到「克己復禮」。對於這四個字，歷來存在著兩種解釋。一種看法以爲，「克」當訓爲克制，約束，克己復禮是指，克制自己的私欲以符合禮的要求；一種看法則認爲，「克」當訓爲「能」，克己復禮就是使自己能夠在行爲上符合於禮。不管是那種解釋，都是強調了禮對於仁的基礎作用。如果做不到「禮」的要求，那麼就難以達到「仁」。在這裏，禮這種外在的行爲規範成爲實現仁的前提或保障。當然，在孔子那裏，仁與禮還有另外一種表述：「人而不仁，如禮何？」在這裏，仁

〔註76〕陳桐生：〈從上博竹簡看《論語》的編纂特點〉，《湖北理工大學學報》（社會科學版）2008年第6期。

又成爲禮的前提。這看起來似乎有些矛盾。其實，仁與禮的關係，本來就極爲複雜，並不是簡單的孰先孰後，孰重孰輕的問題，這也就是爲何關於孔子核心是仁是禮一直糾纏不清的根源所在。仁與禮其實是互爲前提的，內在自覺與外在他律的完美結合，才是孔子所希望的。

簡文則將仁、禮、義三者結合起來。孔子說：「君子爲禮，以依於仁。」「依於仁」見於《論語·述而》：「子曰：志於道，據於德，依於仁，游於藝。」這一點張光裕、徐少華先生皆已指出。徐少華先生認爲，「君子爲禮，以依於仁」正是該篇的立論的主題，是正確的。那麼，在這裏，仁、禮關係如何呢？李零先生說是「禮要符合仁」，廖名春先生也以爲，「爲禮」即爲行，行事，踐履。「依」，「據」，也就是「本」。此是說：君子行事，要本於仁。一切踐履，都要以仁爲本。恐怕不對。〔註77〕其實，這裏「君子爲禮，以依於仁」所表述的仁與禮的關係與〈顏淵〉篇是一致的。不過，這裏強調是「爲禮」，「以」表示目的，意思是「君子爲禮」的目的是「依於仁」。禮仍然是實現仁的前提，仁依然是爲禮的目的。

那麼，仁、禮與義的關係又如何呢？《中庸》中記載孔子說：「仁者人也，親親爲大；義者宜也，尊賢爲大。親親之殺，尊賢之等，禮所生也。」《孔子家語·哀公問政》亦載此語。禮乃本於仁、義，其意甚明。而《孔子家語·禮運》的一段話，則更詳細地論述了三者的關係。其文云：

> 禮之於人，猶酒之有糵也，君子以厚，小人以薄。聖王修義之柄、禮之序，以治人情。人情者，聖王之田也。修禮以耕之，陳義以種之，講學以耨之，本仁以聚之，播樂以安之。故禮者，義之實也。協諸義而協則禮，雖先王未有，可以義起焉。義者，藝之分，仁之節。協於藝，講於仁，得之者強，失之者喪。仁者，義之本，順之體，得之者尊。故治國不以禮，猶無耜而耕。爲禮而不本於義，猶耕之而弗種。爲義而不講於學，猶種而弗耨。講之以學而不合之以仁，猶耨而不穫。合之以仁而不安之以樂，猶穫而弗食。安之以樂而不達於順，猶食而不肥。

《禮記·禮運》與此基本相同，只是個別字詞存在差異。在這段話裏，雖然並不僅僅是在說明禮、仁與義的關係，還有人情、學、樂、順、藝等，比較

〔註77〕李零：《喪家狗——我讀〈論語〉》，第223頁；廖名春：〈《上博五·君子爲禮》篇校釋札記〉，簡帛研究網，2006/3/6。

複雜，所強調是「以禮治國」的問題，但是其中所謂「禮者，義之實」，「義者，仁之節」，「仁者，義之本」，分別闡明了禮與義，義與仁之關係，則是事實。後又以種田爲喻，將義、仁對於禮之作用，形象地予以闡明。孫希旦《集解》謂：「此三節皆所以明禮、義與仁，其相資而不可闕者如此。」〔註78〕這與簡文的思想有相近之處。

　　簡文先說「君子爲禮，以依於仁」，又提出所謂四個「不義」而勿，其意思分明就是，「不義」則不合於禮，即「非禮」，與「禮者，義之實」意思一致。廖名春先生以爲，諸「義」字，義與上文的「仁」同，「義」即「仁」。「不義」即不「依於仁」。〔註79〕淺野裕一先生也認爲：「雖然其首先說『君子爲禮，以依於仁』，亦即以仁爲禮之本。但後來卻又說應該以是否『不義』爲行爲標準，此一脈絡看似有矛盾。筆者以爲：作者可能設想到禮←義←仁的此種結構，大概作者的想法是：若要判斷在各種場合何種行動才合於禮，應該以其行爲是義或不義爲其標準，而判斷其是義或是不義的標準，則應該以對別人的同情心，亦即以仁爲標準。」對於淺野的這一說法，我們認爲有值得商榷之處。「君子爲禮，以依於仁」，所要表達的是「依於仁」是「君子爲禮」的目的。當然可以說體現了「以仁爲禮之本」，但畢竟不夠貼切。更重要的是，說義以仁爲標準，在簡文裏是無從體現的。因此，如果要點出這裏的結構，則當是：仁←禮←義。義是判斷行爲是否合禮的標準，而爲禮的目的則是要「依於仁」。

　　除了〈顏淵〉首章與簡文存在密切關係之外，淺野裕一先生還舉出了《論語》的另外幾章相關文獻。其中有：〈雍也〉：「子曰：回也，其心三月不違仁。其餘則日月至焉而已矣。」〈爲政〉：「子曰：吾與回言終日，不違如愚。退而省其私，亦足以發，回也不愚。」〈先進〉：「子曰：回也非助我者也，於吾言無所不說。」他認爲，相較而言，簡文中的顏回形象與〈先進〉篇比較接近，「亦即只要是孔子所說的話，什麼都相信而完全不會懷疑的愚直的顏回形象。」〔註80〕我們認爲，這一看法也存在問題。

〔註78〕〔清〕孫希旦：《禮記集解》，第619頁。張光裕先生早已指出《家語‧禮運》與本篇所論仁、禮、義關係的相通性。徐少華先生文章中也已經引到《禮記‧禮運》及孔穎達《正義》和孫希旦《集解》中的說法，並指出了《中庸》的那句話與本篇的關係。

〔註79〕廖名春：《〈上博五‧君子爲禮〉篇校釋札記》，簡帛研究網，2006/3/6。

〔註80〕〔日〕淺野裕一：〈上海楚簡《君子爲禮》與孔子素王說〉，載陳偉主編：《簡

我們認爲，這篇簡文除了與〈顏淵〉首章存在密切關係外，與上舉〈雍也〉、〈爲政〉沒有關係。與〈先進〉好似存在對應關係。但淺野先生的理解存在問題。儘管孔子有「如愚」之歎，顏子有「不敏」之謙，但顏子是非常聰敏富於慧解，能夠做到「聞一知十」之人。我們認爲，簡文所表現的，正是顏回之勤思好學，敏於自省的精神，而絕非愚直之形象。顏子之「數日不出」，正是因爲其在「退而省其私」。他之自稱「親聞言於夫子，欲行之而不能，欲去之而不可」，這正與〈子罕〉所記「顏淵喟然歎曰：『仰之彌高，鑽之彌堅。瞻之在前，忽焉在後。夫子循循然善誘人，博我以文，約我以禮，欲罷不能。既竭吾才，如有所立卓爾，雖欲從之，末由也已。』」相對應。因此與其說簡文與〈先進〉那一句存在密切關聯，毋寧說與〈子罕〉此條記載遙相呼應。其勤於自省，苦於思考，其「喟然之歎」之發，其形容之「癯」便是合乎情理的了。

第2節的內容包括簡3的墨鉤之後的部分、簡4和簡9。陳劍先生較早提出，簡9當與簡3聯排，簡4當排於簡9之後。〔註81〕徐少華也持此看法。〔註82〕此後陳偉提出了異議。他指出，從圖版分辨，簡9乃是由4支斷簡拼合而成，其中三支的拼合無誤，簡9當分爲兩支簡，可稱爲簡9A和簡9B。而且從書寫內容看，簡9A很可能原本與簡4屬於同一支簡。9A是這支簡的上半部分，簡4是它的下半部分，二者相拼，中間尚缺約二字。簡9B的內容大致接在簡4之後，其在簡冊中的上下位置，依字數估計，應是處於上部，但簡首已殘去約二字。如此則其排列順序是簡3－簡9A－簡4－簡9B。〔註83〕如此這節簡文就大體可讀了。其文爲：

> 顏淵侍於夫子。夫子曰：「回，獨知，人所惡也。獨貴，人所惡也。獨富，人所惡〔也。」顏〕淵起，逾席曰：「敢問何謂也？」「夫知而〔有〕信，斯人欲其〔□知〕也。貴而能讓，〔則〕斯人欲其長貴也。富而〔好禮〕……」

簡4的簡首二字，陳偉先生補爲「也顏」，可從。「逾席」陳偉先生釋爲「去席」，不從。簡4「而信」之間的「有」字，據廖名春先生所補。簡9B的「則」

帛》第2輯，第291頁。
〔註81〕陳劍：〈談談《上博（五）》的竹簡分篇、拼合與編聯問題〉，簡帛網，2006/2/19。
〔註82〕徐少華：〈論竹書《君子爲禮》的思想內涵與特徵〉，《中國哲學史》2007年第2期。
〔註83〕陳偉：〈《君子爲禮》9號簡的綴合問題〉，簡帛網，2006/4/16。

字，廖名春先生補爲「賢」，不可從，此據淺野先生所補。簡 9B「富而」後，廖名春先生補爲「能分貧」，亦可，不過，我們則認爲也可以試補出「好禮」二字，當然亦可能是「能□」。簡 9B「□知」據陳偉先生釋文「智」而補。廖名春先生認爲，「知」當作「智」，二者不同。其實，我們認爲，「知」可作本字解，也可作「智」解。廖先生補爲「愈智」，我們則認爲其前一字可試補爲「多」，二者皆可。簡 4 的「夫知而」，原釋文在「夫」後有「子」字，陳偉先生認爲，「據圖版，其實很難看得出來。這個地方的空間比一般二字的間距略大。但其右側有一個契口，這一間距當是爲了躲避編繩，而不是因爲另有一字。如果這一推斷不誤，則這個夫字可能只是發語詞」〔註84〕。陳偉先生、淺野裕一等皆將「知而〔能〕信……」等歸入顏子之語。而徐少華先生則在「夫子」後補「曰」字，將「知而〔能〕信……」等內容歸爲孔子之語。我們認爲，從圖版殘留之墨迹看，好像應該有「子」字，而且其下可能有「曰」字。即使如陳偉先生之說，也當是省去「夫子曰」三字。此類二人對話中間省去「曰」或「某某曰」之例，古書中多見，《論語》即有其例。〔註85〕因此徐少華先生將之歸入孔子之語，這樣從文理上較爲通暢，無疑是正確的。

這一節簡文同樣是孔子與顏淵之對話。同當與上一節同屬一篇。皆應屬於顏子所記，顏氏之儒所傳的文獻。此處孔子向顏淵講述「獨知」、「獨貴」、「獨富」爲人所「惡」的問題。廖名春先生引用了《莊子·人間世》：「回聞衛君，其年壯，其行獨。」郭象注：「不與民同欲也。」陸德明《經典釋文》引崔譔云：「自專也。」《荀子·臣道》：「故明主好同，而闇主好獨。」楊倞注：「獨謂自任其智。」以爲「獨」是獨自專有，獨自享受，不與他人分享的意思。從引文可以看出，所謂知、貴、富主要是針對爲政者而言的。

當然這裏的「獨」可能還有一層意思，從下文的「知而能信」、「貴而能讓」、「富而能□」的表述看，這裏的「獨」還有「知而不信」、「貴而不讓」、「富而不〔好禮〕」之義。這種「×而不×」的表述習見於《論語》。另外，「好×不好×」也是習見於《論語》，所表達的都是要兼而有之，單獨一種德都不算是完美，反而會有其弊端。

淺野裕一先生說：「若僅據殘存的文章來解釋，孔子並沒有連接獨知、獨

〔註84〕 陳偉：《〈君子爲禮〉9 號簡的綴合問題》，簡帛網，2006/4/16。

〔註85〕 〔清〕俞樾：《古書疑義舉例》卷二「兩人之辭而省曰字例」，收入《古書疑義舉例五種》，北京：中華書局，2005 年，第 30～32 頁。

貴、獨富與自己。但既然顏子將獨知與孔子連接起來，則吾人可以推測出：第九簡 A 或第 4 簡的殘缺部分，應該有記載著孔子將獨知、獨貴、獨富與自己連接起來說明的孔子的話語。但問題是：即使孔子容易與獨知連結在一起；然孔子卻很難與獨貴、獨富連結在一起。」〔註 86〕這顯然是誤解原文所致的誤讀。

孔子說過：「富與貴，是人之所欲也。」「貧與賤，是人之所惡也。」孔子是不反對富與貴的，他自言：「富而可求，雖執鞭之士吾亦爲之。」但是他對於「不以其道得之」的「富貴」是「不處」的。孔子在這裏明確提出來，雖然富貴可求，但是應該有與之相匹配的德行，否則會爲人所厭惡。《論語‧學而》記載子貢問孔子：「貧而無諂，富而無驕，何如？」孔子回答說：「可也。未若貧而樂，富而好禮者也。」顯然，孔子是讚賞「富而好禮」的。這也就是爲何我們試補「好禮」二字的緣由所在。

《中庸》中曾記載孔子說：「子曰：舜其大孝也與！德爲聖人，尊爲天子，富有四海之內。宗廟饗之，子孫保之。故大德必得其位，必得其祿，必得其名，必得其壽，故天之生物，必因其材而篤焉。」「子曰：無憂者，其惟文王乎！以王季爲父，以武王爲子，父作之，子述之。武王纘大王、王季、文王之緒，一戎衣而有天下。身不失天下之顯名，尊爲天子，富有四海之內。宗廟饗之，子孫保之。」所謂「尊爲天子」即貴，所謂「富有四海」即富，但不論是舜，還是文王、武王，都可以說是既富且貴，但是卻並不爲人「所惡」，便是因爲他們之富貴，並非「獨富獨貴」，而是有貴而能讓，富而好禮。

廖名春先生也指出了傳世文獻中有與簡文相近的內容。《墨子‧魯問》：「子墨子曰：『不然！夫鬼神之所欲於人者多，欲人之處高祿則以讓賢也，多財則以分貧也。夫鬼神豈唯擢季拑肺之爲欲哉？今子處高祿而不以讓賢，一不祥也；多財而不分貧，二不祥也。」郭店楚簡〈成之聞之〉曰：「故君子不貴庶物，而貴與民有同也。智而比呁，則民欲其智之遂也；富而分賤，則民欲其富之大也；貴而能讓，則民欲其貴之上也。」〔註 87〕尤其是郭店簡〈成之聞之〉作「昔者君子有言曰」，而本篇則明確說是「夫子曰」，可見當都是源於孔子的言論。另外，從上引《莊子‧人間世》：「回聞衛君，其年壯，其行獨。」郭象注：「不與民同欲也。」《荀子‧臣道》：「故明主好同，

〔註 86〕〔日〕淺野裕一：〈上海楚簡《君子爲禮》與孔子素王說〉，載陳偉主編：《簡帛》第 2 輯，第 291 頁。
〔註 87〕廖名春：〈《上博五‧君子爲禮》篇校釋札記〉，簡帛研究網，2006/3/6。

而闇主好獨。」可以看出，這裏所謂知、貴、富主要是針對爲政者尤其是君主而言的。

因此，本篇孔子對顏子所言，恐怕並非僅僅是修身理論，更重要的是闡述其王道思想。因爲從實際來看，顏子與富貴二字很難搭上界，故孔子與顏子論富貴以闡釋修身理論的可能性不大。據上材料可以推測，這是一篇關於孔子爲政思想的文獻，儘管其中不排斥作修身思想的解釋。

〈君子爲禮〉雖然沒有顏子本人的思想闡述，但是畢竟是關於顏子與孔子對話的材料，有的可以與《論語》相對讀，有的則未之前見，是較爲寶貴的材料，這對於探討《論語》與孔子弟子所記孔子語錄之間的關係，提供了直接的研究素材。這裏所載的兩則材料，當是顏氏之儒所傳，可以反映顏氏之儒所受孔子之教的某些側面，也能體現顏氏之儒所關心的思想問題。

第三節　郭店簡〈忠信之道〉、上博簡〈從政〉與子張之儒

儘管〈漢志〉未曾著錄子張之儒的作品，但我們在出土文獻中發現了子張之儒「著作」的蛛絲馬迹。在郭店竹簡中有一篇〈忠信之道〉，全篇談論「忠信」問題，與《論語》中孔子多次向子張講「言忠信」、「主忠信」可能有關，因此廖名春先生認爲可能是子張之儒的作品。在上博楚竹書中，有〈從政〉、〈昔者君老〉兩篇，周鳳五先生以爲與子張之儒有關，當然他也認爲〈忠信之道〉與子張有關。另外，王博先生曾指出，郭店簡〈成之聞之〉的作者可能是子張氏之儒。〔註88〕我們主要以〈忠信之道〉、〈從政〉爲主，討論其與子張之儒的關係，及簡文所反映的子張之儒的思想。

一、〈忠信之道〉與子張之儒

〈忠信之道〉是郭店儒簡中較爲短小的一篇，與〈唐虞之道〉同抄在一卷。原釋文爲裘錫圭先生整理，此後李零、周鳳五、趙建偉、劉釗等都有校釋。廖名春、張立文等先生對整理者擬定的篇題提出異議，認爲應當定名爲

〔註88〕王博：〈釋「槁木三年，不必爲邦旗」——兼談《成之聞之》的作者〉，《郭店楚簡國際學術研討會論文集》，第294～300頁。對於〈成之聞之〉，學界大多將之歸於子思之儒。我們認爲，這兩種觀點本不應對立起來，其實，二者完全是可以相容的。我們認爲，該篇可能與子張之儒有關，亦與子思之儒有關。

〈忠信〉〔註89〕。不過，儘管篇中未曾出現「忠信之道」的字樣，但有「忠之爲道」「信之爲道」的說法，而且從內容上看，全篇圍繞忠信展開論述。整理者所加的篇題還是較爲合適的。我們仍從整理者意見稱爲〈忠信之道〉。

〈忠信之道〉屬於儒家簡，學術界幾乎沒有分歧，但具體屬於儒家之哪一學派，則有不同的說法。我們知道，對於郭店儒簡，以李學勤、姜廣輝等先生爲代表的諸多學者提出，其中的多數應當屬於《子思子》或與之相關。但李先生所指爲《子思子》的有〈緇衣〉、〈五行〉、〈魯穆公問子思〉，或與子思有或多或少關聯的則有〈成之聞之〉、〈性自命出〉、〈六德〉、〈尊德義〉，共有7篇。〔註90〕而姜廣輝先生則又多出〈唐虞之道〉、〈窮達以時〉，而去掉了〈尊德義〉〔註91〕。可是，兩位先生都未將〈忠信之道〉歸入子思子一系。看來，在很多學者看來，〈忠信之道〉與子思一系存在著較大的差距。

不過，也有學者提出該篇應該屬於《子思子》。如臺灣學者楊儒賓，便將〈忠信之道〉與〈魯穆公問子思〉、〈窮達以時〉、〈唐虞之道〉和〈五行〉、〈緇衣〉等六篇劃爲一組，指出「這六篇可視爲子思學派的作品」。〔註92〕另一位臺灣學者葉國良先生將14篇儒簡全部歸入曾子、子思子一系作品，〈忠信之道〉自然也在其中。〔註93〕而李景林先生則認爲，在14篇儒簡中，除〈語叢〉外，其餘皆屬於子思一系作品。〔註94〕魏忠強亦主張該篇屬於「思孟學派」。〔註95〕但這種看法，卻不占主流。

關於〈忠信之道〉的學派歸屬，更多的學者指出了其與子張學派的關係。如廖名春先生就率先指出，「簡文很可能就是子張本於孔子之說而成的論文」。〔註96〕李剛認爲，〈忠信之道〉是子張及其後學的作品，其借鑒了「儒、

〔註89〕廖名春：〈荊門郭店楚簡與先秦儒學〉，張立文：〈《郭店楚墓竹簡》的篇題〉，均載《中國哲學》第20輯，分別見第50～51頁；第333頁。

〔註90〕李學勤：〈先秦儒家著作的重大發現〉，〈荊門郭店楚簡中的《子思子》〉，載《中國哲學》第20輯，第13～17頁；75～80頁。

〔註91〕姜廣輝：〈郭店楚簡與《子思子》〉，載姜廣輝主編：《中國哲學》第20輯，第81～92頁。

〔註92〕楊儒賓：〈子思學派初探〉，載《郭店楚簡國際學術研討會論文集》，第607～624頁。

〔註93〕葉國良：〈郭店儒家著作的學術譜系問題〉，載姜廣輝主編：《中國哲學》24輯《經學今詮三編》，第234～238頁。

〔註94〕李景林：《教化的哲學——儒學思想的一種新詮釋》，第214頁。

〔註95〕魏忠強：〈《忠信之道》注釋論說〉，載楊朝明、宋立林等：《新出簡帛文獻注釋論說》，臺北：臺灣書房，2008年，第69頁。

〔註96〕廖名春：〈荊門郭店楚簡與先秦儒學〉，載姜廣輝主編：《中國哲學》第20輯，

墨」，爲孔子的「無爲」提供了新發展。〔註97〕黃君良先生在對《大戴禮記》、《國語》、《左傳》等進行研究之後，認定〈忠信之道〉是春秋戰國之交的作品，與子張之儒有密切的關係。並指出，「〈忠信之道〉篇幅雖小，卻是一篇獨立完整的倫理政治文章，後來的〈子張問入官〉及〈小辨〉都是它的延續和發展」。〔註98〕

周鳳五教授也指出：「郭店〈忠信之道〉與這次公佈的〈從政〉、〈昔者君老〉，凡涉及《論語》或其相關材料的，似乎都與子張有關。」〔註99〕但在其〈郭店楚簡《忠信之道》考釋〉〔註100〕一文中，又指出該篇與子思子的關係，在上引文中也有類似的意思。

也有學者提出了另外的看法。如李存山先生則將此篇與其他幾篇郭店儒簡推測爲「仲良氏之儒」即陳良一派的作品。〔註101〕這當然是更爲大膽也更爲無據的推測，得不到學者的廣泛認可也在意料之中了。李存山等先生還認爲其中有所謂道家的痕迹，如「至忠如土，化物而不伐；至信如時，必至而不結」，而金春峰先生甚至認爲〈忠信之道〉是融合儒、道、法而爲一的作品，道家思想色彩得到凸顯。〔註102〕其實，這也是站不腳的。《禮記·孔子閒居》和《家語·論禮》等有「天無私覆，地無私載，日月無私照」之說，《易傳》更有「地勢坤，君子以厚德載物」之語，此儒家表彰土或坤德之論。《大戴禮記·主言》有「其於信也，如四時春夏秋冬」，《大戴禮記·禮察》有「此行之信，順如四時」之語，在《論語·陽貨》有「天何言哉？四時行焉，百物生焉」之語，所表明的就是天行之「信」。而「不伐」一語，正見於《孔子家語·弟子行》子貢對子張之評價：「美功不伐」，其實《尚書·大禹謨》已有

第 51 頁。

〔註97〕 李剛：〈郭店楚簡《忠信之道》簡論〉，《西北建築工程學院學報》2000 年第 6 期。

〔註98〕 黃君良：〈《忠信之道》與戰國時期的忠信思潮〉，《管子學刊》2003 年第 3 期。

〔註99〕 周鳳五：〈讀上博楚竹書《從政》甲篇札記〉，載朱淵清、廖名春主編：《上博館藏戰國楚竹書研究續編》，第 189 頁。

〔註100〕載姜廣輝主編：《中國哲學》第 21 輯，第 137～145 頁。

〔註101〕李存山：〈先秦儒家的政治倫理教科書——讀楚簡《忠信之道》及其他〉，《中國文化研究》1998 年冬之卷。

〔註102〕金春峰：，〈論郭店簡《六德》、《忠信之道》、《成之聞之》之思想特徵與成書時代〉，載馮天瑜主編：《人文論叢》2001 年卷，武漢：武漢大學出版社，2002 年，第 72～74 頁。金氏懷疑郭店一號墓的時代當在戰國晚期，他認爲〈忠信之道〉並非子思一派的作品。

「汝惟不矜，天下莫與汝爭能；汝惟不伐，天下莫與汝爭功」之說，《論語・雍也》亦有「孟之反不伐」的說法，並非道家之專利。以天地四時來形容德性，推天道以明人事，正是孔子以降儒門的思維方式。其實，將這兩句與《老子》掛起鈎來，並不允當，正是將思想貼標籤的做法的失誤。而羅海英在其學位論文《〈忠信之道〉研究》（山西大學，碩士學位論文，2006 年）中便據李說而反對將之歸於子張，並提出作者爲誰，不宜遽斷。這種看法，當然比較穩妥，但卻非完全可取。我們認爲，將文獻進行學派歸屬，固然存在主觀的推測，難免陷入不必要的混亂，但在有相當佐證的情況下，作一合理的推論，似乎有助於學術的探討。

從學者的研究中，該篇的學派歸屬主要指向了子思和子張。我們認爲，這兩種看法實際上是可以調和而並不一定非此即彼的。下面我們在關於〈從政〉篇的考述中將會詳及。

〈忠信之道〉與子張的關係之密切，證據所在多有。正如廖名春先生所指出的，在《論語》中，孔子與子張談忠信問題最多，這是子張傳「忠信之道」的必要條件。其實，在孔門當中，顏子和曾子也以忠信見稱。孔子有「回之信賢於丘」的說法，且《孔子家語・賢君》篇記載顏子問孔子「何以爲身」，孔子曾告之以「恭敬忠信而已矣。恭則遠於患，敬則人愛之，忠則和於眾，信則人任之。勤斯四者，可以政國，豈特一身者哉？」可見，顏子也深得孔子忠信之教。至於曾子，《孔子家語・弟子行》中子貢引孔子評價曾參之語，有「孝，德之始也；弟，德之序也；信，德之厚也；忠，德之正也。參也中夫四德者矣哉」之評語，足見其忠信之德，深受孔子首肯。但，〈忠信之道〉所言「忠信」，並非個人修養之德性，而是從政治倫理之角度而發揮的。這一點，李存山、李剛等學者都已經正確指出。李存山先生說：「此篇所講的『忠信』，其旨意不在於教化民眾，亦不是講普遍的道德倫理，而是教導、要求當權者（『有國者』或『長民者』）做到『忠信』。」甚至李先生徑以「先秦儒家的政治倫理教科書」稱譽之。我們看《論語》中，孔子對子張言「忠信」的各章。

> 子張問崇德辨惑。子曰：「主忠信，徙義，崇德也。愛之欲其生，惡之欲其死。既欲其生，又欲其死，是惑也。『誠不以富，亦祇以異。』」（〈顏淵〉）
>
> 子張問政。子曰：「居之無倦，行之以忠。」（〈顏淵〉）

> 子張問行。子曰：「言忠信，行篤敬，雖蠻貊之邦行矣。言不忠信，
> 行不篤敬，雖州里行乎哉？立，則見其參於前也；在輿，則見其倚
> 於衡也，夫然後行。」子張書諸紳。（〈衛靈公〉）

> 子張問仁於孔子。孔子曰：「能行五者於天下為仁矣。」請問之。曰：
> 「恭、寬、信、敏、惠。恭則不侮，寬則得眾，信則人任焉，敏則
> 有功，惠則足以使人。」（〈陽貨〉）

以上各條所言「忠信」，基本上都是與「政」有關的。在《孔子家語·入官》
中，孔子對子張言忠信，亦是從為政的角度來談的。如云「君子南面臨官，
大域之中而公治之，精智而略行之，合是忠信，考是大倫，存是善惡，進是
利而除是害，無求其報焉，而民之情可得也。」又有「君子欲言之見信也，
莫善乎先虛其內；欲政之速行也，莫善乎以身先之；欲民之速服也，莫善乎
以道御之。故雖服必強，自非忠信，則無可以取親於百姓者矣。」這一篇也
見於《大戴禮記·子張問入官》。可見，孔子與子張談論「忠信」皆是以為政
為中心的。這與子張關心「為政」的思想特色有關。

　　尤其值得注意的是，〈忠信之道〉最末兩句，據周鳳五先生的釋文，當作
「是故古之所以行乎蠻貊者，如此也」。趙建偉先生則以為讀為「閩貊」，意
思一樣。〔註103〕不管是「蠻貊」「閩貊」，都與《論語·衛靈公》子張問行，
孔子所謂「主忠信，行篤敬，雖蠻貊之邦行矣」若合符節。這一點正是子張
與〈忠信之道〉關係密切的尤為有力的證據。

　　另外，子張對於孔子所論「忠信」，十分重視，或著「退而記之」，或者
「書諸紳」。從這裏透露的信息看，子張對「忠信」有所傳述和發揮，是非常
自然的。

　　將「忠信」之道作為為政者的倫理要求，與孔子的教化思想一致。《孔
子家語·致思》有「孔子自衛反魯，息駕於河梁而觀焉。……丈夫對曰：
『始吾之入也，先以忠信；及吾之出也，又從以忠信。忠信措吾軀於波流，
而吾不敢以用私，所以能入而復出也。』孔子謂弟子曰：『二三子識之，水
且猶可以忠信成身親之，而況於人乎？』」忠信，在這裏還主要是修身的要
求。不過，從孔子要求「二三子識之」來看，忠信肯定為孔子所強調，也為
弟子所重視。子張可能就是其中之一。

〔註103〕趙建偉：〈郭店竹簡《忠信之道》、《性自命出》校釋〉，《中國哲學史》1999
　　　　年第 2 期。

　　孔子作爲思想家，首先是一位政治思想家。他的教化學說，主要對象就是爲政的君子。在《孔子家語・五儀解》有孔子向魯哀公講「君子」的一段話：「所謂君子者，言必忠信而心不怨，仁義在身而色無伐，思慮通明而辭不專。篤行信道，自強不息，油然若將可越而終不可及者。此則君子也。」《大戴禮記・哀公問五義》及《荀子・哀公》篇皆有此段，只是文字有所不同，但意思大體相近。這裏的「忠信」其實就是針對君主而發的。在《大戴禮記・小辨》來看，「忠信」也是就君德而言的。我們看，在孔子那裏，很多德目，固然具有普遍的倫理道德的意義，這在儒學的日後發展中得到了強化，但更多的卻是對「爲政」的「君子」的要求，屬於君德的範疇。這在大量的文獻中都有體現。子張繼承了這一教化傳統。所以，李存山先生以爲這一篇主旨不在教化民眾，而獨具特色，顯然是對孔子之教的誤讀。而李景林先生則指出，「其說較近於孔子思想」，並認爲，這一篇「當爲子思紹述孔子思想之作」，〔註104〕便看出了其與孔子思想的一致性。不過，將之定位爲子思所記孔子之語，似乎未必允當。

　　從〈忠信之道〉看，子張之儒對忠信的重要性提到了很高的高度。簡文說：

> 大忠不說（此李零先生釋文，周鳳五先生讀爲「奪」，下同），大信不期。不說而足養者，地也。不期而可遇（周鳳五先生讀爲「要」）者，天也。「巽」（此從周鳳五釋，讀爲「順」）天地也者，忠信之謂此（趙建偉認爲乃「也」或「哉」之訛）。〔註105〕

將忠信與天地之道聯繫起來，又說「至忠如土，化物而不伐，至信如時，畢至而不結」，天不言而四時不忒，地不說而養育萬物，則忠信乃天地之德，這便爲人之「忠信」提供了形上的理據。這正是孔子儒家的「推天道以明人事」思維的例證。簡文所謂「忠之爲道也，百工不楛，而人養皆足。信之爲道也，群物皆成，而百善皆立」，所言之「道」雖未必具超越義，但畢竟將忠信上升至「道」之層面，應視爲子張之儒對孔子「忠信」思想的詮釋與深化，將「忠信」提升爲一個核心範疇，正如曾子－樂正子春一系將「孝」作爲核心範疇

〔註104〕見前揭李景林《教化的哲學》，第214頁。

〔註105〕釋文參考了李零《郭店楚簡校讀記》（增訂本），北京：北京大學出版社，2002年，第100頁；前揭周鳳五〈郭店楚簡《忠信之道》考釋〉，趙建偉：〈郭店竹簡《忠信之道》、《性自命出》校釋〉，《中國哲學史》1999年第2期；陳偉：〈忠信之道零識〉，《郭店竹書別釋》第74～82頁。

一樣。值得注意的是，在《荀子·王霸》有一段文字與此非常相似，「百工將時斬伐，佻其期日而利其巧任，如是，則百工莫不忠信而不楛矣。……百工忠信而不楛，則器用巧便而財不匱矣。」對比這兩段文字，不難看出其間的異同。金春峰先生指出，荀子是合言忠信，此篇則是分述，從複合詞後起的原則，他斷定當是荀子抄〈忠信之道〉，雖然理由未必合理，但結論是正確的。〔註106〕不過，我們還可以發現這兩段文字之更大的差異，那就是，〈忠信之道〉所言「忠、信」是針對為政者而言的，屬於「君德」範疇，而荀子此處所言忠信則是指「百工」，二者所指涉之主體不同，反映了二者之思想亦不同。我們知道，荀子對於「忠信」非常強調，在《荀子》一書中，忠信出現幾十次，其主體有兩個，有時指涉為政者，包括君主和臣子；有時指涉百姓或百工。我們可以肯定，孔子與〈忠信之道〉的忠信思想對荀子必然有正面的影響。

簡文又說：「忠，仁之實也。信，義之期（基）也。」將忠信與仁義對舉。過去一般認為，孔子不將仁義並提，只是到了孟子才這樣做。其實，從《孔子家語》等傳世文獻和郭店簡等出土文獻可知，這一認識是受「不完全歸納法」，以《論語》為根據來考察得出的不可靠的結論，而人們又根據這一結論去後置相關說法。仁與義都是孔子非常重視的德目，儘管義不如仁來得重要，但孔子同時並舉二者，並非不可能之事。這裏簡文將忠與仁，信與義聯繫起來，正是合乎孔子思想的。我們知道，忠，從心，而仁按照郭店簡的寫法，從身從心，上下結構，二者都是與「心」有關，屬於內在的德性。而這種內在的德性又要外化為行動。忠，朱子云「盡己之謂忠」，在人際關係處理中，以「忠」為標準之一，乃仁之必然要求，這對一般人是這樣，於為政的君子尤其如此。簡文提出「君子其施也忠」，正合乎〈顏淵〉篇「行之以忠」之說，其義按《論語集解》引王肅注，就是「為政之道，……行之於民，必以忠信」。簡文說「忠，仁之實也」，實，本指果實、內核，此處有「實質」之義，將忠視為「仁」的實質內涵，是在孔子思想基礎上的進一步發展。

〔註106〕《荀子》這一段文字首先是金先生揭示出來的。根據漢語由單音節詞到複合詞的演進關係，推斷文獻的早晚，是很多學者堅持的做法。這一做法有其合理性，但也有不足。因為在文獻中，是兩個單音節詞的詞組還是複合詞有時很難判斷。如在《論語》中已有「忠信」連用的現象，但是否證明〈忠信之道〉早於《論語》？顯然不能。這就證明這一做法不完全合理。因為金先生認為郭店一號墓的時代有疑問，所以他需要考證〈忠信之道〉與《荀子》的先後，其實在我們看來，郭店一號墓的時代肯定早於荀子，其文獻成書的時代更比墓葬要早。

　　信與「言」有關，而言之能否兌現，是考察爲政者是否合乎道義的標杆。故孔子倡言爲政者立「信」以得民之信任，所謂「民無信不立」是也。〈學而〉記有子曰：「信近於義，言可復也。」但是，孔子又指出：「言必信，行必果，硜硜然小人哉！」（〈子路〉）劉寶楠《正義》云：「言必信，行必果，謂不度於義，而但守小忠小信之節也⋯⋯義所在，則言必信，行必果；義所不在，則言不必信，行不必果。」可見，信不同於義，但它從屬於義。簡文所說「信，義之期也」，期，陳偉先生以爲當讀爲「基」，指根基。並舉出《潛夫論・務本》有「忠信謹愼，此德義之基業」一句，與此類似。〔註107〕陳先生所說可從。這句話意思就是說，信是義的基礎或根基。與孔子所言不完全相同。

　　「忠，仁之實也；信，義之期（基）也」，一方面表明，他仍然未脫出孔子的範圍，「仁」、「義」依然是高於「忠信」的。另一方面，將「忠信」作爲「仁義」的核心價值，實際上這裏顯示出子張之儒對忠信之道的高揚。甚至可以說，之所以如此表述，正是子張之儒的論述策略，表面上給人以維護和繼承孔子思想的印象，實際上暗中提升忠信的價值。我們認爲，在孔門當中，將「忠信」的價值論述的如此之高，恐怕確實是子張之儒的特色。正如李剛先生所說，〈忠信之道〉的「忠信」有自己獨特的意義，不是「仁義」可以涵蓋的。這正與我們對簡文的分析一致。

　　如果將〈忠信之道〉放在戰國時期「忠信」思潮的轉變與發展的環節之中去考察，其意義也就更爲清晰。「忠」、「忠信」是春秋至戰國末期的典籍中常見的倫理範疇，不僅見於儒家的《左傳》、《論語》、《孟子》、《荀子》以及《禮記》、《大戴禮記》、郭店儒簡〈忠信之道〉、〈六德〉、〈魯穆公問子思〉等，而且還見於《國語》、《墨子》、《管子》、《晏子春秋》、《呂氏春秋》等文獻。有學者對此進行了較爲深入的分析。陳麗桂在對傳世儒典與郭店儒簡的分析中，勾勒出先秦儒家忠信思想的變遷。逐漸由君子修身的基本內涵，轉爲社會人倫上出於君臣、朋友、祭祀等各種應用面向的詮釋分化。這樣的分化，最大的差異是「忠」德漸漸轉爲臣下對君上所應盡的德行標準，同樣「信」德也轉爲君上對臣下的不相欺，並以之爲社會通行的人倫規範。不過，在「先秦儒學」的領域內，這樣的分化最終還是歸著於「仁義內在」，強調「忠信之德」與「仁義」之間的不可分的關聯。這仍與秦漢之後將「忠」僅僅視爲

〔註107〕陳偉：《郭店竹書別釋》，武漢：湖北教育出版社，2003 年，第 82 頁。

臣下的單方面要求，並外化爲「綱常」模式，有著本質的不同。﹝註108﹞這是很有啓發性的看法。而佐藤將之先生的研究尤其翔實可信。從他的研究可以得知，從《左傳》、《國語》以及《大戴禮記・小辨》等來看，春秋時期的「忠」和「忠信」的概念，主要還是關於社稷安危存續的最高價值，「忠」是指忠於社稷利益，這既包括對君主的要求，也包涵對臣下的要求。《論語》中的「忠」已經開始作爲對「臣子」的倫理要求，但從《論語》到《墨子》、〈魯穆公問子思〉、《晏子春秋》等來看，作爲臣德的「忠」，也非是指對君主個人的服從，而是指對「義」和「善」的遵循，如此忠的表現往往是約束、批評君主的個人私欲，這與後世專制時代的單向的臣德之「忠」是截然不同的，因此戰國時期的思想家對「忠」的強調，並非是促進專制君主勢力發展的幫兇。我們認爲，如果說，〈魯穆公問子思〉中子思所謂「恒稱其君之惡者爲忠臣」，代表了儒家「臣道」的高峰的話，那麼，「忠信之道」則是儒家「君道」在戰國時期的一大發展。

　　而從《大戴禮記・小辨》、〈忠信之道〉乃至《管子》等書來看，「忠」或「忠信」作爲君德也被格外重視和強調。在《論語》中，作爲君德之「忠」似乎並不明顯，而在《大戴禮記・小辨》中，孔子明顯地提出了作爲君德之「忠」，而〈忠信之道〉更是將「忠信之道」與君德、爲政聯繫的格外密切。「忠信」也從社稷之價值轉化爲天下之價值，這與戰國時期統一形勢和思想的發展有關，我們認爲，這也與儒家一直強調的天下主義有關。在佐藤先生看來，這些思想都爲後來的孟子的「仁政」王道思想提供了豐富的思想資源。﹝註109﹞而作爲「君德」範疇的「忠信」之道，一方面在孟子那裏被「仁義」所取代或涵蓋，另一方面，隨著戰國形勢的發展，君主專制思潮興起，不僅「仁義」王道思想被視爲「迂闊」，而且「忠信」更是遭遇到了挫折和有意識的忽視，迨至君主專制制度建立之後，這種思潮也就偃旗息鼓了。這不能說不是思想史的遺憾！

二、〈從政〉與子張之儒

　　《上海博物館藏戰國楚竹書》（二）所收〈從政〉甲、乙篇，爲張光裕

<hr />

﹝註108﹞陳麗桂：〈從傳世儒典與郭店儒簡看先秦儒學的忠信之德〉，《國文學報》第47期，2010年6月。

﹝註109﹞詳參佐藤將之：〈戰國時代「忠信」概念的發展與王道思想的形成〉，載劉笑敢主編：《中國哲學與文化》第6輯，第181～200頁。

先生所整理，根據陳劍、陳偉、王中江、楊朝明師等學者的意見，實際爲一篇，而且原整理者進行的編聯問題很多，很多學者都予以重新編聯。根據楊朝明師的意見，全篇皆以「聞之曰」開頭，共有十四個「聞之曰」，而所謂「聞之曰」實際上就是「孔子曰」，與《禮記》的「子思四篇」的情形相似。據此，楊師以爲該篇當屬於《子思子》的佚篇。〔註110〕郭齊勇先生也認爲「聞之曰」即「孔子曰」，不過是數傳之後的提法，可能是七十子後學追溯或假託聖人的說法。〔註111〕

　　不過，我們認爲，這一篇簡文當與子張之儒存在很大的關係。這一點也已有學者指出。周鳳五教授對此有較爲詳細的論說：

> 簡文的「毋暴、毋虐、毋賊、毋貪」，既然出自《論語》的「屏四惡」，則上文簡五論「從政」，與《論語》「何如斯可以從政」應當頗有關係。至於簡文的「敦五德」，也很可能是《論語》「尊五美」的另外一種傳本或闡述了。換言之，《論語·堯曰》「子張問從政」章可能是〈從政〉甲、乙篇的藍本，〈從政〉可能是由《論語·堯曰》這一章展開的。類似的現象也見於郭店〈忠信之道〉，〈忠信之道〉是對《論語·衛靈公》記孔子答子張問行：「言忠信，行篤敬，雖蠻貊之邦行矣」的闡述。值得注意的是，〈忠信之道〉全篇理路清晰，首尾呼應，結構比較完整；〈從政〉則分爲若干小節，自成起訖，分別冠以「聞之曰」，這是先秦時代記言的套語。我們不妨假設，〈從政〉是儒家學者傳習《論語》或《論語》原始材料的紀錄，「聞之曰」是弟子的口吻，說話者是老師。不過，先秦時代往往也用「吾聞之」、「聞之曰」開端以發抒己見，這是爲了表示謙遜或推本。那麼，「聞之曰」也可能是老師的口吻，内容是其個人的見解或轉述他人的言論。總之，〈從政〉甲、乙篇可能與《論語》有關，其内容可能是「七十子之徒」或其後學闡述《論語》或相關材料的紀錄。我們注意，這次同書公佈的還有〈昔者君老〉一篇，雖然只存四枚竹簡，158字，但内容十分重要，主要説明太子在國君臨終前後所應遵行的禮儀，很可能是《論語·憲問》子

〔註110〕楊朝明師：〈上博竹書《從政》篇與《子思子》〉，《孔子研究》2005 年第 2 期。
〔註111〕郭齊勇：〈上博楚簡所見孔子爲政思想及其與《論語》之比較〉，載郭齊勇主編：《儒家文化研究》第 1 輯《新出楚簡研究專號》，北京：生活·讀書·新知三聯書店，2007 年，第 10 頁。

張問孔子「高宗諒陰，三年不言」一章的解說。〈昔者君老〉分爲
若干小節，記言的形式與〈從政〉相同，但冠以「君子曰」。按，
《荀子·非十二子》曾經批評子思「略法先王而不知其統，猶然
而材劇志大，聞見雜博，案往舊造説，謂之五行，甚僻違而無類，
幽隱而無説，閉約而無解。案飾其辭而祇敬之，曰『此眞先君子
之言也。』子思唱之，孟軻和之。」這段話説得很清楚，子思當
年代表儒門正宗，標榜孔氏家學，引述孔子的言論，號稱「先君
子之言」。簡文「君子曰」與子思所稱，究竟是單純的巧合，抑或
具體反映了這批竹簡的學術淵源與傳承，值得深入探討。最後，
上述郭店〈忠信之道〉與這次同書公佈的〈從政〉、〈昔者君老〉，
凡涉及《論語》或其相關材料的，似乎都與子張有關。眾所周知，
《荀子·非十二子》批評當時的儒家，除了前述子思、孟軻之外，
還有「子張氏之賤儒」、「子夏氏之賤儒」、「子游氏之賤儒」三派。
郭店與上博兩批楚簡，與《論語》相關的論述集中於子張一人，
説明「子張」一派曾經流傳於楚國。這是研究先秦學術史的第一
手材料，顯得彌足珍貴。〔註112〕

周先生將〈忠信之道〉〈從政〉〈昔者君老〉等與子張聯繫起來的看法，值得
認眞對待。這一看法得到了歐陽禎人、林素清、陳劍等學者的認可。他還在
〈郭店楚簡《忠信之道》考釋〉中指出，該篇與〈表記〉的關係，暗示了該
篇與子思的關係密切。在這裏，周先生同樣指出，「聞之曰」與子思的密切關
係。這也是很有啓發的看法。

　　楊朝明師曾考察了〈從政〉篇與其他傳爲《子思子》文獻之間的關聯，
舉出了十一條例證，並根據其他證據，指出〈從政〉當屬於《子思子》佚篇。
〔註113〕其中比較明確的如簡甲十一：「可言而不可行，君子不言；可行而不
可言，君子不行。」正與〈緇衣〉：「可言也，不可行，君子弗言也；可行也，
不可言，君子弗行也。」以及見於簡本的〈緇衣〉：「子曰：可言不可行，君
子弗言；可行不可言，君子弗行。」完全一致。簡甲十四：「有所餘而不敢
盡之，有所不足而不敢弗〔勉之〕。」與〈中庸〉：「庸德之行，庸言之謹，

〔註112〕周鳳五：〈讀上博楚竹書《從政》甲篇札記〉，載朱淵清、廖名春主編：《上博
　　　　館藏戰國楚竹書研究續編》，第188～189頁。
〔註113〕楊朝明師：〈上博竹書《從政》篇與《子思子》〉，《孔子研究》2005年第2期。

有所不足不敢不勉，有餘不敢盡，言顧行，行顧言。」極為相近。這都說明，〈從政〉與子思關係之密切。

那麼，上博簡〈從政〉篇的應該屬於儒家的哪一學派？對此，學界主要有兩種意見，一種是主張屬於子思子一系，如楊朝明先生首倡此說；一種是主張屬於子張之儒，以周鳳五、歐陽禎人、陳劍等為代表。

我們認為此二者說法並非對立，而是各有理據，又不完全正確。陳劍先生對楊先生「子思說」的反駁並不完全可靠。我們無法否認其與子思之關係。當然我們也不能否定其與子張之儒的關聯。因此，我們傾向於認為，該篇從總體上屬於《子思子》佚篇，但其中與子張有關的部分，當為子張所記述的孔子之語。我們之所以不將〈從政〉全部視為子張之儒的傳述，是因為該篇與〈忠信之道〉不同，〈忠信之道〉為首尾完整的一篇專論，應為子張之儒對孔子思想的進一步發揮，屬於子張之儒的作品。而〈從政〉則為多則資料的叢編，並非完整意義上的文章。我們無法確定全部是出自子張所記，子張之儒所傳，我們只能確定與子張有關的部分當出自子張及其後學。

不過，無論是子思，還是子張，都是該篇的傳述者，而非「作者」。不過，即使出於子張所記孔子之（儘管我們不認為傳述者會對這些材料予以「增益」或「改造」，但會有所潤色）但無論如何，其中必然反映傳述者（子張或子思之儒）的思想關切所在。他們之所以傳述這些思想，正是表明其本身認同這些思想。

上面提到楊朝明師對〈從政〉與子思相關文獻的對比考察，據以論證該篇屬於《子思子》佚篇。不過，其中有幾條反而使我們看到子思與子張之間的關聯。〈從政〉簡甲十「信則得眾」，楊師指出〈坊記〉、〈中庸〉的相關說法，並提示〈忠信之道〉「忠信積而民弗親者，未之有也」與此思想完全一致。簡乙一「口惠而不係」，不僅與〈表記〉「子曰：君子不以口譽人，則民作忠。故君子問人之寒則衣之，問人之饑則食之，稱人之美則爵之。……子曰：口惠而實不至，怨菑及其身」相同，而且與〈忠信之道〉「口惠而實弗從，君子弗言爾」如出一轍。簡甲一有「明王」一語，不僅見於《禮記》〈表記〉、〈哀公問〉，而且還見於《孔子家語》〈大婚解〉、〈致思〉、〈三恕〉和〈入官〉等。簡乙三「從政，不治則亂」一句與《孔子家語・入官》「臨官不治則亂」幾乎完全一致。簡甲十九「行險致命」與《論語・子張》「士見危致命」一致。另外，在《論語・子張》中，我們看到子張「尊賢容眾」、「嘉善而矜不能」的

思想，而這又與《中庸》記載的孔子之語相合。《中庸》有「尊賢」「子百姓」之語，與「尊賢容眾」相通，而後一句在《中庸》有完全一樣的表述。陳劍先生不同意楊師的屬於《子思子》的說法，而是主張出於「子張之儒」，他在周鳳五先生的基礎上提出幾條證據。〔註114〕其一，簡文「行險致命」與〈子張〉中「士見危致命」的子張之語相合；我們上文已經指出。其二，簡文「嚴則失眾」與〈陽貨〉「子張問於孔子」而孔子答以「寬則得眾」相合，而「寬則得眾」在〈堯曰〉也曾出現，我們後面還要進行比較討論；其三，簡文與〈子張問入官〉的有關文句十分接近，這一點我們已經做了論述。從這幾條來看，我們似乎可以證明我們的上述推測，並非無根之談。

我們認為，從〈從政〉、〈昔者君老〉以及〈忠信之道〉這幾篇文獻與《論語》的對比和關聯看，它們確實可能與子張之儒（不一定是子張本人）在傳習孔子遺說時的記錄。如果說〈忠信之道〉可以視為子張之儒對孔子「忠信」思想的闡釋之論，〈昔者君老〉可能是子張之儒對〈憲問〉「子張問孔子」「高宗諒陰，三年不言」章的解說或闡發較易得到共識的話，那麼〈從政〉篇的情況就較為複雜了。

因為〈從政〉篇是語錄體，與〈坊記〉、〈緇衣〉、〈表記〉等臚列孔子遺說的情形類似，那麼，〈從政〉與《論語》的關係就存在著多種可能。

一種情況可能是，〈從政〉同〈忠信之道〉等一樣屬於子張之儒對《論語》相關內容的詮釋之作。如郭齊勇先生在比較了簡文與《論語》之後，指出：「〈從政〉與《論語》的親緣關係，的然可見。可能是七十子後學或戰國儒家綜合孔子治世思想而整理、發揚的一種儒『書』。」〔註115〕周鳳五先生也提出，《論語‧堯曰》「子張問從政」章和〈陽貨〉的「子張問仁」章可能是〈從政〉甲、乙篇的藍本，〈從政〉可能是由《論語》這二章展開的。〈從政〉與《論語》相關，其內容可能是七十子之徒或其後學闡述《論語》或相關材料的記錄。〔註116〕

陳劍也有類似看法：「簡文所云，亦當係本自《論語》。而『暴』、『虐』、

〔註114〕陳劍：〈上海博物館藏戰國楚竹書《從政》篇研究（三題）〉，載卜憲群、楊振紅主編：《簡帛研究2005》，桂林：廣西師範大學出版社，2008年，第41頁。

〔註115〕郭齊勇：〈上博楚簡所見孔子為政思想及其與《論語》之比較〉，載郭齊勇主編：《儒家文化研究》第1輯，第13頁。

〔註116〕見周鳳五：〈讀上博楚竹書《從政》甲篇札記〉，載朱淵清、廖名春主編：《上博館藏楚竹書研究續編》，第188頁。

『賊』三者之後是『貪』，跟《論語》和《韓詩外傳》卷三第二十四章都不相同。按上引《論語》『四惡』的最末一項『猶之與人也，出納之吝，謂之有司』文意頗爲晦澀，推測起來，大概正爲此，後來的著述遂或者去掉這一項，或者以意改之。《韓詩外傳》卷三第二十四章改爲『責』，此處簡文則改爲了『貪』。」〔註117〕又說：「看來，〈從政〉跟今傳《論語》之文有關的內容，可能是根據《論語》的原始材料或相關材料，也可能是根據當時流傳的《論語》別本。」〔註118〕

　　另外兩種可能則是，〈從政〉屬於《論語》的原始材料或祖本系統，也可能是不同的傳本或七十子的傳聞異辭。如陳偉則提出說：「〈從政〉也許屬於今傳《論語》的祖本系統，或者是與之並行的另外一系。」〔註119〕

　　我們認爲，這幾種推測都有其合理性。簡文〈從政〉篇與《論語》之間的早晚和承繼關係，存在的多種可能，很難論斷孰是孰非。不過，郭、周、陳三位先生的上述看法放在〈忠信之道〉及〈昔者君老〉篇更爲合適，對於〈從政〉篇來說則稍嫌不洽。因此我們更傾向於陳偉的看法。很顯然〈從政〉至少有部分內容爲子張所記的孔子之語，說其「屬於《論語》的祖本系統，或與之並行的另外一系」，可能性較大。換句話說，〈從政〉所謂「聞之曰」，可能就是子思「親聞之」於孔子或「聞之於人」即孔子弟子者。而這些弟子所記的孔子語錄，有的被整理爲《論語》，有的則保存在《子思子》等文獻中流傳。

　　根據楊朝明師的分章〔註120〕，〈從政〉的第五章包括簡甲十和簡甲十五兩支簡。第六章包括簡甲十五、甲六、甲七、乙一、乙二五支簡。兩章內容相連。這兩章與子張關係最爲密切。

　　　〔聞之〕曰：「從政所務三：敬、謹、信。信則得眾，謹則遠戾，遠戾所以……毋□（暴），毋□（虐），毋賊，毋貪。不攸（修）不武（戒），謂之必成，則暴；不教而殺，則虐；命亡（無）時，事必有

〔註117〕見陳劍：〈上博簡《子羔》、《從政》篇的拼合與編連問題小議〉，簡帛研究網，2003/1/9。

〔註118〕見陳劍：〈上海博物館藏戰國楚竹書《從政》篇研究（三題）〉，載卜憲群、楊振紅主編：《簡帛研究2005》，第38頁。

〔註119〕陳偉：〈上海博物館藏楚竹書《從政》校讀〉，簡帛研究網，2003/1/10。

〔註120〕見前揭楊師〈上博竹書《從政》與《子思子》〉文，載《孔子研究》2005年第2期。

期，則賊；爲利枉事，則貪。」

聞之曰：「從政：□（用）五德，固三折（愼），除十怨。五德：一曰慢（寬），二曰共（恭），三曰惠，四曰仁，五曰敬。君子不慢（寬），則無以頌（容）百姓；不共（恭），則無以除辱；不惠，則無以聚民；不仁，則無以行政；不敬，則事無城（成）。三折（愼）：持行、見（視）上、卒食。……〔九〕曰犯人之務，十曰口惠而不係。興邦家，治正（政）教，從命，則正不勞；雍戒先匿，則自己司（始）；顯嘉勸信，則僞不章（彰）；毋占民斂，則同；不膚（敷）法赢惡，則民不怨。」

這一章顯然與《論語‧堯曰》「子張問何如斯可以從政」一章有對應關係。〈堯曰〉：

子張問於孔子曰：「何如斯可以從政矣？」子曰：「尊五美，屏四惡，斯可以從政矣。」子張曰：「何謂五美？」子曰：「君子惠而不費，勞而不怨，欲而不貪，泰而不驕，威而不猛。」子張曰：「何謂惠而不費？」子曰：「因民之所利而利之，斯不亦惠而不費乎？擇可勞而勞之，又誰怨？欲仁而得仁，又焉貪？君子無眾寡，無小大，無敢慢，斯不亦泰而不驕乎？君子正其衣冠，尊其瞻視，儼然人望而畏之，斯不亦威而不猛乎？」子張曰：「何謂四惡？」子曰：「不教而殺謂之虐。不戒視成謂之暴。慢令致期謂之賊。猶之與人也，出納之吝，謂之有司。」

其中，所謂「四毋」：「毋□（暴），毋□（虐），毋賊，毋貪。」正與〈堯曰〉孔子所謂「四惡」相當。只是第四項，〈從政〉更爲明確作「貪」，而〈堯曰〉的說法則有些令人費解。顯然，〈從政〉的說法更爲合理。「不修不戒，謂之必成，則暴；不教而殺，則虐；命亡（無）時，事必有期，則賊；爲利枉事，則貪」的「四惡」，也見於《韓詩外傳》卷三，不過彼處乃是子貢「聞之」，而且第四項作「責」，與此不同。見於《孔子家語‧始誅》、《荀子‧宥坐》的雖爲孔子之語，但僅有三項，而無第四項「貪」。

所謂「寬、恭、惠、仁、敬」「五德」正與〈陽貨〉「恭、寬、信、敏、惠」以及〈堯曰〉的「五美」相契合，只是〈堯曰〉沒有提煉出這五個字來。「惠而不費」就是惠，「欲而不貪」就是仁，因爲下文有「欲仁而得仁，又焉貪？」「泰而不驕」即恭和敬，「威而不猛」即寬。只有「勞而無怨」一項無

法對應。這一現象說明，孔子關於「五德」、「五美」等的論述並不固定，有隨機點撥的成分。簡文說「君子不寬，則無以容百姓」正是〈陽貨〉、〈堯曰〉「寬則得眾」的意思。

其實，將〈從政〉與《孔子家語・入官》結合起來，也可以看到子張之儒的政治思想。

第一，孔子在對子張關於「為政」或「入官」之道的闡述時，最為強調的是為政者之修身和修養。這是孔子一以貫之的思想主張。這一思想也為子張所繼承。

第二，孔子所強調的實際上是以民為本，處處顯示出民本主義的色彩，這一點在〈忠信之道〉篇也有突出的表現。所謂民本主義，就是為政要考慮民之利益。「因民之所利而利之」（〈堯曰〉）、「君子莅民，不可以不知民之性而達諸民之情」（〈入官〉）。

第三，強調「信」，「從政所務三：敬、謹、信」、「取信於民」（〈從政〉），「忠信」（〈入官〉），主張「君子欲言之見信也，莫善乎先虛其內」、「自非忠信，則無可以取親於百姓者矣。內外不相應，則無可以取信於庶民者矣」，這與〈忠信之道〉相符合。

第四，主張寬政。〈入官〉有「明君必寬裕以得其民」的表述，主張「民有小罪，必求其善，以赦其過；民有大罪，必原其故，以仁輔化」、「不責民之所不為，不強民之所不能」，與〈堯曰〉「威而不猛」，〈從政〉強調「寬」德，正相一致。這與〈弟子問〉引孔子對子張的評價可相參證：「其不伐則猶可能也，其不弊百姓者則仁也。」看來，子張是深受孔子之教而謹奉行之的。

不過，歐陽禎人先生根據〈從政〉篇，卻發現了子張之儒與孔子思想的巨大差異，表現有三：第一，正面討論刑法在行政管理過程中的作用與副作用。第二，在一定程度上吸收了黃老道家之術，具體表現在「主逸而臣勞」。第三，「莫之予也，而盡取之，民皆以為義」，反映了戰國時期嚮往統一的形勢下，作者的集權專制心理。〔註121〕進而指出，「子張氏之儒與孔子在思想上的差距之最顯著者，在於子張氏之儒認為政治者應該擁有自己的欲望和做人的權利，他否定了『孔顏之樂』之社會精英的自我德性完滿來影響社會之政治生活的基本理路。」並對這一差距的原因，做了分析，指出：「這與子

〔註121〕歐陽禎人：《從簡帛中挖掘出來的政治哲學》，武漢：武漢大學出版社，2010年，第122～125頁。

張氏的人生際遇有關，也與時代已經發展了，儒家的政治哲學不得不有所調整以適應現實的政治生活有關。這是孔子與子張氏有思想上的距離，子張氏與子游、曾子、子夏諸君不能搞好關係的根本原因。」〔註122〕

　　我們認為，這些說法不能成立。茲按其順序予以一一辯駁。

　　第一，認為孔子「為政以德」必然否定「刑法」，是一種誤讀。孔子雖然格外強調「為政以德」、「必也使無訟乎」，但他卻並不否定刑法，只不過強調「德主刑輔」而已。關於這一點，我們在前文中曾有過討論，茲不贅述。歐陽先生以「從政有七機」為根據，指出「把刑法與現實政治直接聯繫起來加以探討，這本身就說明了刑法已經在政治生活中佔據了重要的地位」，並認為「對刑法進行理論上的探討，這件事本身就違反了孔子『為政以德』的訓誡和『必也使無訟乎』的社會理想」。其實，我們綜合《孔子家語》的〈始誅〉、〈刑政〉、〈五刑〉以及《禮記·緇衣》等相關資料可知，孔子曾任魯國大司寇，這一職位便是掌管刑獄之事的，甚至還曾經「誅少正卯」，而且孔子主張「刑政相參」、「寬猛相濟」的，探討刑法之功用，在孔子那裏就有很多，不能說違反了孔子思想。在《孔叢子·論書》中有一則子張與孔子論《書》而及「教」與「刑」的關係的問答，孔子有言：「五刑所以佐教也」，在上博簡〈仲弓〉中，孔子也曾表述過「刑政不緩，德教不倦」的思想，表達的意思皆是「德主刑輔」的政治思想。而刑法在政治生活中佔據重要地位，也並不始於戰國。其實，即使三代時期亦有「刑」，春秋時期更有刑書、刑鼎的出現。孔子反對晉鑄刑鼎，並不是反對刑法本身，而是對這一做法的失當提出了批評。其實，如果忽視了孔子儒家對刑的探討，也就會片面理解儒家的政治思想。而且，在〈從政〉篇中，刑獄等「七機」是作為負面的弊端予以提出的。其所列舉之七機，所謂「獄則營，威則民不道，嚴則失眾，猛則無親，罰則民逃，好刑則不祥，好殺則民作亂，凡此七者，政之所殆也。」〔註123〕七者都是因嚴刑峻法而致，這與孔子的寬政思想是一致的。可以說，這一篇文獻

〔註122〕歐陽禎人：《從簡帛中挖掘出來的政治哲學》，第125頁。

〔註123〕簡文「嚴」字的考釋見陳劍：〈上海博物館藏戰國楚竹書《從政》篇研究（三題）〉，載卜憲群、楊振紅主編：《簡帛研究2005》，第33頁；「營」、「殆」字的考釋見周鳳五：〈讀上博楚竹書《從政》甲篇札記〉，載朱淵清、廖名春主編：《上博館藏戰國楚竹書研究續編》，第185～186頁。陳劍先生對此又補充了新證據。「刑則不祥，好殺」六字是從郭齊勇先生所補。見其〈上博楚簡所見孔子為政思想及其與《論語》之比較〉，載郭齊勇主編：《儒家文化研究》第1輯，第11頁。

並不能說明子張之儒背離或偏離了孔子政治思想，毋寧說這就是對孔子思想的真實傳述。

第二，歐陽先生以為「行在己而名在人，名難爭也」隱含了一個黃老之術的命題。另外，簡文中「善人，善人也，是以得賢士一人，一人譽四鄰；失賢士一人，方亦反是，是故君子慎言而不慎其事」，被歐陽先生解讀為「黃老之術」。其實，在〈從政〉還有「從命，則正不勞」一語，說「正不勞」，更像黃老之「主逸臣勞」思想。我們對照〈入官〉來看，其中有「安身取譽」為難，正與此簡文「名難爭也」的命題相合，其所要表達的意思，實際上是要求為政者以修身和為政來取得百姓的擁護和讚譽，而「得賢士」之說，在〈入官〉亦有「賢君必自擇左右。勞於取人，佚於治事。君子欲譽，則必謹其左右」，這似乎與黃老之「主逸臣勞」之術相似，其實不然，這裏孔子所強調的不過是「尊賢」之重要性，正如「女子必自擇絲麻，良工必自擇完材」一樣，「取賢」、「尊賢」也是其分內事。《中庸》有「治國有九經」，就是「修身則道立，尊賢則不惑，親親則諸父昆弟不怨，敬大臣則不眩，體群臣則士之報禮重，子庶民則百姓勸，來百工則財用足，柔遠人則四方歸之，懷諸侯則天下畏之」，雖然繁簡不一，說法有異，但內涵是一致的。而所謂「慎言」，也本是合乎孔子之教的。這已見於前文，不贅述。

第三，歐陽先生以為「莫之予也，而盡取之，民皆以為義」與孔子「博施於民而能濟眾」的思想大相逕庭，而且與曾子、子思、孟子體系之「民貴君輕」說背道而馳。我們認為，這同樣是一種誤讀。簡文「明王」一詞見於〈表記〉與帛書〈繆和〉等，《墨子》亦多將聖王與暴王對舉。此句簡文實際上是儒家對三代明王如禹、湯、文武之政的讚譽，所謂「盡取之」實際即三代明王由「百里之諸侯」而「有天下」，而「予人邦家土地」可能是指「天子」之分封及恩賜〔註124〕，但結果一則以得天下，一則以失天下，就在於民是否以為合「義」，而不在於「小恩小惠」。可以看到，在這裏，「民」在政治生活中具有相當重要的影響，為政者應以民是否認為「義」，也就是是

〔註124〕陳美蘭認為，此段的句讀當依張光裕先生原釋文，「亂」、「王」不連讀。並認為簡文所說當指戰國時期燕王噲讓位於子之一事。見其《上博（二）‧從政》芻議三則〉，《第四屆國際中國古文字學研討會論文集》，中國香港，2003年10月，第267～271頁。對此，周先生已經進行了駁斥，我們對陳氏的看法也不敢苟同。上文明言「三代之明王」，則此「亂王」連讀較勝，且當指三代之亂王，即夏桀、商紂、周之幽厲等。此處之「王」恐非戰國之諸侯自稱之「王」。

否合乎百姓的利益來行事爲政，這樣才能達到「治而不亂」，這是典型的民本主義政治思想。實際上，這不但不與孔子「博施於民而能濟眾」的思想大相徑庭，與「民貴君輕」的理念背道而馳，反而是相當一致的。

第四，至於歐陽先生從「爲利枉道謂之貪」而推導出「子張氏之儒認爲執政者應該擁有自己的欲望和做人的權利」，認爲簡文作者正面加強了「欲而不貪」的思想，卻無形之中去掉了「欲仁而得仁」的一面。我們認爲更爲離奇。我們從簡文的閱讀中無法得出其正面加強「欲而不貪」的結論，也看不出「爲利枉道謂之貪」之理論進步到底何在？我們只是看到，簡文同〈堯曰〉一樣，是反對「貪」的，簡文中沒有體現作者肯定「欲」、「利」的痕迹。至於既肯定其適應時代發展，又責備其政治哲學正義性、人民性的消退，「是先秦儒家政治哲學的一次墮落」，自然就無從談起了。

總而言之，我們無法通過〈從政〉篇發現子張之儒與孔子思想的巨大差距，我們所能得到的只是，將之推定爲子張之儒的文獻，與《論語》、《家語》、《大戴禮記》等文獻相互印證，從而把握子張之儒政治思想罷了。其實最能體現子張之儒政治思想「特色」的應是〈忠信之道〉，其將「忠信」提至前所未有的高度，這是孔子以及其他孔門弟子所沒有的。至於〈昔者君老〉，即使認定其與子張有關，也沒有提供太多關於子張思想的信息。

三、關於子張與子思師承關係的一點推測

除上文提及的〈忠信之道〉、〈從政〉二篇既與子思有關又與子張有關之外，學界公認爲子思一系的郭店簡〈成之聞之〉，也有學者提出應屬於子張之儒的作品。〔註125〕如此一來，子思與子張之關係，便值得重新考慮。

傳統上都認爲，子思曾師事曾子，郭沫若等提出子思亦曾師事子游，子游、子思、孟子爲一系。梁濤先生也認爲，子游與子思有頗爲密切的關係，將二者作爲一系。其實，我們順此思路，亦可推測，子思可能也曾師事子張。《孔叢子·公儀》所記子思所謂其所記夫子之言，「有親聞之者，有聞之於人者」。則〈忠信之道〉、〈從政〉等所反映出來的與子思、子張皆有關聯的信息，

〔註125〕 王博：〈釋「橋木三年，不必爲邦旗」〉，《郭店楚簡國際學術研討會論文集》，第294～300頁。王氏又有〈郭店竹簡與子張之儒的研究〉，載其《簡帛思想文獻論集》，臺北：臺灣古籍出版社，2001年，第87～129頁。此文未獲見，可能也跟〈成之聞之〉有關。

正說明子思之言可能正是聞之於子張。因為，子張、曾子年齡相若，皆為孔子晚年弟子，在孔子去世後，亦在魯國長期活動，與子思的接觸應該較多，所以我們推測，可能在子思幼年及青年時期，子張、曾子、子游等都曾經予以輔導，建立過較為鬆散的師生關係。甚至不排除其他孔子弟子對子思的影響。子思之所以能在戰國初期成為儒家的領袖人物，與其思想的博大是分不開的，而這除了孔子的影響及其自身的穎悟之外，也可能與其接受了孔門弟子多元思想的影響，有意識有選擇地綜合孔門弟子之言說和思想有關。比如子思「恒稱其君之惡者為忠臣」所展現之「好大」的氣概，與子張之「堂堂」氣象相一致，也許正與子張之影響有關。子張主張「尊賢而容眾，嘉善而矜不能」，故有「師也過」之評，而子思也是如此，故有胡母豹「子好大，世莫能容」之論，可見二者之思想境界有近似之處，由此推之，子張對子思有較大影響，自屬可能之事。

這一點我們可從另一個側面予以佐證。前文曾經提到，公明儀不僅為曾子弟子，同時又為子張弟子。子張與曾子、子游之間關係相當密切。既然三人可以有共同弟子，則子思同時受業於三人，亦並非不可能之事。而據《孔叢子》，子張之子申祥、曾子之子曾申可能皆嘗從子思問學，由此更可見子張、曾子等與子思之關係非同尋常。我們有理由推測，子張同曾子、子游一樣，都曾對乃師之裔孫子思有所教導，子張與子思之間應當存在某種意義上的師承關係。只不過，隨著子思思想的發展，子思與子張的思想距離越來越大，分化為兩個不同的學派。

第四節 〈仲弓〉與子弓之儒

我們雖然不認為韓非子所謂「儒分為八」之中的「孫氏之儒」是指荀子一系而言，但是在整個先秦儒學發展史上，誰也不會否認，荀子是與孟子可以並駕齊驅、等量齊觀的大儒。因為荀子研究成果極為豐碩，問題相當複雜，故本書對荀子之儒無力也無意討論。不過，在《荀子》中曾經屢次提到一位他心目中的大儒——子弓，這位子弓與仲尼並列，在荀子那裏地位極高，可能與其思想或學術的傳承譜系有關。而這位與孔子相提並論的大儒子弓，我們以為就是孔門「德行」科弟子，被孔子多次讚譽的仲弓，即冉雍。

這位孔門弟子的資料並不多，在傳世文獻中惟有《論語》、《孔子家語》、

《孔叢子》等幾則資料可資探討，不過，從《論語》中可知，仲弓名列孔門「四科」之德行科，與顏子、閔子騫等並，尤其是孔子曾經讚譽其「雍也可使南面」，這是極高的讚揚之辭，可見，仲弓不僅有德行，且有治世之才。在《家語‧刑政》篇和《孔叢子‧論刑》篇，都記有仲弓問孔子刑政問題的對話，從中可以知道，仲弓之所關心及其所受孔子之教。而在上博楚竹書中，有一篇自題為「中弓」的簡文，共存 28 簡，約 520 字，由於簡文殘損嚴重，很多寶貴信息已經無法獲知，不過，即以現存簡文而言，也足以與《論語》等相比勘，從中一窺仲弓（子弓）之儒的思想特色。〔註126〕

一、仲弓即子弓

荀子所尊崇的大儒子弓數見於《荀子》書中，如〈非相〉篇：

蓋帝堯長，帝舜短；文王長，周公短；仲尼長，子弓短。

在〈非十二子〉篇又說：

若夫總方略，齊言行，壹統類，而群天下之英傑而告之以大古，教之以至順，奧窔之間，簟席之上，斂然聖王之文章具焉，佛然平世之俗起焉，六說者不能入也，十二子者不能親也。無置錐之地而王公不能與之爭名，在一大夫之位，則一君不能獨畜，一國不能獨容，成名況乎諸侯，莫不願以為臣，是聖人之不得埶者也，仲尼、子弓是也。一天下，財萬物，長養人民，兼利天下，通達之屬，莫不從服，六說者立息，十二子者遷化，則聖人之得埶者，舜、禹是也。今夫仁人也，將何務哉？上則法舜、禹之制，下則法仲尼、子弓之義，以務息十二子之說。如是則天下之害除，仁人之事畢，聖王之迹著矣。

〈儒效〉篇又云：

彼大儒者，雖隱於窮閻漏屋，無置錐之地，而王公不能與之爭名；在一大夫之位，則一君不能獨畜，一國不能獨容，成名況乎諸侯，莫不願得以為臣；用百里之地，而千里之國莫能與之爭勝，笞棰暴國，齊一天下，而莫能傾也。是大儒之徵也。其言有類，其行有禮，其舉事無悔，其持險應變曲當，與時遷徙，與世偃仰，千舉萬變，

〔註126〕李朝遠：〈《仲弓》考釋〉，載馬承源主編：《上海博物館藏戰國楚竹書》三，上海：上海古籍出版社，2003 年，第 261～283 頁。

> 其道一也。是大儒之稽也。其窮也，俗儒笑之；其通也，英傑化之，
> 嵬瑣逃之，邪說畏之，眾人愧之。通則一天下，窮則獨立貴名，天
> 不能死，地不能埋，桀、跖之世不能汙，非大儒莫之能立，仲尼、
> 子弓是也。

在這三篇中，四次提到「仲尼、子弓」。其實，在〈非十二子〉中，還有一處「仲尼、子游」並提的地方，郭嵩燾等提出這裏的「子游」當即「子弓」之訛。〔註127〕理由是《荀子》書中無「仲尼子游」並提的其他記載，而「仲尼子弓」並列則數見不一見，而且荀子還譏諷子游氏之賤儒。我們認為，雖然不排除這種可能，但是郭氏的理由也並不充分，不足以證成其說。因為，荀子在批評思孟五行說，所謂「世俗之溝猶瞀儒，嚾嚾然不知其所非也，遂受而傳之，以為仲尼、子游為茲厚於後世，是則子思、孟軻之罪也」，實際上是點明了思孟的師承淵源的。在此語境中，荀子沒有理由將思孟與子弓聯繫起來，而且毫無線索表明子弓有五行思想，也看不到子弓與思孟存在思想傳承的蛛絲馬迹，反而是子游確實與思孟一系存在著密切的關係。前文對此已經做了考察，茲不復論。另外，荀子譏諷子游氏之儒，可能是指子游氏之儒的末流而言，與子游本人似乎沒有直接的關係。而且，子游本人深諳孔子禮樂教化思想，這與荀子本身有很大的相合之處，故此處出現「仲尼子游」相提並論並非不可思議之事。其實，即使不計這一條，另外的幾處表述已足以表明這位子弓非同凡響，其與荀子必然存在著學術或思想上的傳承關係。

因為荀子只是讚譽了子弓為大儒，但其具體身世、身份、思想等皆不見詳細解說，以至為後人留下了千古謎團。如此大儒，居然無法弄清廬山真面目，自漢代以來頗有異說，至今仍是聚訟紛紛。關於這位子弓，自古以來出現了三種說法。

第一種以為是《論語》中的朱張。皇侃《論語義疏》、陸德明《經典釋文》俱引王弼注曰：「朱張，字子弓，荀卿以比孔子。今序六人而闕朱張者，明取

〔註127〕宋台州本、浙北本皆作「子弓」。除郭嵩燾氏之外，高亨在《荀子新箋》（1957 年版）認同郭說，並做了進一步推論：「郭說是也。但弓無由誤為游，疑游本作泓，形似而誤。子泓即子弓，古人姓名雖在同書中，往往異字，如本篇之陳仲，不苟篇作田仲、莊子逍遙遊篇之朱榮子、天下篇作宋鈃，是其例。」而吳汝綸〈讀荀子一〉云：「……卿之學要為深於禮，其〈非十二子〉》又並稱仲尼、子游，子游亦深於禮。吾意卿者其學於子游之徒歟？」（《吳汝綸全集》第一冊，黃山書社，2002 年，第 5 頁），恐亦難以成立。

捨與己合同也。」〔註128〕此說最不足據，學者已據理駁之。且不論王弼所言
「朱張字子弓」是否可信，即使果如此，也絕非荀子所稱之子弓。因為朱張
顯然是孔子之前的賢人，為孔子所稱道，其事迹已無可考，絕非荀子所能受
業。即使不承認「仲尼、子弓」並稱是表示師承的話，荀子先孔子而後朱張
顯然亦不合理。既然荀子屢言「仲尼、子弓」，顯然子弓當是孔門弟子或後學。
故此說可置不論。

　　第二種意見則是指馯臂子弓。唐司馬貞《史記索隱》、張守節《史記正
義》並云：「《荀卿子》皆云馯臂字子弓，今此獨作『弘』，蓋誤耳。」明是
將傳《易》之馯臂子弓與荀子所言子弓視為一人。韓愈〈送王秀才序〉云：
「荀卿之書，語聖人必曰孔子、子弓，子弓之事業不傳，惟太史公書〈弟子
傳〉有姓名字，曰馯臂子弓，子弓受《易》於商瞿。」〔註129〕胡元儀（1848
～1908，字子威）《荀卿別傳考異》力主此說。〔註130〕王遽常《諸子學派要
詮》從之。〔註131〕蒙文通先生亦謂：「《易傳》義雖精至，似別為統緒，若
與思孟不相聞接。諒易學別為儒學之行於南方者。諸子徵《易》辭，始於荀
卿，荀氏亦徵《道經》，當為荀卿所受於楚人之傳。卿每並稱仲尼、子弓，
知即傳《易》之楚人馯臂子弓。」〔註132〕郭沫若先生對此也進行了考證。他
說：「（荀子）他又屢次稱道子弓，和仲尼並舉，足見他又是子弓的徒屬了。……
這樣的一位『天不能死，地不能埋』的與仲尼並列的子弓，有人說，就是仲
弓，本子路亦稱季路之例，則仲弓亦可稱為子弓。但這個例實在不好援用。
因為仲尼不見稱子尼，伯魚不見稱子魚，而子思亦不見稱季思，則子路僅字
季路而已。子弓確有這麼一個人，便是傳《易》的馯臂子弓。」〔註133〕又說：
「荀子本來是在秦以前論到《周易》的唯一的一個儒者，他把同時代的一切
學派的代表，尤其是同出於儒家的子思、孟軻，都一概擯斥了，特別把子弓
提起來和孔子一道並論，而加以那樣超級的贊辭，可知這位子弓決不會是通

〔註128〕〔南朝梁〕皇侃：《論語義疏》（四庫全書本），第512頁。〔唐〕陸德明：《經
　　　　典釋文》，北京：中華書局，1983年，第354頁。
〔註129〕見余冠英、周振甫、啓功、傅璇宗主編：《唐宋八大家全集·韓愈集》，第392
　　　　頁。
〔註130〕見〔清〕王先謙：《荀子集解·考證下》，第48頁。
〔註131〕王遽常：《諸子學派要詮》，第89～90頁。
〔註132〕蒙文通：《儒學五論·儒家哲學思想之發展》，第20頁。
〔註133〕郭沫若：《十批判書·儒家八派的批判》，載《郭沫若全集·歷史編》第2冊，
　　　　第151頁。

泛的人物。子弓自然就是馯臂子弓；有人說是仲弓，那是錯誤了的。」〔註134〕
李學勤、郭沂先生亦主馯臂子弓說。李先生說：「《荀子》中的子弓即馯臂子
弓，本係古說，……仲弓不等於子弓……。」〔註135〕郭沂〈孟荀兩系溯源〉
一文同意司馬貞等的看法。

　　第三種意見以為是孔子弟子仲弓。持此說者相當較多。首先提出此說者，
現在所能見到的以楊倞為最早。楊倞於〈非相〉篇注云：「子弓，蓋仲弓也。
言子者，著其為師也。《漢書·儒林傳》：『馯臂，字子弓，江東人，受《易》
者也。』然馯臂傳《易》之外，更無所聞。荀卿論說，常與仲尼相配，必非
馯臂也。」楊倞對馯臂子弓說進行了駁斥。此後，明何良俊（1506～1573，
字元朗）便指出：「荀子以子弓與仲尼並稱，而尊之甚至。子弓或者即仲弓歟？
蓋孔子於諸人中，獨許仲弓以南面，知不同於群弟子矣。同時又有馯臂子弓，
他無所見，恐不足以當此。」〔註136〕清人朱彝尊〈孔子門人考〉引吳萊（1297
～1340，字立夫）亦云：「馯臂子弓與仲尼不同時，又行事無大卓卓，不足以
配孔子。……然弼說又不見有他據也。要之，孔子嘗稱冉雍可使南面，且在
德行之科。雍字仲弓，蓋與子弓同是一人。如季路又稱子路然也。荀卿之學
實出於子弓之門人，故尊其師之所自出，與聖人同列。」汪中（1745～1794，
字容甫）〔註137〕、俞樾繼承了吳、朱之說。俞樾云：「楊注『子弓，蓋仲弓』，
是也。又曰『言子者，著其為師也』，則恐不然。仲弓稱子弓，猶季路稱子路
耳。子路也，子弓也，其字也。曰季曰仲，至五十而加以伯仲也。」〔註138〕
王先謙《荀子集解》引此二說，未引異說，可能即表示其同意此說。劉師培曰：
「此篇及〈非十二子篇〉均以子弓與仲尼並稱，故知子弓即仲弓。」〔註139〕
錢賓四先生《先秦諸子繫年》中也主此說：「今按後世常兼稱孔顏，荀卿獨舉
仲尼、子弓，蓋子弓之與顏回，其德業在伯仲之間，其年輩亦略相當，孔門
前輩有顏回、子弓，猶後輩之有游、夏矣。子曰：『雍也可使南面』，則孔子
之稱許仲弓，固甚至也。」〔註140〕王天海云：「此文堯舜、文王、周公並稱，

〔註134〕郭沫若：《青銅時代·〈周易〉之製作時代》，載《郭沫若全集·歷史編》第1
　　　　冊，第393頁。
〔註135〕李學勤：《周易溯源》，第100～101頁。
〔註136〕〔明〕何良俊：《四友齋叢說》，北京：中華書局，1959年，第177頁。
〔註137〕汪說見《荀子集解·考證下》，第22頁。
〔註138〕〔清〕俞樾：《諸子平議》，上海：上海書店，1988年，第233頁。
〔註139〕王天海：《荀子校釋》上，第162頁引。
〔註140〕錢穆：《先秦諸子繫年》，第79頁。

皆同時人也。此子弓與孔子並稱，亦當爲同時人也。冉雍，字仲弓，孔子弟子，居德行科，孔子嘗謂『可使南面』，故楊注認爲子弓即仲弓是也，俞說亦當。馯臂雖字子弓，但爲戰國時人，且未載其賢，難與孔子並。」〔註141〕今人梁啓雄、高亨、李啓謙、馬積高、張覺、楊朝明、吳龍輝、羅新慧、林志鵬、劉冬穎等學者亦信從此說。〔註142〕

近來，林桂榛先生專門撰文，對子弓爲仲弓說提出堅決的反對，而力證馯臂子弓說。〔註143〕林先生以《易傳》爲核心，勾勒出孔子－子弓－荀子的經驗主義思想譜系，以與孔子－子思－孟子的理性主義譜系相抗衡。而眾所周知，馯臂子弓是孔門易學的第二代傳人，是正宗嫡傳，與子思差不多同時。對此，我們認爲林氏之說仍不能成立。我們主張子弓即孔子弟子仲弓，這與林先生的觀點正好相反。其實，前人的論述對此已經較爲充分了。我們稍加辨析，進一步申論之。

林先生主張：「考諸史料可知子弓是子弓，仲弓是仲弓，兩名實指兩人，非指同一人，不可混淆。」可是，我們卻認爲，從史料中似乎很難斷定二人便不能是同一個人。當然，如果說子弓只能是馯臂子弓的話，那此說自然成立。但是，這是把需要證明的東西作爲了前提，屬於循環論證。

林先生說：「若《史記》的孔易譜系及東漢應劭『子弓，子夏門人』的描述正確無誤，則子弓就是孔子易學的第二代傳人，且子弓絕不可能是仲弓，因爲仲弓的年齡與子路相近而小孔子約 10 歲。《史記》、《家語》記載卜商子

〔註141〕王天海：《荀子校釋》上，第 162 頁。

〔註142〕梁啓雄說見《荀子簡釋》，第 47 頁；高亨說見王天海《荀子校釋》上，第 212 頁引；李啓謙：《孔門弟子研究》，第 35～37 頁；馬積高：《荀學源流》，上海：上海古籍出版社，2000 年，第 143 頁；張覺：《荀子譯注》，上海：上海古籍出版社，1995 年，第 67 頁；楊朝明師：〈從孔子弟子到孟、荀異途——由上博竹書《中弓》思考孔門學術分別〉，《齊魯學刊》2005 年第 3 期；吳龍輝：〈《論語》是儒家集團的共同綱領〉，《湖南大學學報》2010 年第 1 期；羅新慧：〈孔子的歷史觀、入仕觀及其它——從上博楚竹書《仲弓》篇談起〉，《史學史研究》2005 年第 3 期；林志鵬：〈仲弓任季氏宰小考〉，《孔子研究》2010 年第 4 期；劉冬穎：〈上博簡《中弓》與早期儒學傳承的再評價〉，《社會科學戰線》2005 年第 3 期。

〔註143〕林桂榛：〈子弓非孔子弟子仲弓考——兼談弓荀派與思孟派的思想分歧〉，載楊朝明主編：《孔子學刊》第 1 輯，上海：上海古籍出版社，2010 年，第 153～160 頁。另有〈大儒子弓身份與學說考——兼議儒家弓荀學派天道論之眞相〉，《孔子研究》2011 年第 6 期（該文爲刪節版，全文見《儒家郵報》第 172 期）。

夏小孔子 44 歲，商瞿子木小孔子 29 歲，故小孔子十來歲的仲弓從學子夏、子木的可能性幾乎不存在。由此可見：子弓非仲弓，馯臂子弓非冉雍仲弓，馯臂子弓從學過商瞿子木，或還從遊過卜商子夏。」林氏此辨顯然是無的放矢。恐怕沒人主張將馯臂子弓與仲弓視為一人，而本段的目的就是要證明馯臂子弓非仲弓，這本是無需費力證明的，但關鍵的問題「荀子所謂子弓是否仲弓」卻未加論辯而得出了結論。

其實，這裏的問題是兩個，一是荀子所說的子弓是否是馯臂子弓；一是荀子所說的子弓是否仲弓。我們首先要排除馯臂子弓說，才能為子弓即仲弓說提供前提。

而要討論子弓到底是否馯臂子弓，首先就是馯臂子弓其人到底有何作為值得荀子推崇如此之甚。馯臂子弓，同見於《史記》《漢書》，雖然有作「子弘」的異說，都不妨害我們承認其確有其人，而且是孔門易學的一位重要傳人。不過，正如前人所說，這位馯臂子弓除了傳《易》之外，事迹更不他見，恐怕並非大儒。郭沫若為了給馯臂子弓增加砝碼，居然將《周易》之經的製作權歸之於馯臂子弓，實在是操之過急了。而林桂榛先生先提出了「易學恰是儒家天道論之所在，義理易學的核心就是闡釋天道」的看法，隨後他將《易傳》的著作權部分地歸諸馯臂子弓學派了。他說：「《易傳》的思想學說是子弓學派在正確繼承孔子晚年易學思想的基礎加以文字整理與理論闡發，它源於孔子，傳自子木，歸於子弓，興於魯，大於楚。……今本《易傳》的源頭很可能也是子弓，或出自子弓或子弓弟子甚至再傳弟子。子弓一脈的易學思想為壯年的荀子所獲，又為居楚地蘭陵撰書的老年荀子所闡發，成為荀子整個學說體系的基礎或內核。」如此一來，既然子弓的易學思想構成了荀子學說體系的內核，那麼馯臂子弓自然為一代大儒，可以為荀子所尊崇了。然而，林先生的這一論斷顯然尚處於假說階段，馯臂子弓與《易傳》的這種關係似乎沒有史料可以確定，因為我們除了一個易學傳承的譜系之外，對馯臂子弓毫無所知。如果這一點不能成立，那麼馯臂子弓即子弓的觀點就徹底動搖了。如果荀子所說的子弓不是馯臂子弓，那麼仲弓的可能性又有多大呢？

如果要確定仲弓即子弓，首先就要確定，仲弓可以被稱為子弓，這種做法具有合理性和可能性。關於這一問題，歷史上有兩種看法，一是楊倞的理由：「著其為師也」；一是俞樾等的理由：「猶季路稱子路」。那麼，第一種說法：「著其為師」是否成立？我們認為，荀子對仲尼、子弓的推崇，無疑具

有突出自己學術思想師承的用意，這很可能也是稱仲弓爲子弓的原因所在。所以，這種因素不能排除。關於俞樾等人的說法，郭沫若先生予以了批駁。他舉孔子、伯魚不稱子尼、子魚以反對仲弓稱子弓的說法，不過，我們認爲，既然存在著季路稱子路的例證，就不能認定仲弓稱子弓爲必無。因此，我們可以確定，仲弓稱子弓的可能性確實存在，不能否定。

在確定了這種可能性之後，我們還應該搞清楚荀子並論仲尼與子弓的眞正原因，是否與仲尼尤其是仲弓相符。這就需要回到荀子文本去考察。在荀子心目中的仲尼、子弓，不僅是大儒，而且是「聖人之不得埶者也」，可以與舜禹等並列的。從「無置錐之地而王公不能與之爭名，在一大夫之位，則一君不能獨畜，一國不能獨容，成名況乎諸侯，莫不願以爲臣」的說法看，雖然這應該屬於假設或者誇張的論辯修辭，但卻也不排除有一定的事實的影子，而這與孔子和子弓的所謂「窮－通」經歷是合拍的。孔子曾經做到魯國的大司寇，自然屬於大夫之位了，而仲弓雖然是季孫氏家宰，但是在那個陪臣執國命的時代背景下，其地位和權力也不應小覷。而更多情況下，孔子和子弓皆是鬱鬱不得志的。

所謂「其窮也，俗儒笑之；其通也，英傑化之，嵬瑣逃之，邪說畏之，眾人愧之。通則一天下，窮則獨立貴名」，尤其與孔子事迹是吻合的。這裏所謂的「窮－通」無疑是指是否「得君行道」而言，也就是說，這裏著重的仍然是政治方面的能力。而且這樣的大儒，還會做到「其言有類，其行有禮，其舉事無悔，其持險應變曲當，與時遷徙，與世偃仰，千舉萬變，其道一也」。顯然其道德修爲應需極高。應該說，荀子提到的大儒的標準，並非天道論的成就，而是治世的才能。這與林先生努力從易學的角度拉近馯臂子弓與荀子的距離，明顯是不相侔的。而且我們認爲，《易傳》固然與荀子存在著不淺的關聯，但是《易傳》與子思一系的關係似乎亦不淺。而且《易傳》之天道論亦非僅限於自然天道論，絕不能僅以經驗主義目之。

從荀子對大儒的論述可知，他所尊崇的子弓必定是德行與能力皆十分了得之人，所謂「內聖」與「外王」兩方面皆大有造詣之人。那這個標準與馯臂子弓去對照的話，顯然是相差甚大的。而仲弓則完全符合這個標準。他不僅名列孔門的「德行」科，而且孔子還稱譽其「可使南面」，證明其爲政能力超乎尋常。《說苑·修文》曾有「仲弓通於化術，孔子明於王道，而無以加仲弓之言」的說法。聯繫孔子之贊，此說應不爲過譽之詞。

　　確定仲弓即子弓的最爲重要的理據，應該是仲弓與荀子之間存在思想上的密切聯繫。李啓謙先生曾說：「《荀子》中所崇敬的子弓完全是一位儒家的政論大師，而不是僅傳過《易》的小人物，可見《荀子》中的子弓不是馯臂子弓。」〔註144〕這是非常正確的。楊朝明先生也指出，「更爲重要的，是荀子與仲弓在思想上的高度一致。……孔子重視仲弓的才能，主要在於政治方面。他的政治思想恰恰與荀子完全合拍。」又說：「從孔子到荀子思想的過渡，仲弓是一個重要的中間環節，其中最爲重要的材料是《孔子家語》的〈刑政〉篇。」〔註145〕

　　總而言之，我們雖然無法完全搞清楚荀子與仲弓之間的確切關係，我們也無法確知荀子稱子弓而不稱仲弓的眞正原因，甚至我們也不能絕對排除荀子所謂子弓與馯臂子弓的聯繫，或者還有其他的可能性。但是，相較而言，我們更傾向於認定荀子所推崇的子弓便是孔子弟子仲弓。

二、上博簡〈仲弓〉與子弓之儒

　　仲弓之年齡，《史記·仲尼弟子列傳》不見載。不過，司馬貞《史記索隱》引《家語》云：「少孔子二十九歲。」然而此條不見於今本《家語》。朱淵清先生認爲這一記載不可信。他認爲，可能是司馬貞因「冉求，字子有，仲弓之宗族，少孔子二十九歲」的記載「糊塗而搞錯了」。〔註146〕據廖名春先生考證，仲弓之年齡，應該與子路相近。〔註147〕當爲孔子早年弟子。據《論語·子路》篇，仲弓曾經爲季氏宰，這一點已經得到了出土文獻的佐證。上博簡〈仲弓〉開篇即說：「季桓子使仲弓爲宰。」可見，仲弓爲季桓子宰，應確然無疑。很多學者已經指出，這裏的「宰」，應爲家宰，而非邑宰。那麼，仲弓爲季氏宰的時間在何時呢？羅新慧女士認爲，仲弓始任季氏宰的時間可能在魯定公五年至九年之間，至定公十三年子路爲季氏宰止，約八年時間。〔註148〕廖名春先生則將此時間範圍壓縮在魯定公八年（前 502 年）十月至魯定公十

〔註144〕李啓謙：《孔門弟子研究》，第 36 頁。

〔註145〕楊朝明師：〈從孔子弟子到孟、荀異途──由上博竹書《中弓》思考孔門學術分別〉，《齊魯學刊》2005 年第 3 期。

〔註146〕朱淵清：〈仲弓的年齡及其身份〉，孔子 2000 網，2004/4/29。

〔註147〕廖名春：〈楚簡《仲弓》與《論語·子路》仲弓章讀記〉，《淮陰師範學院學報》2005 年第 1 期。

〔註148〕羅新慧：〈孔子的歷史觀、入仕觀及其它──從上博楚竹書《仲弓》篇談起〉，《史學史研究》2005 年第 3 期。

二年（前 498 年）夏的四年之內。〔註149〕二位學者都肯定仲弓爲季氏宰應該早於子路。而李零、林志鵬等先生則認爲，仲弓乃繼任子路爲季氏宰，其時間當在魯定公十三年至魯哀公三年，此時由冉有繼任。李零、林志鵬二位皆以爲司馬貞所引《家語》所云仲弓之年齡當屬可信。〔註150〕我們認爲，林氏僅以仲弓所謂「從於宰夫之後」爲據以判斷其繼子路而爲季氏宰，證據不足。李學勤、劉樂賢、林素清等先生對「從於宰夫之後」有較好的討論，此句文例與《論語・先進》孔子所謂「以吾從大夫之後」和上博簡《季康子問於孔子》中季康子自謂「從有司之後」等一致，其意分別爲系列爲宰、大夫和有司，乃是一種謙辭。〔註151〕並非是指繼任爲職。因此我們認爲，廖名春先生的考證是可信的，而林氏說不可從。

　　《仲弓》全文有 28 支簡，整理者認爲其中可以拼合的完簡有三支，其實後經學者重新編聯，能夠綴合的完簡當尚有數支。全文存 520 字，另有附簡 24 字。簡文公佈後，諸多學者在整理者李朝遠先生原釋文的基礎上，進行了重新的釋讀與編聯，如李學勤、李銳、陳劍、季旭昇、黃人二、林志鵬、晁福林、趙炳清、楊懷源、陳偉、王紅霞等學者都有新的釋讀和編聯，極大地推進了簡文的研究。〔註152〕雖然因爲竹簡殘損嚴重，很多地方無法復原，因

〔註149〕廖名春：〈楚簡《仲弓》與《論語・子路》仲弓章讀記〉，《淮陰師範學院學報》2005 年第 1 期。

〔註150〕李零：《喪家狗——我讀〈論語〉》附錄，第 84 頁。林志鵬：〈仲弓任季氏宰小考〉，《孔子研究》2010 年第 4 期。按此文最早發表於簡帛研究網，2004/6/6。

〔註151〕詳參劉樂賢：〈上博楚簡考釋三則〉，林素清：〈讀《季庚子問於孔子》與《弟子問》札記〉，均載丁四新主編：《楚地簡帛思想研究》（三），武漢：湖北教育出版社，2007 年，第 199～200；第 46～50 頁。

〔註152〕李學勤先生的意見見李銳：〈清華大學簡帛講讀班第三二次研討會綜述〉，孔子 2000 網，2004/4/15；李銳的看法見於：《《仲弓》補釋》，孔子 2000 網，2004/4/18；《《仲弓》續釋》，簡帛研究網，2004/4/24；《《仲弓》新編》，簡帛研究網，2004/4/23。陳劍：〈上博竹簡《仲弓》篇新編釋文（稿）〉，簡帛研究網，2004/4/18。季旭昇：《《上博三・仲弓》篇零釋三則》，簡帛研究網，2004/4/23。黃人二、林志鵬：〈上博藏簡第三冊仲弓試探〉，簡帛研究網，2004/4/23。該文修訂稿又以〈上海博物館藏楚簡《仲弓》試探〉刊於《文物》2006 年第 1 期。晁福林：〈上博簡《仲弓》疏證〉，《孔子研究》2005 年第 2 期。趙炳清：〈上博簡三《仲弓》的編聯及講釋〉，簡帛研究網，2005/4/10。楊懷源：〈讀上博簡（三）《仲弓》四則〉，《江漢考古》2008 年第 2 期。陳偉：〈竹書《仲弓》詞句試解（三則）〉，簡帛研究網，2005/11/15；〈上博楚竹書《仲弓》「季桓子章」集釋〉，簡帛網，2005/12/10。王紅霞：〈《仲弓》注釋論說〉，載楊朝明、宋立林等：《新出簡帛文獻注釋論說》，第 266～267 頁。

此眾家之編聯方案多不一致。不過該篇文意尚能大體理解。

　　簡文首先交代了仲弓與孔子對話的背景：「季桓子使仲弓為宰」。季桓子為魯定公時魯國執政卿。孔子當時已經頗具聲聞，其弟子也漸漸嶄露頭角，得到魯國上層的注意。仲弓本人，在孔門之中以「德行」著稱，但也頗具從政的天賦和才能，孔子稱譽其「可使南面」，可以證明這一點。但是，仲弓一開始對此頗感躊躇，故與夫子相商，提出「季氏……使雍也從於宰夫之後，雍也憧愚，恐貽吾子羞，願因吾子而辭。」這可使我們想起，《論語・雍也》篇所載：「季氏使閔子騫為費宰。閔子騫曰：『善為我辭焉！如有復我者，則吾必在汶上矣。』」仲弓與閔子騫同屬孔門「德行」科高弟，雖然頗具從政才能，但是卻對仕於大夫之家表示猶豫，甚至謝絕。其中的原因可能是受孔子之教，對於「天下無道，禮樂征伐自大夫出」的魯國現狀之不滿，對季孫氏之不滿所致。仲弓似乎不像閔子騫那樣堅決，故當孔子勸勉一番之後，還是決定接受了季氏宰一職。

　　這裏孔子的態度也值得注意。對於季氏使仲弓為宰一事，孔子表現得較為積極。這頗令人生惑。對於季孫氏，孔子是十分不滿乃至痛恨的。《論語・八佾》載：「孔子謂季氏，八佾舞於庭，是可忍也，孰不可忍也？」又記：「三家者以雍徹。子曰：相維辟公，天子穆穆，奚取於三家之堂？」既然如此，孔子為何又積極支持仲弓為季氏宰呢？羅新慧女士曾對此進行了分析，她認為，「其中的關鍵原因可能在於孔子對於政治歷史發展趨勢的清醒分析」〔註153〕。這無疑是知人之言。我們知道，孔子一生所栖栖遑遑者，就在於重建政治秩序，實現其天下有道的王道理想。孔子當然有其政治品格，絕不會苟且，他之所以被人譏諷為「喪家狗」，又自喻為「擇木鳥」，正是其政治品格的表現。但是他更有著「無可無不可」的中庸智慧，他有強烈的入世和淑世情懷，所謂「鳥獸不可與同群，無非斯人之徒與而誰與？」「天下有道，丘不與易也。」正是這一信念的表達。為了實現其政治理想，他奔走列國，雖然四處碰壁，但是他卻矢志不渝，他希望說動哪怕是昏庸的國君，貪婪的卿大夫，遵從其政治主張，改弦更張，實行教化，實現王道復興。職是之故，他一面對季孫氏等僭越周禮，破壞禮樂秩序的行為深表痛恨，嚴加譴責，但另一方面，他又主張積極入世，積極利用各種機遇去改良之。因此，他不僅鼓

〔註153〕羅新慧：〈孔子的歷史觀、入仕觀及其它──從上博楚竹書《仲弓》篇談起〉，《史學史研究》2005 年第 3 期。

勵學生參與政治，出仕爲官，而且自己也積極從政，先後擔任魯國的中都宰、司空和大司寇，積極推行其政治主張。這就使我們理解，爲何「公山弗擾以費畔」時「召孔子」，他還躍躍欲試？爲何「佛肸以中牟畔」，召孔子，孔子依然意欲前往？然而這一點卻令後儒頗爲困惑，以至將之視爲後儒的僞託。

孔子雖然其時尚未正式從政，但其爲政思想卻早已成熟。因此，當仲弓向其請教「爲政何先」時，他提出了具體的措施：「老老慈幼，先有司，舉賢才，赦過舉罪，政之始也。」這一節可與《論語‧子路》相關章節對讀。〈子路〉：「仲弓爲季氏宰。問政。子曰：「先有司，赦小過，舉賢才。」顯然，〈子路〉的記載不如〈仲弓〉翔實，順序也不同。我們可以設想，《論語》之所以缺少「老老慈幼」一項，可能也與簡文有關。我們看簡文中，孔子雖然提到了這一項，但卻沒有展開。可能是孔子對此經常強調、講說，仲弓對此並不陌生，故云「若夫老老慈幼，既聞命矣」，因此《論語》也就沒有列入。

由於仲弓對後三項並不清楚，故有較爲詳細的問對內容。關於「先有司」，歷代的《論語》注家有不同的理解。有的以爲是爲政不是事必躬親，應先任命或命令有司治理具體事務；有的則解爲爲政應先舉賢才爲有司；有的認爲其意當是指有司當率先垂範，身先士卒之意；有的則認爲是爲政應以擇有司爲先。衆說不一。而簡文的出現，對於解決這一問題提供了較爲可靠的信息。不過，因爲對於簡文的編聯不同，其理解也就不一。晁福林先生以爲，「先有司」是指應當順從民意以選撥有司。〔註154〕對此，我們以爲尚可商榷。我們以爲當以簡8＋簡22＋簡14＋簡9的方案編聯，因此全句應該是「仲尼曰：『夫民安舊重遷，⋯⋯上下相復以忠，則民勸承教，曷爲者不⋯⋯早使不行，妥仁有成。是故有司不可不先也。』」簡文雖然仍有殘缺，但是由此可知，這裏所強調的還是有司對於民的表率作用。〔註155〕其實，這也是孔子所一貫強調和主張的。孔子一向認爲，「君子之德風，小人之德草，草上之風必偃」（《論語‧顏淵》），重視爲政者之表率作用，所謂「政者，正也。子帥以正，孰敢不正？」（同上）「其身正，不令而行，其身不正，雖令

〔註154〕晁福林：〈從上博簡《仲弓》篇看孔子的「爲政」思想〉，《齊魯學刊》2004年第6期。另外，趙炳清：〈上博簡三《仲弓》的編聯及講釋〉（簡帛研究網，2005/4/10）亦持此說。

〔註155〕參見廖名春：〈楚簡《仲弓》與《論語‧子路》仲弓章讀記〉，《淮陰師範學院學報》2005年第1期。許兆昌〈從仲弓四問看戰國早期儒家的政治關注〉（《史學月刊》2010年第9期）一文同意廖說。

不從。」(《論語・子路》)

孔子提出的第三條措施是「舉賢才」,仲弓對此也表示困惑:「雍也不敏,唯有賢才弗知舉也,敢問舉才如之何?」《論語》中載有類似的一句話:「焉知賢才而舉之?」孔子的答語,簡文與《論語》也基本相同。簡文作:「夫才不可掩也,舉爾所知。爾所不知,人其舍之者?」《論語》則作:「舉爾所知,爾所不知,人其舍諸?」春秋末期,士人階層開始登上歷史舞臺,他們對於政治、社會的影響力與日俱增,引起了統治者的高度重視。孔子所謂「舉賢才」,正是反映了這一歷史發展趨勢。

孔子提出的第四條措施是「赦過舉罪」。對於這句話,學者之間的釋讀頗不一致,我們這裏從季旭昇先生的釋讀。有學者釋爲「赦過與罪」,將過與罪等同起來,似乎不妥。有學者將之釋爲「宥過赦罪」,同樣不合孔子思想。在上博五〈季康子問於孔子〉一文中,孔子曾有「大罪殺之,臧罪刑之,小罪罰之」的主張。孔子雖然主張「德治」,但卻並不否定刑罰,只不過主張「德主刑輔」而已。這裏所謂「赦過舉罪」,過與罪不同,過謂無心之失,罪爲有心之罪。簡文中,孔子提出:「山有崩,川有竭,日月星辰猶差,民亡不有過。」從山川和日月星辰等自然現象都有「過差」入手,指出民犯過錯是正常的,因此主張「赦過」,反對苛政繁刑。但對於「有心之罪」,則應該分情形予以不同的處理。簡文中,孔子提出的「刑政不緩,德教不倦」,正合於孔子的一貫之道,德主刑輔。孔子在這裏的論述,可與《孔子家語・刑政》篇相對讀。該篇爲仲弓問孔子有關「刑政」問題,孔子說:

> 孔子曰:「聖人之治,化也,必刑政相參焉,太上以德教民,而以禮齊之:其次以政爲導民,以刑禁之,刑不刑也。化之弗變,導之弗從,傷義以敗俗,於是乎用刑矣。顓五刑必即天倫。行刑罰則輕無赦,刑,俪也;俪,成也,壹成而不可更,故君子盡心焉。」

刑罰是不得已而用之的,所謂「化之弗變,導之弗從,傷義以敗俗,於是乎用刑矣」,這裏自然不包括所謂「民」之「無心之過」了。有學者認爲,這裏的「刑政不緩」是指嚴刑厲罰,與孔子的德治思想相矛盾,據此推測簡文可能成於戰國晚期,是受到法家思潮影響對孔子思想的調整。他同時認爲,《孔子家語》的材料應當同樣看待,恐非孔子言論原貌,不能據以視爲孔子的眞實思想。〔註156〕歐陽禎人先生甚至主張〈仲弓〉篇所記並非實錄,而

〔註156〕王化平:〈上博簡《中弓》與《論語》及相關問題探討〉,《北方論叢》2009年第4期。

是出於仲弓後學或其崇拜者的假託，是爲了擴大孔子和仲弓思想的影響而有意附會、編造成文的專門探討政治哲學的文章。〔註157〕其理由就是簡文中出現了所謂法家思想。我們認爲，這種看法是不對的。如果在一般意義上說孔子思想是「德治」，是正確的。但是孔子本人並不反對「刑政」，他認爲對於「化之弗變，導之弗從，傷義以敗俗」者必然要「用刑矣」，簡文所說「刑政不緩」應是就此而言，而非泛泛地表示嚴刑峻罰。在《孔子家語・刑政》篇，還有孔子所言「四殺」：「巧言破律，遁名改作，執左道與亂政者，殺；作淫聲，造異服，設伎奇器，以蕩上心者，殺；行僞而堅，言詐而辯，學非而博，順非而澤，以惑眾者，殺；假於鬼神、時日、卜筮，以疑眾者，殺。此四誅者，不以聽。」孔子爲大司寇而殺少正卯的故事，看來並非法家之徒所僞造，可信爲事實。儒家之不否定「刑」，在於政治生活中，德刑必須相輔相成。〈樂記〉所謂「刑以防其奸」，說明的就是刑之必需。我們並不能一見到「刑」，就以爲乃是受法家影響所致。

儘管在這幾處文獻中看到了孔子思想的另一方面，但是這絕非孔子思想的主要方面。孔子所強調的，依然是「德」，所謂「太上以德教民」的教化思想。因此，仲弓緊接著問：「敢問導民舉德如何？」由於簡文的殘損，我們無法得知孔子的完整意思是什麼，但是從現存殘簡而言，他無疑是在強調重視培養民之「孝德」，體現了其孝治思想的主旨。

在簡文的後半部分，有仲弓問「民務」的問題，則是《論語》所不載的。這一部分也相當重要。從這裏可以看出，仲弓對於「民務」問題十分重視，他對從政問題有著較爲深入的思考，他對於現實中的從政者也有較爲深入的體認和觀察。孔子對於仲弓的這一發問也深表贊同。仲弓批評「今之君子」，也就是現在的執政者「愎過悍析，難以納諫」，對此孔子提出只有「今之君子」做到「竭其情，盡其慎者三」，就可謂「近禮」了。孔子對於這三點做了進一步解說：「夫祭，至敬之本也，所以立生也，不可不慎也。夫喪，至愛之卒也，所以成死也，不可不慎也。夫行，順柔之，一日以善立，所學皆終，一日以不善立，所學皆崩。」孔子可能還在引述「昔三代之明王，有四海之內，猶……」來論證「祭、喪、行」的重要性，這與《論語》中孔子所一貫重視祭祀、喪禮、行是吻合的。

還有一點值得注意，那就是簡文所謂「古之事君者，以忠與敬」。這在

<hr>

〔註157〕歐陽禎人：《從簡帛中挖掘出來的政治哲學》，第108頁。歐陽先生在書中高度評價了簡文所體現的儒家政治哲學，這是我們所認可的。

《論語》中也有可資比對者。〈爲政〉:「季康子問:『使民敬忠以勸,如之何?』子曰:『臨之以莊,則敬;孝慈,則忠;舉善而教不能,則勸。』」這裏的「敬忠」是季康子對民的要求。〈八佾〉:「定公問:『君使臣,臣事君,如之何?』孔子對曰:『君使臣以禮,臣事君以忠。』」這裏將「忠」已經作爲臣德。不過,這裏的「忠」仍然是忠於職守的意思。〈學而〉:「子曰:『道千乘之國,敬事而信,節用而愛人,使民以時。』」〈公冶長〉:「子謂子產:『有君子之道四焉:其行己也恭,其事上也敬,其養民也惠,其使民也義。』」〈雍也〉:「仲弓曰:『居敬而行簡,以臨其民,不亦可乎?居簡而行簡,無乃大簡乎?』」〈衛靈公〉:「子曰:『事君敬其事,而後其食。』」可見,敬本身就是爲政者之要求。忠與敬,意思相近相通。這裏的「君」未必是指國君,也可能是宗法制度下的卿大夫與家臣的關係。

〈仲弓〉篇雖然是記載仲弓問孔子有關從政的問題,主要思想屬於孔子,但我們從中可以看到子弓之儒的關注所在。仲弓對於爲政問題思考深入,因之能提出較爲具體的問題,可見其對於政治問題的關心。仲弓雖然名列孔門「德行」科,而非「政事」科,但是這並不表示其從政能力不及子路和冉求。從孔子對其評價來看,仲弓當比子路和冉求更有爲政之才,而且德行出眾,故能「可使南面」,非一般家宰所能限量。劉冬穎認爲,從〈仲弓〉簡文的內容看,仲弓繼承了孔子學說中的「爲政以德」思想,將倫理道德與從政密切聯繫在一起,使孔子的「德治」思想在現實生活中得到了實踐和發揚。〔註 158〕我們認爲,這一說法尚不全面。仲弓除了接受了孔子「爲政以德」的思想之外,恐怕還是孔子「刑政」思想的重要傳人。我們認爲,〈仲弓〉篇,當與《家語・刑政》篇一樣,同屬子弓之儒所記孔子之言,二篇當屬子弓之儒所傳的儒家文獻。

這裏有一個重要問題仍需一辨,即關於〈仲弓〉的成書時代及其與《論語》的關係問題。很多學者對此已經進行了分析。郭齊勇先生受周鳳五教授有關〈忠信之道〉等論述啓發,提出簡文〈仲弓〉當是《論語・子路》第 2 章的「傳」,也就是說,《論語・子路》第 2 章爲經,簡文〈仲弓〉爲傳。我們認爲,此說不當。

〔註158〕劉冬穎:〈上博簡《中弓》與早期儒學傳承的再評價〉,《社會科學戰線》2005年第 3 期。

　　前文曾引陳桐生關於孔子語錄之節本與繁本的說法，證明〈君子爲禮〉可能屬於《論語・顏淵》首章的繁本。〈仲弓〉與《論語》的關係也當如此。如晁福林、羅新慧等都認爲《論語》的相關內容是剪裁、刪削簡文而成。〔註159〕我們同意這一看法。

　　這涉及到《論語》的成書問題。據孔安國所說，《論語》是從孔子弟子所記的孔子言論中取出「正實而切事」者而編成。從《論語》文本來看，此說信不誣也。對比〈仲弓〉與〈子路〉第 2 章的內容，很明顯地可以認定，二者所記有繁有簡，《論語》當是在簡文的基礎上節錄整理而成，而不會是簡文在《論語》基礎上所作的解釋和闡發之「傳」。在歷史上曾經有仲弓參與《論語》編纂的說法，〈仲弓〉的出土，是否可以佐證這一記載呢？我們認爲恐怕不行。如果仲弓或其弟子參與了《論語》的編纂，那麼，本篇簡文所載的內容便不會僅僅剩下〈子路〉的那 40 幾個字了。儘管仲弓所記的孔子遺說參與了《論語》的編纂，但是他本人或其弟子恐怕並非主事者，或者說他在其中的作用並不重要。

　　〈仲弓〉篇的出土，使我們進一步認識到，子弓之儒在南方楚地的廣泛傳播，〔註160〕這也就爲仲弓即爲荀子所尊崇的子弓提供了更大的可能。

第五節　簡帛文獻中的子貢

　　子貢，作爲孔子的得意弟子，聰慧通達，「利口巧辭」（《史記・仲尼弟子列傳》），列於孔門四科之言語科，雖然他未列「儒家八派」之中，在孔門中卻具有極高的地位。他出身商賈，乃「衛之賈人」（《韓詩外傳》卷八），「既學於仲尼，退而仕於衛，廢著鬻財於曹、魯之間，七十子之徒，賜最爲饒益」（《史記・貨殖列傳》）。「常（嘗）相魯衛，家累千金，卒終於齊」（《史記・仲尼弟子列傳》）。不僅在經濟上頗有成就，而且政治上、外交上也有非凡的

〔註159〕詳參晁福林：〈上博簡《仲弓》疏證〉，《孔子研究》2005 年第 2 期。羅新慧：〈孔子的歷史觀、入仕觀及其它──從上博楚竹書《仲弓》篇談起〉，《史學史研究》2005 年第 3 期。而王化平則認爲《論語》是節錄，但是簡文的內容和文字可能已被戰國時人加以「潤色」，摻雜了一些孔子後學的思想。見王化平：〈上博簡《仲弓》與《論語》及相關問題探討〉，《北方論叢》2009 年第 4 期。

〔註160〕劉冬穎：〈上博簡《仲弓》與早期儒學傳承的再評價〉，《社會科學戰線》2005 年第 3 期。劉氏對《仲弓》與儒學分化、儒學南傳等問題的關係進行了梳理，也指出了仲弓與荀子的關係問題。

表現。他曾做過信陽宰，「相魯衛」，在當時的國際上知名度和影響力甚大。《呂氏春秋‧招類》載史墨對衛國政局之描述：「蘧伯玉爲相，史鰌佐焉，孔子爲客，子貢使令於君前，甚聽。」馬王堆帛書〈繆和〉亦載此事，略有差異：「衛使蘧伯玉相，子路爲蒲，孔子客焉，史史突焉，子贛出入於朝而莫之留也。」而《史記‧貨殖列傳》則謂：「子貢結駟連騎，束帛之幣以聘享諸侯，所至，國君無不分庭與之抗禮。」外交上，據《史記》和《孔子家語》記載，「故子貢一出，存魯，亂齊，破吳，彊晉而霸越。子貢一使，使勢相破，十年之中，五國各有變」。〔註161〕於是，甚至有人公開評論說：「子貢賢於仲尼。」子貢之影響由此可見一斑。

　　子貢對孔子十分推崇與維護。據《論衡‧講瑞》載：「子貢事孔子一年，自謂過孔子；二年，自謂與孔子同；三年，自知不及孔子。當一年二年之時，未知孔子聖也，三年之後，然乃知之。」當子貢對孔子有了深入理解之後，他對孔子之讚美與推許簡直到了無以復加的地步。他以其影響力，爲孔子學說的推廣與孔門的擴大做出了貢獻。孔子曾說：「自吾得賜也，遠方之士日至。」（《尚書大傳》、《孔叢子‧論書》）《論語‧子張》記載了子貢對孔子的維護，如他說：「仲尼不可毀也。他人之賢者，丘陵也，猶可逾也；仲尼，日月也，無得而逾焉。」「夫子之不可及也，猶天之不可階而升也。」他將孔子思想學說比喻爲「數仞宮牆」。在〈子罕〉還有子貢對孔子爲聖人的評價：「固天縱之將聖，又多能也。」以子貢在當時的影響力，對孔子學說如此推崇，自然十分有利於孔子思想之廣泛傳播，儒學之日益強大也應與其有關係。難怪司馬遷說：「夫使孔子名布揚於天下者，子貢先後之也。」甚至在孔子去世後，一般弟子都是爲孔子守喪三年，而子貢獨廬墓六年，可見其對老師感情之深。至今孔林的孔子墓旁仍有紀念子貢廬墓的石碑。

　　子貢在孔門之地位，我們可以從《論語》中約略看出。〔註162〕據統計，在《論語》中，子路出現次數最多，有 42 章提及；其次是子貢，有 38 章提

〔註161〕在《史記‧仲尼弟子列傳》中，太史公對子貢所費筆墨最多，足見其對子貢之喜愛。不過，很多學者都指出，關於子貢的這一記載可能有誇張失實之處，推測是縱橫家借用子貢的影響力來作宣傳而虛擬編造的故事。而太史公輕信了縱橫家而採入《史記》。對此，我們認爲，固然這一記載有失實之處，恐非縱橫家之編造。

〔註162〕關於子貢在孔門中之地位，楊朝明師有專文考察。詳見其〈子貢在孔門弟子中的特殊地位〉一文，載《出土文獻與儒家學術研究》，第 209～224 頁。另外，可參看朱國華〈子貢與孔子〉一文，《孔子研究》2000 年第 3 期。

及；與顏子相關的卻只有 21 章。而且，在《孔子家語》、《史記》等文獻中，我們發現多處顏子、子貢、子路同時出現的記載，在與孔子的對話中，其被肯定程度由弱到強的次序往往是子路、子貢、顏子。這在一定程度上可以證明，子貢之思想與孔子思想之距離介於顏子與子路之間。正如錢賓四所說：「觀孔子與回孰愈之問，見二人在孔門之相伯仲。」尤其到了孔子晚年，子貢的重要性就愈益凸顯了。李零認為，在孔子的弟子中，顏子、子路是孔子最喜歡的，他們死後，子貢就最重要了。我們在文獻中發現，有兩處記載尤其能體現這一點。《家語·曲禮子夏問》和《禮記·檀弓下》都記載，孔子的看家狗死了讓子貢去埋葬。《家語·終記解》和《史記·孔子世家》都記載孔子臨終前七日的早晨，孔子曳杖逍遙於門，等待著子貢的到來。待子貢趕到，孔子甚至埋怨其來何遲，並有一段意味深遠的臨終遺言。從這點滴的細節便可揣測，子貢在晚年孔子心目中之重要性了。

在近年出土的簡帛文獻之中，子貢也是經常見到的人物，如馬王堆帛書〈要〉篇、上博簡〈魯邦大旱〉、〈君子為禮〉、〈弟子問〉、〈相邦之道〉等，尤其是帛書〈要〉篇與上海博物館藏戰國楚竹書〈魯邦大旱〉兩篇，對於理解子貢之思想特色，非常重要。

不過，子貢並不以思想與學術名顯後世，但卻以對孔子之維護與尊崇，贏得了儒家後學的尊重，以貨殖經商贏得了世俗的名聲。「陶朱事業，端木生涯。」「經商不讓陶朱富，貨殖當推端木賢。」這兩幅對聯正是後世商家極為得意與標榜的。子貢以其賢德與智慧，贏得了在儒與商兩界之影響。在戰國後期韓非子所提到的「儒家八派」之中，並沒有子貢之儒。這或許是子貢未能樹立學派所致。而子貢之不曾樹立學派，固然與其忙於貨殖，無暇顧及有關，但從根本上乃是其思想特徵決定的。我們從現存文獻分析可知，子貢儘管對乃師孔子格外推崇與尊重，但是從其思想性格來看，與孔子分歧較大。子貢表現出現實主義與務實功利原則、理性主義思想與懷疑精神，代表了儒學多元發展的一種可能。這在今天也許尤其值得重視。〔註163〕我們將以簡帛文獻與傳世文獻相結合的「二重證據法」，以〈要〉篇和〈魯邦大旱〉及《孔子家語》等為中心，對子貢之思想特色予以考察。

〔註163〕關於子貢，學界研究較少。李啓謙先生較早對子貢進行了研究。他對子貢的家世履歷、性格和為人、思想和作為、子貢與孔子的特殊關係、關於子貢使「五國各有變」的問題、對後世的影響等六個方面做了分析和研究。見氏著《孔門弟子研究》，第 80～100 頁。

一、子貢之現實主義氣質與務實功利原則

　　我們知道，在孔子身上散發著濃郁的理想主義的氣質。這種理想主義同樣體現在孔子的得意弟子顏子身上。在這一點上，子貢與孔子、顏子便有著截然不同的表現。理想主義是一切道德主義者的必然選擇。孔子是一個道德主義者，同時也就是一個理想主義者。這是一種十分難得而且十分可敬的性格與精神。孔子為了自己所嚮往的王道理想，周遊列國，四處碰壁也無怨無悔。當然，因為孔子本身所具有的「中庸」氣質，其理想主義中有時也會表現出妥協的傾向。相對來說，顏子以及原憲等的理想主義色彩表現得濃厚的多。而子貢，卻表現出另一種可貴的性格與氣質，那就是現實主義的。固然，在庸俗而嚴格的道德主義者眼中，哪怕一絲的退縮、妥協都是可恥的。幸虧，孔子不是那樣的人，他對子貢之現實主義傾向，雖然並不十分滿意，但卻表現了充分的包容。

　　孔門弟子性格各異，孔子努力教化弟子，希望他們追隨自己的理想而努力奮鬥，他卻從來沒有去刻意改變弟子的性格，而是因材施教。因此，孔門氣象是格外的自由、活潑的，與墨家之宗教團體涇渭分明。子貢出身於商賈，這種身份也使其必然具有現實主義的性格，具有務實的作風。而務實的現實主義的性格，也促使子貢在商業上的成功。《史記‧貨殖列傳》將子貢列為第二，並說「子贛既學於仲尼，退而仕於衛，廢著鬻財於曹、魯之間，七十子之徒，賜最為饒益。……子貢結駟連騎，束帛之幣以聘享諸侯，所至，國君無不分庭與之抗禮。」這自然得益於自身的現實主義性格。

　　子貢的這種性格，我們可以通過一場考驗看出來。孔子在周遊列國的途中，曾經「厄於陳蔡」。面對這種困境，孔子分別詢問子路、子貢和顏子的看法。《孔子家語‧在厄》和《史記‧孔子世家》對此有著詳細記述。我們且看《在厄》的記載：

> 孔子不得行，絕糧七日。……子路慍，作色而對曰：「君子無所困。意者夫子未仁與？人之弗吾信也。意者夫子未智與？人之弗吾行也。……」子曰：「由未之識也，吾語汝。……」子路出。召子貢，告如子路。子貢曰：「夫子之道至大，故天下莫能容夫子。夫子盍少貶焉？」子曰：「賜，良農能稼，不必能為穡，良工能巧，不能為順。君子能修其道，綱而紀之，不必其能容。今不修其道，而求其容。賜，爾志不廣矣，思不遠矣！」子貢出。顏回入，問亦如之。

顏回曰：「夫子之道至大，故天下莫能容。雖然，夫子推而行之，
世不我用，有國者之醜也。夫子何病焉？不容，然後見君子。」孔
子欣然歎曰：「有是哉，顏氏之子！使爾多財，吾爲爾宰。」

面對著理想與現實的矛盾，孔子及其弟子都在思考。率直的子路居然懷疑起孔子之修養與學說來，而子貢與顏子顯然都理解此「困」並非因爲孔子之修行不夠，學說不深，而恰恰是因爲「夫子之道至大」，致使「天下莫能容」。可見，子貢與顏子都深深理解老師，不過，儘管同樣認識到問題之癥結所在，但二人所採取的立場是不同的。顏子認爲，「雖然，夫子推而行之，世不我用，有國者之醜也。夫子何病焉？不容，然後見君子」，表現出強烈的理想主義色彩。而子貢則主張，「夫子蓋少貶焉」？既然理想與現實距離過於遙遠，爲了實現理想，不如稍稍降低標準，遷就一下現實，與世俗統治者作一妥協。如此以來，雖然原來的理想不能完全實現，但畢竟比完全實現不了要強。但是，理想主義者孔子，自然更欣賞理想主義者顏子，對現實主義的子貢表現出一定的不滿，認爲其「志不廣，思不遠」。其實，縱觀古今中外，在理想主義與現實主義之間，永遠無法判斷出孰對孰錯。

子貢的這種作風，不可能成爲儒家學理的主流。這在古代的農業社會，是必然的。但卻在實際生活中成爲主流。我們在孔廟的祭祀中可以清楚得看出，在所有的孔廟從祀人物中，分爲傳經之儒、明道之儒和經世之儒三大類型。經世之儒之地位在封建社會後期越來越受重視。其實，在儒家思想內部，這種現實主義傾向卻始終存在著。因爲儒學本身是入世的學問，所有儒家人士，幾乎都存在救世濟民、安邦定國的雄心壯志，所以一旦進入現實的政治，擔負起一定的職責，就必然要從事務實的工作。在理想與現實之間便會面臨著巨大的衝突，二者便有極大的張力存在。所以說，子貢這種現實主義的性格，雖然在後世會受到一些儒生的藐視或批評，但卻在現實生活中得到重視和理解。

與現實主義立場相一致的是，子貢具有強烈的功利、務實傾向。從上面舉的例子已經可以看出，子貢在道（理想）與世（現實）之間，秉持的其實是功利的原則，即如何能夠保證目標的實現，而非維護理想的所謂「純潔」。這與子貢商人的身份是完全吻合的。

在這一點上，子貢與顏子，甚至與子路都有明顯的不同。顏子之理想主義的立場，使其不可能持守功利原則。顏子可以做到「一簞食，一瓢飲，在

陋巷，人不堪其憂，回也不改其樂」。另一位孔門弟子原憲也能做到。《史記・貨殖列傳》還特地做了對比：「原憲不厭糟糠，匿於窮巷。子貢結駟連騎，束帛之幣以聘享諸侯，所至，國君無不分庭與之抗禮。」而在《孔子家語・七十二弟子解》（四庫本）記載：（子貢）「家富累千金，常結駟連騎以造原憲。憲居蒿廬蓬戶之中，與之言先王之義。原憲衣敝衣冠，並日蔬食，然有自得之志。子貢曰：『甚矣，子如何之病也。』原憲曰：『吾聞之無才者謂之貧，學道不能行者謂之病。吾貧也，非病也。』子貢慚，終身恥其言之過。」此故事又見於《莊子・讓王》。

子路與子貢也十分不同。試看子路之死。當時，為了心中的道義，為了名譽，子路選擇了死亡，表現出強烈的英雄主義色彩。可以試想，如果換作子貢，他可能不會如此選擇。

子貢之功利務實原則，還表現在他對待禮的態度上。《論語・八佾》記載：「子貢欲去告朔之餼羊。子曰：『賜也！爾愛其羊，我愛其禮。』」對此前人曾有所分析。春秋時代，「禮壞樂崩」是不爭的事實。孔子出於維護周禮的立場，經常批評違背和破壞周禮的行為。而子貢則不以為然。既然禮制已然破壞，統治者已經不拿此當回事了，徒具形式，走過場而已，那麼乾脆撤去「餼羊」，尚能省下幾隻羊。在對形式與內容的關係上，子貢毫不猶豫地選擇內容。如果內容已經不存在，形式也就可以丟掉。對此，持不同立場的人，也是糾纏不清，永遠不可能有一致的答案。

與功利務實原則向呼應的，是子貢的「外王」「安人」的思想。後者恰是前者的合乎邏輯的推演。在《家語》記載的一處孔子與顏子、子貢和子路的對話中，體現的恰恰是子貢的這一傾向。孔子向子路、子貢和顏子分別問了同一個問題：「智者若何？仁者若何？」子貢的回答是：「智者知人，仁者愛人。」與顏子「智者自知，仁者自愛」的回答明顯不同。子貢出身商賈，知人是其看家本領。在《論語》中，處處可見子貢對人之興趣，這自然出於商賈功利務實的考慮。而「仁者愛人」，體現的是「安人」、「愛人」的外在事功。因此，我們可以說，與顏子更傾向於修己不同，子貢是更傾向於安人，前者側重內聖，後者側重外王。

關於子貢之「智者知人」，我們從下面幾個例子便可一窺究竟。

> 子謂子貢曰：「女與回也孰愈？」對曰：「賜也何敢望回？回也聞一以知十，賜也聞一以知二。」子曰：「弗如也。吾與女弗如也。」（〈公

冶長〉）

子貢問曰：「孔文子何以謂之『文』也？」子曰：「敏而好學，不恥下問，是以謂之『文』也。」（〈公冶長〉）

子貢問：「師與商也孰賢？」子曰：「師也過，商也不及。」（〈先進〉）

子貢問曰：「鄉人皆好之，何如？」子曰：「未可也。」「鄉人皆惡之，何如？」子曰：「未可也。不如鄉人之善者好之，其不善者惡之。」（〈子路〉）

子貢方人。子曰：「賜也，賢乎哉？夫我則不暇。」（〈憲問〉）

另外，《大戴禮記·衛將軍文子》和《孔子家語·弟子行》中載有衛將軍文子向子貢詢問孔門弟子的情況，子貢對顏子等十餘位同學做了評價。從中不難看出子貢善於察人知人。

而關於子貢之「仁者愛人」思想，則亦顯然可見。《論語·雍也》記：

子貢曰：「如有博施於民而能濟眾，何如？可謂仁乎？」子曰：「何事於仁，必也聖乎！堯、舜其猶病諸！夫仁者，己欲立而立人，己欲達而達人。能近取譬，可謂仁之方也已。」

子貢傾向於「博施於民而能濟眾」的「外王」，其事功傾向十分明顯。這當然是功利原則的體現了。在另一個關於子貢的故事中，我們似乎也能窺見其外王的思想。在《孔子家語》和《呂氏春秋》、《淮南子》、《說苑》中都載有「子貢贖人」的故事。《呂氏春秋·察微》：「魯國之法，魯人為人臣妾於諸侯，有能贖之者，取其金於府。子貢贖魯人於諸侯，來而讓，不取其金。孔子曰：『賜失之矣。自今以往，魯人不贖人矣。取其金則無損於行，不取其金則不復贖人矣。』」從中我們不難看出子貢這種「仁者愛人」的外王思想。這對商賈出身的子貢來說，難能可貴。對於義與利，子貢在重利的同時，並沒有忽視義。他救贖魯人，就是一種義舉。當然，孔子更為深謀遠慮。孔子認為，維護一種制度、規矩，似乎更為重要。但無論如何，子貢這種務實的傾向、愛人的思想應當受到人們的尊重與推許。

二、子貢之理性主義思想與懷疑精神

在所有關於子貢的記載中，我們基本上可以得出一個認識，子貢思想具有鮮明的理性主義特色。這與其現實主義的立場有關。

在《論語‧公冶長》篇，記載子貢的話：「夫子之文章可得而聞也，夫子之言性與天道不可得而聞也。」對這句話，歷代注家有不同的理解。人們多以此爲證據來否定孔子有形而上的哲學。其實，如果我們聯繫馬王堆帛書〈要〉篇的記載，我們就會容易理解這句話的意思。1973 年湖南長沙馬王堆三號漢墓出土了大批帛書，其中有一〈要〉篇，對重新認識孔子與易之關係有重要價值。而該篇之第三章恰恰是孔子與子貢的對話。原文是：

> 夫子老而好《易》，居則在席，行則在橐。子贛曰：「夫子它日教此弟子曰：德行亡者，神靈之趨；知謀遠者，卜筮之蔡。賜以此爲然矣。以此言取之，賜繻行之爲也。夫子何以老而好之乎？」夫子曰：「君子言以榘方也。前（剪）祥而至者，弗祥而巧也。察其要者，不詭其德。《尚書》多閼矣，《周易》未失也，且有古之遺言焉。予非安其用也。」子贛曰：「賜聞於夫子曰：必於□□□□如是，則君子已重過矣。賜聞諸夫子曰：遜正而行義，則人不惑矣。夫子今不安其用而樂其辭，則是用倚於人也，而可乎？」子曰：「謬哉，賜！吾告汝，《易》之道……故《易》剛者使知懼，柔者使知剛，愚人爲而不妄，漸人爲而去詐。文王仁，不得其志以成其慮，紂乃無道，文王作，諱而避咎，然後《易》始興也。予樂其知……」子贛曰：「夫子亦信其筮乎？」子曰：「吾百占而七十當，唯周梁山之占也，亦必從其多者而已矣。」子曰：「《易》，我後其祝卜矣，我觀其德義耳。幽贊而達乎數，明數而達乎德，有仁〔守〕者而義行之耳。贊而不達於數，則爲之巫；數而不達於德，則其爲之史。史巫之筮，鄉（向）之而未也，好之而非也。後世之士疑丘者，或以《易》乎？吾求其德而已，吾與史巫同塗而殊歸者也。君子德行焉求福，故祭祀而寡也；仁義焉求吉，故卜筮而希也。祝巫卜筮其後乎？」

我們不難看出，子貢對於孔子「老而好易」不理解。因爲孔子在早年對卜筮一直表示反對。所謂「德行亡者，神靈之趨；知謀遠者，卜筮之蔡」，而對此子貢也表示認同。對當時流行的卜筮迷信活動進行批駁正是理性主義的。如今孔子「出爾反爾」，子貢當然不能理解。他對孔子好易之不理解，懷疑孔子「信其筮」，也同樣表現了一種理性主義的思想。

如果有了〈要〉篇的背景，我們似乎可以理解子貢所謂「夫子之言性與天道不可得而聞也」到底是何意思了。李學勤先生曾專門撰文〈孔子之言性

與天道〉，對此進行深入剖析，他指出：「我認爲這確是子貢對孔子讚歎之詞。要知道，當時所謂『言』和『聞』每每不僅是說到、聽到的意思。『言』有論議之義，比如《論語‧子罕》：『子罕言利，與命與仁。』皇侃《義疏》云：「言，說也。」《荀子‧非相》：「然而不好言」，楊倞注：「言，講說也。」至於「聞」也不只是感官的聽，《說文》：「聞，知聞也。」王筠在《說文句讀》中曾分析說：「《孟子》『聞其樂而知其德』，案《大學》『聽而不聞』，是知聽者耳之官也，聞者心之官也。」《廣雅‧釋詁》就直截了當地說：「聞，智（知）也。」這樣認識，子貢的話就很明白了，他說的是孔子關於性與天道的議論高深微妙，連他自己也難於知解。」〔註 164〕此前，我曾經贊同朱子的注釋，以爲這是子貢聽孔子談論《周易》道理後的歎美之辭。雖然與李先生的意見相同，但對言、聞的理解卻遠遠不夠。從李先生的意見，我們可以清楚，子貢對「性與天道」保持了一定的距離，其之所以「難於知解」恐怕並非其智力不足，而是興趣不在此的緣故。如此，則子貢之理性主義精神更加突出了。這一點在上博簡〈魯邦大旱〉中再一次得到印證。

　　〈魯邦大旱〉載《上海博物館藏戰國楚竹書》第二冊，所存完、殘簡共六支，計有 208 字，學者對該篇在原整理者馬承源先生釋讀和編聯的基礎上，又進行了深入的討論。該篇已經大體可讀。文中記載：「魯邦大旱，哀公謂孔子：『子不爲我圖之？』孔子答曰：『邦大旱，毋乃失諸刑與德乎？』」所載的這一次魯國大旱，學者考證發生在哀公十五年的可能性較大。孔子應魯哀公之請求提出禳災之策：「如毋愛珪璧幣帛於山川，正刑與德。」孔子出來後，問子貢的意見。子貢回答說：「若夫正刑與德，以事上天，此是哉！若夫毋愛珪璧幣帛於山川，毋乃不可。」他反對孔子提出的祭祀山川的建議。

　　子貢之反對祭祀山川，是基於其理性主義的觀念。他不信鬼神，從自然主義的角度對旱災與山川的關係進行了分析。他認爲，山川比人類還需要雨水，如果山川能夠降雨，那麼它們不會等待人們去祭祀才降水。子貢的這一看法，在春秋時代是非常難得的。

　　其實，孔子對於祭祀持理性態度。他對鬼神不信仰，也不認爲實有，他對當時影響巨大的鬼神觀念進行了理性的詮釋。他對祭祀也主張「祭如在，祭神如神在。吾不與祭，如不祭。」出於教化的目的，他特別重視祭祀之禮。

〔註164〕載楊朝明主編：《孔子文化研究》第 1 輯，上海文化出版社，2007，第 4～5頁。

正如曾子所謂「慎終追遠，民德歸厚矣」。或者說，這也是一種「君子以爲文，而百姓以爲神」的「神道設教」思想。在〈魯邦大旱〉中，孔子也說：「庶民知說之事鬼也，不知刑與德。」所表現的也正是這樣一種「神道設教」觀。而子貢顯然不能理解孔子的良苦用心，可見其與孔子之「智慧」仍有相當距離。〔註165〕

　　與其理性主義思想密切相連的是子貢之懷疑精神。懷疑精神，正是理性主義的題中應有之義。我們且看，《論語・子張》所記：「子貢曰：『紂之不善，不如是之甚也。是以君子惡居下流，天下之惡皆歸焉。』」李零先生在其〈兩種懷疑──從孔子之死想起的〉〔註166〕一文中對子貢的懷疑精神深表欽佩。確實，紂，作爲周朝鐵定的「惡人」，在《尚書・牧誓》中被列有數大罪狀。而子貢居然秉持其理性主義的思想，表示了懷疑，十分可貴。

〔註165〕李學勤先生、廖名春先生指出，孔子將「旱災」與「刑與德」結合起來論述，並非眞的將之聯繫起來的天人感應思想，而只不過是「借機」在政治上進諫，勸勉統治者改革而已。其提出祭祀山川的措施實際上就是基於神道設教的主張，目的不過是安撫民衆，其主要目的還是在於提醒統治者進行「正刑與德」的改良。楊朝明先生則將簡文的後一段屬於子貢的話，劃入孔子之語中，因此在理解上產生了誤解。不過，他同樣肯定了孔子在借旱災而提出社會政治問題的改革，這無疑也是正確的。見李學勤先生：〈上博楚簡《魯邦大旱》解義〉，廖名春先生：〈試論楚簡《魯邦大旱》的內容與思想〉，楊朝明師：〈上博竹書《魯邦大旱》小議〉，均載朱淵清、廖名春主編：《上博館藏戰國楚竹書研究續編》，第97～101，102～114，139～146頁。關於子貢之反對祭祀山川的分析，王中江先生也有很好的分析。不過，他認爲，孔子對神靈的信仰和對神靈的祭祀是統一的，對此我們認爲可以商榷。見王中江：〈「災害」與「政事」和「祭祀」──從《魯邦大旱》看孔子的刑德觀和祭祀觀〉，載楊朝明主編：《孔子學刊》第1輯，第36～62頁。歐陽禎人先生認爲，從〈魯邦大旱〉中可見孔子絕非無神論者，其思想中富有宗教精神。孔子將旱災與「失諸刑與德」直接掛上鈎，天人合一、天人感應的思維方式十分明確。見其〈孔子的宗教思想研究──從《魯邦大旱》說起〉，載王中江、李存山主編：《中國儒學》第3輯，北京：中國社會科學出版社，2008年，第166～181頁。我們認爲，孔子雖然主張祭祀，重視祭祀、喪葬之禮，他也談鬼神，但是他應該是理性主義者，對於鬼神並不迷信，但是我們卻肯定孔子思想中確實蘊涵豐富的宗教精神，不過這種宗教精神並不依賴對鬼神的信仰或迷信。孔子思想中保留著對天的宗教般的敬畏，這種敬畏卻並非是將天視爲人格神，而是一種運命、義理之天，其宗教性可稱爲「人文教」、「禮樂教」、「道德教」。但是歐陽先生也認爲，孔子在此是欲達到限制君權、推行德政、造福於民的目的。他也承認孔子具有「神道設教」的政治思想，這與我們的看法一致。

〔註166〕該文載《東方早報》「上海書評」，2009年第1期。亦見李零：《何枝可依》，三聯書店，2009，第65～77頁。

第六節　帛書《易傳》與孔門易學傳承

在 1973 年長沙馬王堆漢墓出土漢代帛書中，除了《老子》和〈五行〉引起了學者的廣泛注意之外，帛書《周易》經傳更是震動中外。不僅帛書《易經》與今本存在卦序、異文等不同而顯彌足珍貴，而且其中的六篇帛書《易傳》也令人驚歎不已。不僅有可與傳世本對照的〈繫辭〉，而且還有未之前見的〈二三子〉、〈衷〉、〈要〉和〈繆和〉、〈昭力〉等。其中的〈要〉篇對於研究孔子對易的看法的轉變，衝破疑古思潮的禁錮，重新認識孔子與《周易》的關係具有舉足輕重的價值，這已爲世人所知。李學勤、廖名春等先生對此做了具有開創性的研究，茲不贅述。《易傳》六篇之中的最後兩篇爲〈繆和〉和〈昭力〉，其中〈繆和〉篇幅最巨，〈昭力〉則與之同計字數，二者關係密切。可惜這兩篇所受到的關注度要遠遠遜於其他諸篇。然而，如果細加繹讀，便會發現其具有十分重要的思想文獻價值，是絕不容忽視的寶貴文獻。

孔子的思想，可以概括爲「內聖外王之道」、「修己安人之道」，歸根結蒂是一種以王道爲理想的倫理一政治思想。孔子的王道教化思想正是通過對「六經」的傳授、闡釋來完成的。根據《史記》等記載，孔子對六經所作的主要工作可概括爲刪訂《詩》、《書》，修起《禮》、《樂》，贊《易》，作《春秋》，並以之教授弟子，三千弟子中「身通六藝者七十有二人」（《史記·孔子世家》）。然而，在疑古思潮影響下，孔子與六經的關係受到質疑，尤其是孔子與《易》的關係，更是遭到近乎全面的否定。孔子六經之教與大量孔子遺說遭遇極端忽略，如此以來，孔子思想的研究就只能依據一部萬餘字的語錄——《論語》，（即使《論語》在極端疑古者看來亦極爲可疑，）這無疑極大影響了對孔子思想的整體認識，致使學者浩歎：「孔夫子」有成爲「空夫子」之虞。近年來，大批珍貴的出土文獻如馬王堆帛書、郭店楚簡、上博楚竹書等橫空出世，使人們對先秦學術又有了新的認識。這必然會涉及到對孔子思想學術的重新審視。其中馬王堆帛書《周易》經傳的出土和釋文的公佈〔註167〕，爲我們重新

〔註167〕帛書《易傳》釋文可參見《道家文化研究》第 3 輯、第 6 輯陳松長、廖名春先生釋文，《國際易學研究》第 1 輯所載廖名春先生釋文，《續修四庫全書》經部第一冊所載廖名春先生《馬王堆帛書〈周易〉經傳釋文》及《帛書〈易傳〉初探》、《帛書〈周易〉論集》一書所載釋文。本文所用〈繆和〉〈昭力〉釋文則全出自筆者〈繆和注釋論說〉和〈昭力注釋論說〉，載楊朝明、宋立林等：《新出簡帛文獻注釋論說》，臺灣書房，2008 年，第 350～461 頁。下不出注。

認識孔子與《周易》的關係，研究孔子的易學與易教思想，提供了極其重要的資料。在六篇帛書《易傳》中，〈繫辭〉、〈二三子〉、〈衷〉、〈要〉等篇中的「子」就是孔子，已得到學界的共識，而對〈繆和〉、〈昭力〉兩篇是否和孔子有關，學界卻存在極大爭議。然而，在郭沂、丁四新等時賢研究的基礎上，我們嘗做過一番考察，以爲這兩篇中的「子」就是孔子。〔註168〕我們發現這兩篇文獻，不僅對於探究孔門易學傳承具有重要價值，而且對孔子易教思想的深入抉發，亦具有非常重要的價值。

一、帛書〈繆和〉、〈昭力〉與孔門易學傳承

帛書〈繆和〉、〈昭力〉爲我們進一步探究孔門易學的傳承和發展提供了一定的線索。

孔子好《易》發生在其晚年，因此孔子與《周易》眞正確立關係也是在其晚年。亦正唯如此，孔子易教以及孔門易學傳承等問題才會出現若隱若現、糾葛不清的狀況。《易》爲「孔門精義」，與傳統的詩、書、禮、樂等科目相比，更具哲學性和神秘性。〔註169〕致使睿智如子貢者，對於孔子之好《易》亦難以接受和理解，待到孔子向其解釋之後，方才由衷讚歎：「夫子之言性與天道，不可得而聞也。」〔註170〕也正是因爲這一緣故，孔子自己也不得不感慨：「後世之士疑丘者，或以《易》乎？」

孔門傳易者，據史書記載，僅寥寥數人而已。其一爲商瞿。《史記·仲尼弟子列傳》云：「商瞿，魯人，字子木。少孔子二十九歲。孔子傳易於瞿，瞿傳楚人馯臂子弘，弘傳江東人矯子庸疵，疵傳燕人周子家豎，豎傳淳于人光子乘羽，羽傳齊人田子莊何，何傳東武人王子中同，同傳菑川人楊何。何元朔中以治易爲漢中大夫。」《漢書·儒林傳》對此亦有記載，二書所言孔門易學傳承譜系稍有不同，然謂孔子傳易於商瞿則一。《孔子家語·七十二弟子解》亦載：「商瞿，魯人，字子木，少孔子二十九歲。特好《易》，孔子傳之，志

〔註168〕宋立林：〈帛書《繆和》《昭力》中「子」爲孔子考〉，《周易研究》2005年第6期。

〔註169〕陳堅先生對孔門易學傳承的「代代單傳」及其「神秘性」的情形，以禪宗的傳承體系相比附，我們覺得有鑿之過深之嫌。見其〈「韋編三絕」：孔子晚年的宗教訴求——孔子與《易經》關係新論〉一文，《周易研究》，2007年第1期。

〔註170〕楊伯峻《論語譯注》，北京：中華書局，1980年，第46頁。

焉。」〔註171〕然而，史志未見其著作著錄。其二爲子夏。子夏與孔子談論易學見於《孔子家語》的〈六本〉、〈執轡〉篇，《說苑・敬愼》亦有記載。關於子夏的易學著作，史志亦有記載。西晉荀勖《中經簿》載「《子夏傳》四卷」，梁阮孝緒《七錄》載「《子夏易》六卷」，《隋書・經籍志》載「《周易》二卷」，注：「魏文侯師卜子夏傳，殘缺。」唐人陸德明《經典釋文・序錄》曰「《子夏易傳》三卷」，陸注：「卜商，字子夏，衛人，孔子弟子，魏文侯師。」〈唐志〉云「《卜商傳》二卷」。儘管關於《子夏易傳》作者有楚人馯臂子弓、西漢韓嬰等不同說法，但經劉大鈞、劉彬等學者考證，其爲孔子弟子子夏無疑。〔註172〕其三爲子貢。子貢與孔子談易見於帛書〈要〉篇，這與《論語・公冶長》所記子貢「夫子之言性與天道，不可得而聞也」正相符合。關於子貢之歎，向來作爲孔子不言「性與天道」之鐵證。也有學者以爲這句話反映了孔子講「性與天道」，但只對商瞿一人講，子貢諸人是聽不到的。〔註173〕其實，這些認識來自於對這句話的誤解。朱子早已指出，此乃子貢「歎美之詞」。李學勤先生也認爲是子貢對孔子的讚歎之辭：「他說的是孔子關於性與天道的議論高深微妙，連他自己也難於知解。」〔註174〕而且《漢書・藝文志》錄有子貢的易學著作《子贛雜子候歲》，我們可以據此推測子貢也有可能傳《易》。其四爲子張。其與孔子談易見於《孔子家語・好生》和《說苑・反質》，而《呂氏春秋・壹行》則記爲子貢。廖名春先生以爲當以子張爲是。以上數人與《易》之關係爲明確見於記載者。〔註175〕

另外，顏子與曾子也應該精於易學。在〈繫辭〉中有孔子稱讚「顏氏之子」的話，歷來作爲顏子曾習易的證據。此外在《孔子家語・顏淵》篇記有：「顏回問於孔子曰：『成人之行，若何？』子曰：『達於情性之理，通於物類之變，知幽明之故，覩遊氣之原，若此可謂成人矣。既能成人，而又加之以仁義禮樂，成人之行也，若乃窮神知禮，德之盛也。』」由此可見顏子是曾深

〔註171〕楊朝明、宋立林：《孔子家語通解》，第441頁。

〔註172〕詳參劉大鈞：〈今、古文易學流變述略——兼論《子夏易傳》眞僞〉，《周易研究》2006年第6期；劉彬：〈子夏易學考論〉，《周易研究》2006年第3期。

〔註173〕陳堅：〈「韋編三絕」：孔子晚年的宗教訴求——孔子與《易經》關係新論〉，《周易研究》2007年第1期。

〔註174〕參李學勤：〈孔子之言與天道〉，楊朝明主編《孔子文化研究》第1輯，第4頁。

〔註175〕廖名春先生對此已有論述。見其〈從郭店楚簡論先秦儒家與《周易》的關係〉，載氏著《〈周易〉經傳與易學史新論》第235～238頁。

得孔子易教的。〔註176〕《論語・憲問》載曾子曰「君子思不出其位」,顯係引《周易・艮・大象傳》以對孔子「不在其位,不謀其政」的補充詮釋。在《大戴禮記》「曾子十篇」中,我們也不難發現其中所蘊含的大量關於天地等形上問題的思考,這或與曾子曾經學易有關。劉大鈞先生曾指出:「《易大傳》之〈彖〉、〈象〉、〈文言〉等為思孟學派所整理、潤色,〈繫辭〉中亦有思孟學的內容,當是比較清楚的事實。」〔註177〕而思孟一系正是接續曾子而來的,這可以作為一個佐證。〔註178〕除此再很難見到孔子弟子傳易的相關記載。

　　而〈繆和〉所記與孔子談論易學的弟子竟有五人之多,如繆和、呂昌、吳孟、張射、李羊,另外有名姓者還有〈昭力〉篇的昭力。李學勤先生曾推測,這些人當為楚人。昭力之氏「昭」,為楚氏;繆通穆,也可能是楚氏,有出土楚器燕客銅量銘文為證。〔註179〕其他呂、吳、張、李亦為戰國中期以下漸多的姓氏。由此,進一步推測〈繆和〉、〈昭力〉以及帛書《易傳》的其他幾篇皆為楚人所傳。這與帛書出土於長沙楚墓相合,是值得肯定的。但是,李先生亦由此認為〈繆和〉及〈昭力〉中的「先生」及「子」乃後世經師,並推測為「馯臂子弓」,〔註180〕這是我們所不能同意的。

　　其實,人們將〈繆和〉〈昭力〉中的「先生」及「子」認定為孔子之後的經師,所根據的一個理由即《史記》《漢書》所載的孔子易學的傳承系譜。這一系譜之所以是單線傳承的,乃是出於司馬遷追溯其父司馬談易學淵源時之逆向描述,乃化約而來,因此不能據此否定孔門易學的多元複雜的傳承情況。以上我們就提到了子夏、子貢、顏子等孔子高弟,可見孔子易學絕非單線傳播的。《史記・仲尼弟子列傳》云:「孔子傳易於瞿,瞿傳楚人馯臂子弘。」《漢書・儒林傳》則將子弓(弘)列為第三代,則孔門易學傳至楚地在孔子身後數十年間。那麼,孔子有沒有可能親自將其思想學說傳給楚人呢?據李啟謙

〔註176〕參看顏炳罡、陳代波:〈從顏氏之儒的思想特質看其與易學關係〉,《周易研究》2004 年第 3 期。

〔註177〕劉大鈞:《周易概論》,第 22 頁。

〔註178〕對於孔門弟子與《易》之關係,臺灣徐芹庭先生有所勾勒,可參看。見徐芹庭:《易經源流:中國易經學史》,北京:中國書店,2008 年,第 182～187 頁。

〔註179〕王葆玹先生以為,繆和顯然是荀子的再傳弟子穆生。穆生為魯人,為浮丘伯的弟子,則此篇「子」為浮丘伯了。我們以為王氏之說不可信,據《漢書・楚元王傳》、《漢書・儒林傳》,穆生從浮丘伯習《詩》,未聞傳易之事。此不贅。

〔註180〕李學勤:《周易溯源》,第 339～340 頁。

先生統計，孔子的弟子當中明確爲楚人者有三人，若將爲楚所滅的陳蔡等地一併計算則有八九人之數。〔註181〕另外，據〈仲尼弟子列傳〉載，澹臺滅明雖非楚人，但「南遊至江，從弟子三百人，設取予去就，名施乎諸侯」，《漢書‧儒林傳》亦載「澹臺子羽居楚」。從近年來問世的郭店楚簡、上博楚竹書等來看，孔子儒學在戰國時期已經在楚地影響十分廣泛而深入。孔子易學之南傳入楚，恐不必待到孔門之二三傳。加之我們曾從多個方面去考察〈繆和〉、〈昭力〉中的「子」即爲孔子，我們可以相信，孔子雖然迨至晚年才生發出其易學易教，不過其易學易教思想確乎博大精深，是其一生思想的發展演進的最後階段。孔子易教思想雖有《易傳》傳世，然自歐陽修以來人們多疑而未信，致使孔子易學易教漸至湮沒無聞之境地。幸而馬王堆帛書《易傳》出土，孔子易學及其傳承才再次得以確認。我們看到，孔子晚年講《易》，有眾多後進弟子向其請益。儘管這些名字早已湮沒無聞，不如孔子七十二弟子之聲名顯赫，但我們有理由相信，孔子易學之南傳入楚，擴大影響，恐多賴繆和、昭力諸人之力。

二、帛書〈繆和〉、〈昭力〉與孔子易教思想的南傳

在對《周易》性質有了新的認識的基礎上，孔子繼承了前孔子時代的易教傳統〔註182〕，進而形成自己的易教思想。除今本《易傳》所載「子曰」部分之外，我們通過對帛書《易傳》的分析，從中亦發現孔子易教思想之廣大而精微。茲僅就〈繆和〉〈昭力〉兩篇予以討論。因爲這兩篇在很多學者看來與孔子無關，故特予探析。

我們推測，〈繆和〉〈昭力〉當爲繆和、昭力等孔子晚年弟子或其弟子根據聽課筆記整理而來。儘管其中可能經由這些整理者之手而有所潤色加工，但當基本可信爲孔子易教資料。在〈昭力〉篇中，孔子明確指出，《易》有「卿大夫之義」、「有國君之義」，著重闡釋了《易》的政治思想。在〈繆和〉篇中，雖然沒有明確地指出，但孔子在回答弟子的發問時，幾乎無一不是在闡發其中的政治思想，尤其是爲君者應當具有的政治智慧。實際上，在〈繆和〉篇中，孔子的目光同樣是落在了爲政者的身上。他心目中理想的君主，在《易

〔註181〕李啓謙：《孔門弟子研究》，第240～241頁。
〔註182〕見宋立林：〈前孔子時代的「易教」傳統發微〉，《孔孟月刊》第48卷第7、8期，2010年4月。

傳》中往往以明君、上聖、聖君、聖王、大人、君、君子等名目出現。孔子一生「祖述堯舜，憲章文武」，他理想的君主是堯、舜、禹、湯、文、武乃至周公，其次是春秋五伯，這是他一貫的王道思想所決定的。

〈繆和〉〈昭力〉所反映的孔子易教思想與其他文獻中所反映的孔子教化思想是一致的，但又有某些新的論述和闡釋，值得注意。茲分以下幾個方面試加以分析論述。

第一，人道效法天道。正如《四庫全書總目提要》「易類」小序說：「聖人覺世牖民，大抵因事以寓教，……《易》則寓於卜筮。故《易》之為書，推天道以明人事者也。」孔子認為作為統治者的君子、大人應當仿傚聖人，上明天道，下察民故，以天道推衍出人道，用天道指導人道。在可能經過孔子整理的〈大象傳〉中，處處體現了要君子體悟卦德以進德修身的思想。如：「天行，健，君子以自強不息」；「大有，君子以遏惡揚善，順天休命」等等，可謂比比皆是，不勝縷舉。在〈繫辭〉中，孔子也說：「夫《易》，聖人所以崇德而廣業也。知崇禮卑，崇效天，卑法地。」正是「天人合德」思想的反映。

在〈繆和〉篇中，這一思想也有明確的闡述。孔子說：「凡天之道，一陰一陽，一短一長，一晦一明。夫人道仇之。」仇字之釋，從趙建偉，訓為「合」。此句言天道有其對立轉換的規律，如陰陽、短長、晦明的互相轉換正是天道的體現。而人道當合於天道，亦有其「利達顯榮」與「困」之互相轉換，辯證統一。因此古之「伯王之君」皆深諳此道，因「困」而得「達」。在講到〈謙〉卦時，孔子從天道、地道、鬼神之道與人道四個層面總結了「謙」之四益與「盈」之四損，進而提出「謙之為道也，君子貴之」的主張。這同樣體現著人道效法天道的觀念。

第二，憂患與謙讓。孔子「易教」的這一思想主要是針對統治階層而言的。憂患意識是古代先民尤其是政治家、思想家總結歷史、人生、社會、政治經驗並予以反思的基礎上積澱而成的。孟子總結說：「生於憂患，死於安樂。」其實，孔子身上體現出尤為強烈的憂患意識，他對憂患意識之闡述也所在多見。在〈繫辭〉中，孔子就引〈否〉卦九五爻辭「其亡其亡，繫於苞桑」對憂患意識進行了闡論：「君子安而不忘危，存而不忘亡，治而不忘亂，是以身安而國家可保也。」在〈二三子〉中，孔子在解答「二三子」關於乾卦上九爻辭「亢龍有悔」時，說道：「此言為上而驕下，驕下而不怡者，未

之有也。聖人之立正也，若遁木，愈高愈畏下。」佁，假爲「殆」，危亡、失敗之義。「正」，通「政」。「遁」，借爲「循」，訓「順」，有爬之義。此處所詮釋的也是一種憂患意識。這一思想還見於帛書《衷》篇：「君子窮不忘達，安不忘亡。」

其實，憂患意識在〈繆和〉篇也十分突出地顯現出來。孔子引用了詩句「女弄不敝衣裳，士弄不敝車輛」〔註183〕，指出「無千歲之國，無百歲之家，無十歲之能」，強調的正是一種憂患意識。該篇中孔子對「困」卦的解讀，更集中展示了孔子的憂患意識。孔子強調「困」對人尤其是對爲政者的作用和影響。孔子一生抱定王道主張，周遊列國，結果四處碰壁，可以說他一生「窮困」，特別是「陳蔡之厄」尤爲凄慘困苦。正是孔子一生的遭際，使他對〈困〉卦有了更深刻的理解。繆和問〈困〉卦，孔子解答道：「是故湯□□王，文王拘牖里，〔秦繆公困〕於骰，齊桓公辱於長勺，越王勾賤（踐）困於〔會稽〕，晉文君困〔於〕驪氏，古古至今，伯王之君，未嘗憂困而能□□曰美惡不□□□也。」以古來王霸之君爲例，闡述了〈困〉卦的深義，表達了自己的對「困」（窮）與「達」的辯證看法。《說苑‧雜言》載孔子陳蔡絕糧一事，就記有與本篇類似的孔子之語，以說明「人君不困不成王，列士不困不成行」的道理。《孔子家語‧困誓》亦略載此事。孔子的「窮/達」思想又是和「時」的思想密切相聯的，孔子曾反覆強調「遇不遇者，時也」、「道雖貴，必有時而後重，有勢而後行」，孔子的這一思想爲後儒所繼承，在郭店簡〈窮達以時〉〔註184〕、《孟子》、《荀子》中，對窮、達、時的關係有了更系統、更清晰的認識。

與憂患意識緊密相關的就是孔子對「謙德」的推崇。在〈繆和〉篇中，弟子幾次問及〈謙〉卦，孔子皆借題發揮，闡述爲政者要重視謙德的思想。他認爲君主若能像古君子那樣「處尊思卑，處貴思賤，處富思貧，處樂思勞」，就能「長有其利而名與天地俱」，古代「聖人不敢有位也，以有知爲無知也，

〔註183〕對該句之涵義，拙文〈讀《繆和》札記〉曾予以分析。詳見《周易研究》2007年第5期。

〔註184〕對於〈窮達以時〉之作者學者間意見紛紜，不過，廖名春、鄭剛等學者皆認爲該篇出於孔子之手。若果如此，則正與〈繆和〉篇一致。參見廖名春〈荊門郭店楚簡與先秦儒學〉，載姜廣輝主編《中國哲學》第20輯，第43～45頁；鄭剛：《楚簡孔子論說辯證》，汕頭：汕頭大學出版社，2004年，第3～30頁。

以有能爲無能也，以有見爲無見也，憧焉無敢設也」，「夫聖君卑體屈貌以舒遜以下其人」，才能「致天下之人而有之」。今本〈繫辭〉中也有孔子對〈謙〉卦的一段解釋：「勞而不伐，有功而不德，厚之至也。語以其功下人者也。德言盛，禮言恭，謙也者，致恭以存其位者也。」就其思想來說，兩者非常相似，足見其爲孔子思想，但〈繆和〉篇的論述更多而且更加深入。

其實在其他文獻中，我們也可以看到孔子對謙德的論述。如在《家語‧賢君》篇記孔子說：「以貴下賤，無不得也。」其中所表現的孔子重謙下的思想與此如出一轍。這種思想所體現的並不是一種消極的無爲，而是一種政治的智慧，在這一點上，孔子與老子的無爲思想既有相似又有不同。孔子一方面對歷史非常熟悉，對三代政治瞭如指掌，他清楚文王之取得天下，是和他「三分天下有其二」，卻仍能「服事殷」，以謙示人的政治智慧緊密相關的。另外，孔子在研究了《周易》之後，對天道、地道、人道有了更深切的感觸和理解，從天地之道推衍出人道，在〈繆和〉中他說：「天之道，崇高神明而好下，故萬物歸命焉；地之道，精博以尙而安卑，故萬物得生焉；聖君之道，尊嚴叐知而弗以驕人，嗛然比德而好後，故〔天下歸心焉。〕《易》曰：謙，亨，君子有終」。孔子重視謙德，恐怕與周公也有關係。《韓詩外傳》卷三記周公誡伯禽的一段話，可以看出孔子對謙德的重視與周公之間的關聯：「吾聞德行寬裕，守之以恭者，榮；土地廣大，守之以儉者，安；祿位尊盛，守之以卑者，貴；人眾兵強，守之以畏者，勝；聰明睿智，守之以愚者，哲；博聞強記，守之以淺者，智。夫此六者，皆謙德也。……夫天道虧盈而益謙，地道變盈而流謙，鬼神害盈而福謙，人道惡盈而好謙。」〔註185〕這段記載雖未必實錄，但應非子虛烏有之事，因爲它是和周公的事迹、思想是相符合的。這段記載與〈繆和〉篇的記載有雷同之處，我們可以推測當是孔子襲用周公。不管如何，它反映了孔子重視謙德的思想是淵源有自的。

實際上重謙德是和孔子重視〈損〉、〈益〉兩卦分不開的。在帛書〈要〉篇、《孔子家語》、《韓詩外傳》、《說苑》等文獻中都記載了孔子占得〈損〉、〈益〉二卦之事，文辭大體相同。孔子強調「損益之道，不可不察」，認爲其中蘊涵著天地人三才之道。而對損益之道的深刻理解在《孔子家語‧三恕》「孔子觀欹器」的記載中有深刻體現：「宥坐之器，虛則欹，中則正，滿則

〔註185〕〔漢〕韓嬰撰、許維遹校釋《韓詩外傳集釋》，北京：中華書局，1980年，第117～118頁。

覆。……聰明睿智，守之以愚；功被天下，守之以讓；勇力振世，守之以怯；富有四海，守之以謙。此所謂損之又損之之道也。」《韓詩外傳》卷三亦載此事而文辭有異。對比兩段記載，可以發現，這兩處記載都涉及到「聰明睿智守之以愚」等一段，雖然文辭有異，但思想相通，而在〈繆和〉篇，「子」在論〈謙〉卦時也說了基本相同的話。這些材料當視爲「同源材料」。由此可見孔子重視謙德是其來有自，且是一貫的。

第三，「重言」與「愼言」。基於對社會和人生的深刻體悟，孔子不僅十分重視爲人尤其是爲政應具謙德，而且還十分強調愼言。在〈繆和〉篇中，孔子提出「重言」的主張。他認爲，〈困〉卦卦辭中所謂「有言不信」，實際上就是說明「聖人之所重言」的道理。〈困〉卦《正義》曰：「處困求濟，在於正身修德。若巧言能辭，人所不信，則其道彌窮，故誠之以『有言不信』也。」〔註186〕這一解釋應該是符合孔子思想的。然而，對此有學者卻徑指爲黃老道家思想，恐怕有武斷之嫌。只要我們對比一下《論語》、《孔子家語》、《韓詩外傳》、《說苑》等文獻中的記載，就可以看出孔子的愼言思想是在繼承古聖賢思想基礎上的一種發展。在《家語·觀周》篇，記載了孔子在周太廟見到〈金人銘〉，其中有「古之愼言人也，戒之哉。無多言，多言多敗。無多事，多事多患」之語，孔子讀罷，要求弟子們記住這一「實而中，情而信」的「古之遺言」，並引「戰戰兢兢，如臨深淵，如履薄冰」之詩，來教導弟子，要愼言才能免禍。看來孔子的愼言思想也是傳承有自的，是和古聖賢如周文王、周公的思想一脈相承的。關於〈金人銘〉的可信度，已有學者作出了新的考證。〔註187〕其中同於《老子》的語句和思想，只能理解爲《老子》繼承吸納了前人的思想。孔老思想有著共同的歷史文化背景，孔子和老子的思想有許多相通之處，這也得到越來越多的文獻證明。今本〈繫辭上〉就有孔子論愼言的話：「言行，君子之樞機，樞機之發，榮辱之主也。言行，君子之所以動天地也，可不愼乎？」《論語》中，孔子對愼言的強調更可謂比比皆是，如：〈學而〉：「巧言令色，鮮仁矣」、「謹而信」、「君子食無求飽，居無求安，敏於事而愼於言」，〈爲政〉：「多聞闕疑，愼言其餘，則寡尤」，

〔註186〕孔穎達：《周易正義》，《十三經注疏》（上冊），上海：上海古籍出版社，1997年，第59頁。

〔註187〕鄭良樹：《諸子著作年代考》，北京：北京圖書館出版社，2001年，第12～20頁。

〈里仁〉：「古者言之不出，恥躬之不逮也」、「君子欲訥於言而敏於行」。在《家語》中，孔子也曾反覆強調慎言。如〈屈節〉篇載，針對子貢「利口巧辭」，孔子大發感慨：「美言傷信，慎言哉。」《說苑‧政理》篇載「子貢爲信陽令，辭孔子而行」，孔子對他說，「君子慎言語矣，毋先己而後人，擇言出之，令口如耳」〔註188〕。〈雜言〉篇載孔子曰：「終日言不遺己之憂，終日行不遺己之患，唯智者有之。故恐懼所以除患也，恭敬所以越難也；終身爲之，一言敗之，可不慎乎！」〔註189〕這些記載說明將「重言」、「慎言」、「重言」等思想狹隘地理解爲道家的專利是不妥當的。

第四，「重時」與「察幾」。由於孔子非常重視「時」，也善於把握「時」，因此被孟子贊爲「聖之時者」。而孔子之所以對「時」有極其深刻的理解和把握，是和他對《周易》的深入鑽研分不開的。我們在今本、帛書《易傳》中，可以清楚地看到孔子對「時」的闡述是何等的精妙。如〈坤文言〉：「坤道其順乎！承天而時行。積善之家，必有餘慶；積不善之家，必有餘殃。臣弒其君，子弒其父，非一朝一夕之故，其所由來者漸矣，由辯之不早辯也。」〈繫辭下〉：「君子藏器於身，待時而動。」孔子在《周易》古經中更深切理解了天道、地道、人道，他觀天道察民故，將「時」的思想發揮到了極致。

「時」有兩層含義，一是要善於把握時機，防微杜漸；二是「與時偕行」的「變通」思想，這也就是所謂「無可無不可」、「無過無不及」的中庸之道。中庸的核心就是時。在〈繆和〉中，孔子時的思想主要體現爲第一層意思。在回答繆和關於〈豐〉卦、呂昌關於〈屯〉卦的疑問時，孔子強調了爲政者尤其是君主對各種態勢發展要做到「其始夢兆而亟見之」，甚至要「物未萌兆而先知之」，認爲這是「聖人之志」、「三代所以治其國」的「法寶」，這樣才能不失君人之道，才不會被懷有貳心的臣下得逞，否則後果就會不堪設想。在回答繆和關於〈渙〉卦的疑問時，著重強調了「時」、「幾」的重要性，認爲「古之君子，時福至則進取，時亡則以讓」。如果時機成熟而不能好好利用，錯過大好時機，則會有災禍，因此對時的把握利用的程度就決定著昌窮禍死，這是孔子在〈渙〉卦中得到的啓示。這一見解，同樣可以在《孔子家語》中看到。〈五儀〉篇記載孔子對魯哀公說：「存亡禍福皆己而已，天災地妖不能加也」；「以己逆天時，詭福反爲禍」。

〔註188〕向宗魯：《說苑校證》，北京：中華書局，1987年，第163～164頁。
〔註189〕向宗魯：《說苑校證》，第433頁。

　　第五，「德政」與「刑辟」。對於孔子的政治思想，可以用一句話來概括：「德主刑輔」。即為政者要注意對下屬和民眾實行恩惠，為政以德，但同時不能廢棄刑罰。《論語・為政》記載孔子說：「為政以德，譬如北辰居其所而眾星共之。」邢《疏》：「德者，得也。物得以生謂之德。」黃懷信先生《論語彙校集釋》按語云：「德，恩德，喻善政。」一反流俗「道德」之訓，可謂卓見。〔註190〕為政者使百姓有所「得」即是為政者之「德」，即是「善政」。《詩・大雅・泂酌》云：「愷悌君子，民之父母。」這是孔子經常引用的一句話。在〈繆和〉篇中孔子同樣說：「君者，人之父母也；人者，君之子也。」孔子對政治關係的一種理想化的設計就是：「上之親下也，如手足之於腹心；下之親上也，如幼子之於慈母矣。上下相親如此，故令則從，施則行，民懷其德，近者悅服，遠者來附，政之致也。」（《孔子家語・王言解》）〈昭力〉篇云：理想的君主應當「調愛其百姓而敬其士臣，強爭其時而讓其成利。」其實，這裏所體現的思想和《孔子家語・哀公問政》所記孔子所闡述的「治天下國家有九經」的思想如出一轍。《禮記・中庸》亦有這一段論述。儘管〈中庸〉為子思所「作」，但其中大量的「子曰」部分，顯係其整理保存的乃祖之言，應當作為孔子思想資料看待。綜合這些材料來看，這些思想確乎應屬於孔子，並不像很多學者所認為的屬於子思或更後期的儒家。

　　〈昭力〉篇則對「卿大夫之義」即「臣道」思想進行了闡述：「昔之善為大夫者，必敬其百姓之順德，忠信以先之，修其兵甲而衛之，長賢而勸之，不乘勝名以教其人，不美卑陋以安社稷。」在孔子心目中，理想的治國之道是「垂衣裳以來遠人」、「上政衛國以德」，其次是「衛國以力」，最差的是「衛國以兵」。要實現「衛國以德」，「必和其君臣之節，不〔以〕耳之所聞，敗目之所見，故權臣不作，同父子之欲，以固其親，賞百姓之勸，以禁違教，察人所疾，不作苛心，是故大國屬力焉，而小國歸德焉。城郭弗修，五兵弗實，而天下皆服焉。」雖然如此，如果要維護和諧的統治秩序，就要求君臣都要守禮，按照禮的要求行事，做到「君君臣臣，父父子子」，各自遵循自己的禮，「君能令臣」，君主就能實現「動則有功，靜則有名」，君主要以爵祿勸勉臣下盡忠效力，在〈繆和〉篇中孔子指出「〔明君之〕□（使）其人也，欣焉而欲利之；忠臣之事其君也，歡然而欲明之，歡欣交通，此聖王之所以君天下也」。「埶列爵位之尊，明厚賞慶之名」，是先王勸勉臣下的方法

〔註190〕黃懷信主撰：《論語彙校集釋》，第99頁。

和途徑。這樣「賢君之為列執爵位也，與實俱，群臣榮其死，樂其實，夫人盡忠於上」。如果君主做不到這一點，而是「處上位厚自利而不自恤下」、「厚斂致正以自封也，而不顧其人」，則會導致禍亂。像「貪亂之君」那樣，「群臣虛位，皆有外志，君無賞祿以勸之。其於小人也，賦斂無限，嗜欲無厭，徵求無時，財盡而人力屈，不勝上求，眾有離志」，則結果只能是「亡其國以及其身也」。〈昭力〉篇云：「昔之君國者，君親賜其大夫，親賜其百官，此之謂參詔。君之自大而亡國者，其臣屬以聚謀。君臣不相知，則遠人無勸矣，亂之所生於忘者也。是故君以愛人為德，則大夫恭德，將軍禁戰；君以武為德，則大夫薄人，〔將軍凌上〕。慳君以資財為德，則大夫賤人，而將軍趨利。是故失國之罪必在君之行不知決也。」君主是愛人還是愛財，決定著政治的方向以及成敗。

在〈繆和〉篇中，我們也可以看出，孔子雖然強調「為政以德」、「君惠臣忠」的為政之道，但也幾次談到「立為刑辟」的問題。他認為臣下「朋黨比周」，「以奪君明」，是「古亡國敗家之法也」。因此，一方面，君主要善於明察秋毫，防患於未然；另一方面就是要「立為刑辟，以散其群黨」，只有這樣才能避免「亡國敗家」，實現政治的長治久安。〈昭力〉篇同樣說：「昔□□□□人以憲，教之以義，付之以刑，殺當罪而人服。……夫失之前將戒諸後，此之謂教而戒之。」

乍讀此文，人們都會有一種法家思想或黃老思想的意味。於是，很多研究者多據此將〈繆和〉等判定為法家或至少是受法家或黃老思想影響的作品。即使承認為儒家作品，也多否認其為孔子思想的體現。陳來教授曾以帛書〈繆和〉、〈昭力〉為中心考察了馬王堆帛書《易傳》的政治思想，他指出：「從這個思想來看，雖然是戰國儒家政治思想的一部分，但……並不像孔子本人的思想，可能是戰國中後期儒家在政治上的發揮。」「包含了比較全面的君道思想，也反映了戰國中後期儒家在諸侯國政治實踐的主張。」〔註191〕王化平同樣認為：「從思想上說，帛書以儒為主幹，糅雜了一些法家、黃老學說的內容，而且有些內容又與荀子的思想相通。所以，帛書應當成於戰國晚期」，而且他同時否認了「先生」為孔子。〔註192〕之所以出現這種認識，正是對孔子為政

〔註191〕陳來：〈馬王堆帛書《易傳》的政治思想——以《繆和》《昭力》為中心〉，《北京大學學報》，2008 年第 2 期。收入氏著《竹帛〈五行〉與簡帛研究》，第 269 頁。

〔註192〕王化平：《帛書〈易傳〉研究》，成都：巴蜀書社，2007 年，第 228 頁。

思想的片面認識所致。

其實，孔子一向主張的「德主刑輔」爲政之道。在《孔子家語・刑政》篇，孔子向仲弓闡述了其對刑與政的態度：「聖人之治，化也，必刑政相參焉。太上以德教民，而以禮齊之；其次以政爲導民，以刑禁之，刑不刑也。化之弗變，導之弗從，傷義以敗俗，於是乎用刑矣。」孔子對德刑關係一向有著辯證的看法，曾以御馬比喻爲政：「夫德法者，御民之具，猶御馬之有銜勒也。君者，人也；吏者，轡也；刑者，策也。夫人君之政，執其轡策而已。」「正銜勒，齊轡策，均馬力，和馬心」，方能達至千里。御民也一樣，「一其德法，正其百官，以均齊民力，和安民心」，這樣就可以達到「令不再而民順從，刑不用而天下治」。〈緇衣〉篇亦有「政之不行也，教之不成也，爵祿不足勸也，刑罰不足恥也。故上不可以藝刑而輕爵。〈康誥〉曰：『敬明乃罰。』〈甫刑〉曰：『播刑之不迪。』」所體現的正是孔子「德主刑輔」的君道爲政思想。〔註193〕這與〈繆和〉〈昭力〉篇所論十分相像。《孔子家語・始誅》所載孔子誅少正卯的故事，從中我們可以更眞切地瞭解孔子爲政思想中德刑並用的主張。其實，《左傳・昭公二十年》所載孔子所推崇的「寬猛相濟」，《孔子家語・觀鄉射》所記「一張一弛，文武之道」都可以看作這一思想的不同表述。

綜上所述，〈繆和〉、〈昭力〉篇以及其他幾篇帛書《易傳》蘊涵著豐富的孔子《易》教思想。這些帛書《易傳》文獻在南方楚地的出土，可以證明孔子易學的傳播及影響。不同弟子對於易學之關注不同，也證明了儒家易學傳統的多元性特徵。

〔註193〕參看林素英：〈從施政原則論孔子德刑思想之轉化——綜合簡本與今本《緇衣》之討論〉，武漢大學簡帛研究中心主編：《簡帛》第2輯，上海：上海古籍出版社，2007年，第193～208頁。我們以爲，〈緇衣〉篇當爲子思所記孔子之言，對此，虞萬里：《上博館藏楚竹書〈緇衣〉綜合研究》等論著已做了具體考察。其中集中反映了孔子的君道思想，除傳本《禮記・緇衣》外，在郭店楚簡和上博竹書中又有基本相同而又有所差異的本子。該篇對於德刑問題有著深刻的闡述。

結　語

　　春秋戰國時代是中國思想史乃至中國文明的「軸心時代」。那時的思想界，百花齊放，百家爭鳴，湧現出孔、孟、老、莊等思想巨子，奠定了後世中國思想和中國文明的基本格局。單就儒學而言，《韓非子・顯學篇》說：「自孔子之死也，有子張之儒，有子思之儒，有顏氏之儒，有孟氏之儒，有漆雕氏之儒，有仲良氏之儒，有孫氏之儒，有樂正氏之儒。」此所謂「儒分爲八」之說。在以往的研究中，學者往往將此視爲儒學衰弱的標誌，對於孔子之後的「七十子」及「七十子後學」時代的儒學表現出極大的漠視。翻看大多數的儒學史、思想學術史著作，對「儒家八派」或孔門「七十子」及其後學這一段發展史要麼數筆帶過，要麼根本不提。比如，馮芝生先生名震天下的《中國哲學史》居然未提及這一問題。而幾十年來形成的早期儒學的敘述模式基本上呈現爲「孔—孟—荀」的三段式。這種思想史敘事，雖然擺脫了韓愈以來的「道統譜系」的描述，但又在另一個層面上編造了儒學的新譜系。其缺陷自不待言。

　　其實，戰國時期亦可謂儒學發展的「黃金時代」，不僅有韓非子所提及的所謂「儒家八派」，尚有諸如曾子之儒、子夏之儒、子游之儒等不少重要的儒家學派。這種儒學的多元嬗變、發展的格局，正是儒學富有生命力和活力的表徵，而絕非儒學陷於低谷之證據。近代學者蔣伯潛曾指出：「戰國初，爲儒家全盛時期。」揆諸近年來發現的郭店簡、上博簡等大量戰國時期的簡帛佚籍，可證此言洵不誣也。

　　我們縱觀整個早期儒學的發展歷程，可以發現儒學的發展實際上經歷了一個「合—分—合—分—合」的「正反合」的辯證發展。第一個「合」，是指

孔子思想作爲一個整合的「體系」，其後便經歷了其弟子的不同方向的分化；第二個「合」，是指子思對於孔子弟子思想的綜合取向。我們在前面的研究中可以看出，子思作爲孔子的裔孫，地位較爲特殊，而且思想創造力巨大，他與孔子弟子有著不同尋常的關係，不僅是曾子的弟子，而且還可能與子張、子游、子弓、有子、子夏等有著密切的關係，甚至是師承的關係。在子思那裏，儒學實現了第一次分化後的綜合。而子思對孟子的影響得到了大部分學者的認可，而他又可能與世子、公孫尼子以及戰國後期的荀子等存在密切關係。很多學者推測，《論語》的編纂和結集可能是出於子思的領纂，甚至《孔子家語》也可能是子思首先結集成書的。儘管我們沒有直接的證據證實這一切完全符合歷史的眞實，但是我們從紛繁複雜的文獻記載中，可以隱約發現子思與儒家諸子的非同尋常的關係。可以想見，子思在戰國早期佔據了儒家群體的中心位置，是當之無愧的儒家領袖。

梁濤先生在深入研究了「思孟學派」及相關問題之後，提出「回到子思去」的主張。他認爲：「子思不僅是早期儒學的關鍵人物，其所代表的時代在早期儒學發展中也處於一種樞紐的地位。子思之前，孔子吸收、總結堯舜三代的禮樂文化並加以創造、發展而形成的以仁、禮爲核心的儒學思想，彙聚到子思這裏，得到較爲全面的繼承；子思而下，這一豐富的儒學傳統開始分化，出現向不同方向發展的趨勢。從子思到孟、荀，是儒學內部深化同時也是窄化的過程，孟子、荀子分別從不同方向發展了孔子以來的儒學傳統，使儒學的某些方面得到充分發展，變得深刻而精緻，但對儒學的其他方面或有所忽略或出現偏差，因爲並沒有眞正全面繼承孔子以來的儒學傳統」〔註 1〕對於梁濤先生對子思與孟荀的關係的分析，我們毫無疑義，不過，我們認爲，在孔子與子思之間，儒學便已經出現了分化，這種分化並非從子思開始的。子思試圖整合孔子之後七十子及其後學的分化趨勢，但是子思並沒完成這一趨勢。在他之後，儒學繼續分化發展，主要形成了孟子和荀子兩大學派。而到了戰國末期、漢代初年，儒學又迎來了第三次整合的機遇，完成這一次整合的是漢儒董子。

早期儒學多元嬗變的內在機理，其實恰恰就蘊涵於孔子學說之中。孔子「祖述堯舜，憲章文武」，其思想具有「集大成」的特徵，涵括了道、學、政三個既相互聯繫又相互分別的層面，這必然使其思想呈現出濃厚的多元色彩

〔註 1〕 詳參梁濤：《郭店竹簡與思孟學派》，第 526～537 頁。

和複雜性格。而且，他一生「敏而好學」，其思想也一直在不斷的發展變化過程中，表現爲由早年重禮到中年倡仁，進而至晚年言「性與天道」之學的三個階段。可見孔子作爲儒學奠立者，思想博大精深，然而又有學說初創者的複雜性和混沌性，豐富性和多歧性，這爲其門人後學向不同方向發展儒學提供了前提。

孔子教育思想的開放性和非限定性特徵，又爲儒學之多元發展提供了條件。孔子倡導踐行「有教無類」的教育理念，使孔門極爲開放，其門下弟子來自不同地域、不同階層，氣質、稟賦千差萬別，極一時之盛，自古就有「夫子之門，何其雜也」的喟歎。而孔子推行的「因材施教」和啓發式教學，則明顯具有非限定性特徵。因此有所謂「孔門四科」的說法，而這四科弟子，實際上正好對應著孔學的道、學、政三個層面。而這三個層面，在日後的中國歷史上形成道統、學統、政統，發生過極爲重要的影響。

相對於孔子儒學的本身發展的內在理路，春秋戰國之際的時勢變化，儒學傳播與不同地域文化的融合，諸子蠭起後不同思想的挑戰與互攝，都構成了戰國時期儒家分化和發展的「外在理路」。如此內因外緣相輔相成，共同推動了早期儒學的多元嬗變的發展格局。

一般來說，社會與思想的關係非常複雜，不易直接對應。近代以來，隨著歷史唯物論在中國歷史學領域的應用，學者將目光更多地集中在社會性質對思想的決定性影響的考察上。郭沫若、侯外廬等先生正是這一馬克思主義思想史研究範式的奠基者。以經濟基礎決定上層建築，上層建築反映經濟基礎的簡單化的決定論和反映論思路，來構築社會與思想的關係，固然限制了這一研究範式的有效性，遭到了新時代學者的質疑與揚棄。不過，平心而論，如果忽視了社會對思想的影響，也屬於偏見之失。因爲，思想是思想者的思想，而思想者，作爲人，與社會之間存在著既外在又內在的聯繫。如果說社會性質的變化，屬於較長時段的話，那麼社會時勢的變化則屬於較爲顯見的，顧炎武在《日知錄》「周末風俗」條中對「春秋」與「戰國」的不同「社會氣質」有很好的對比。戰國時代，政治形勢中兼併戰爭的發生導致的諸侯國數量急劇減少，中國社會由分裂走向統一成爲大勢所趨。這些劇烈的變化，必然影響到思想者對政治、對社會的觀感和看法。比如，郭店簡〈忠信之道〉可能正是對應於戰國「忠信之道」失落的社會風氣的；而〈唐虞之道〉則表明戰國時期禪讓思潮的興盛對儒學的影響之大。孟子倡「定於一」，荀

子之「非十二子」,皆是爲因應戰國時代政治社會和思想學術「由分裂到統一」的趨勢的。

從孔子開始,儒學便極具傳播力。孔子之後,「七十子之徒散遊諸侯」,繼續傳播和發展儒學。正是這種弟子離散,分居各地的傳播行爲,才使儒學得以擴大影響,成爲戰國時期之「顯學」。根據現有的出土文獻可知,儒學在南至楚地,北達中山的廣闊地域已經有了非常大的影響力。不同地域又具有不同的地域文化特徵。蒙文通先生曾提出晚周學術三分的說法,即北方三晉之學,南方吳楚之學,東方齊魯之學。儒學所至必然與各地域文化發生相互影響的關係,產生不同特色的儒學流派。如郭店簡、上博簡以及馬王堆帛書等皆呈現出楚地的風格,尤其是郭店簡所呈現出的儒、道兩家之互相影響,或可見不同地域文化對儒學影響之一斑;再如子夏教授於西河,使儒學與三晉之學相結合,對法家的產生起到了誘導之功;而稷下學宮對於荀子學派的思想綜合性特徵的影響,都是學者熟識的例子。

在儒家興起之後,墨、道、法、陰陽等十家九流,一時蠭起,在學術史上大放異彩。唐君毅先生曾指出:由孔子演爲諸子之學,乃一本而分殊之勢,這正是《莊子・天下》所說的「道術將爲天下裂」,所描繪的正是思想界「百衚爭流」的繁盛局面。思想衍化之後,一種新的思想產生,必然會與原來的思想形成互競互攝的關係。在戰國時期,墨家、道家、法家等對儒家都形成了強烈的挑戰,而儒家也在與諸家的競爭中有所互攝和融合。最爲顯著的例子就是戰國中期,楊、墨之學對儒學的挑戰,刺激了孟子學派的誕生,使儒學義理結構出現了大飛躍。

近代以來,儒學逐漸被邊緣化,於是有「花果飄零」以及「遊魂」的感歎。其實,如果我們辯證地看待這一問題,就會發現由「官學」變爲「諸子」的儒學,未嘗不是一次重生的契機。漢代之後儒學被定於一尊,雖然儒學多元發展的格局仍在,但畢竟儒學受威權政治的干擾和約束,其發展日益僵化,嚴重阻礙了儒學的正常發展,扼殺了儒學的發展活力。而先秦時代儒學則是在學術自由爭鳴中發展起來的。不僅與儒家之外的思想流派有著互相爭鳴論辯,即使在儒家內部也存在著不同的思想傾向和流派,這一多元共生的思想文化生態是思想文化事業發展的必然要求和必要條件。

先秦儒學在孔子之後,逐漸在分化中發展,形成一種「多元嬗變」的格局。其間不僅有韓非所謂的「儒家八派」,而且還有曾子之儒、子夏之儒、子

游之儒、子弓之儒等等。其中尤其以偏向內聖一路的子思─孟子，與偏向於外王一路的子弓─荀子，各自代表了儒學發展的兩翼。儒學的這種分化，雖然是思想發展的必然趨勢，而且也確實推動了儒學的發展和影響的擴大，但我們又不能不承認不管是思孟，還是荀子，及其他學派都在一定程度上背離了孔子思想的整體性。

在思想的分化的邏輯之中，同時便積蓄著整合的力量。韓非子所謂「儒分爲八」，但是這「八派」又「自謂眞孔」，各個儒家學派都在努力以自己所得於孔子之教爲標準，去判別與整合其他學派。不僅如此，包括儒學在內的先秦諸子也由王官之學分化而來，孔子在其間具有舉足輕重的作用。迨至戰國時期，諸子紛起，百家爭鳴，然而就在這互相爭鳴的諸子之中，在攻擊和批判的同時，也在努力去統一思想。他們並不像今天我們這樣高度評價「百家爭鳴」，甚至與今天的評價完全相反。正如《莊子・天下篇》所說的那樣，那是一個「道術將爲天下裂」的令人痛心的時代，各家「多得一察焉以自好」，是造成戰國亂世的根源。每家都希望以自己爲中心去統一或綜合其他思想，以結束「爭」的亂相。〔註2〕

戰國早期的子思，對於儒學的分化表示憂慮。他以孔子裔孫的身份和地位，在學習和綜合孔子及眾弟子思想成果的基礎上，形成了其思想體系，這可視爲在孔子之後，儒學的第一次整合。不過，這一次整合並不徹底，此後儒學繼續分化發展。儒學的整合尚需要社會、政治的統一的大趨勢與之相應而行。

儒學經過先秦時期的發展，已經成爲影響深遠的「顯學」。秦代之有「焚書坑儒」之難，恰恰說明儒學在秦之影響。〔註3〕眾所周知，隨著政治上的大一統趨勢日漸明朗，思想上的統一也逐漸成爲時代的需要。荀子作爲先秦儒家之殿軍，即可視爲儒學吸納百家以求思想上主導地位的努力，而《呂氏春秋》與《淮南子》之融彙百家，乃是漢代儒學整合之前奏。大一統政治的確立，必然要求相應的思想作爲意識形態與之匹配。正如閻步克所指出的：

在諸子百家學說之中，道家貶低禮義、法家無視道德，就是墨傢具

〔註2〕 鄧曦澤：〈走出歷史的玩偶化〉，楊朝明主編：《孔子學刊》第1輯，第19～35頁。

〔註3〕 關於儒學在秦代的影響，近來有不少論著做出了分析，對以往的認識提出了糾正。可參王德成：《儒學與秦代社會》，曲阜師範大學專門史碩士學位論文，2007。

有平民精神的「兼愛」，也不如儒家學說那樣，更集中地體現和更有
力地維護了社會的主流道義觀念。那些道義觀念為社會提供了基本
文化秩序，只要是生活於那個時代之中就無法擺脫它們；而儒術則
把它們昇華成了系統化的理論學說。

道、法、墨基於不同角度都有否定文化的傾向，可是在這個文明古
國中，文化、特別是高級文化的生產、傳播和消費，已經成了民族
生活的最基本內容之一。……古代的主要典籍，大抵為儒家之所傳，
這在決定儒者歷史命運上實有重大意義。

在代表古典文化上，儒者顯然具有更充分的資格，這便使儒家學派
在文化領域處於得天獨厚的有利地位。對於那個社會的政權來說，
它需要充分利用結晶於「詩書」、「禮樂」之中的高級文化來強化其
合法性和整合社會，把它們轉化為其政治象徵；對於社會來說，也
需要這種能夠體現其基本道義的高級文化來自我維護，通過它們來
形成政治期待，促使國家保障那些價值，並僅僅賦予這樣的政權以
合法性。於是我們就看到，儒家的「禮治」相對能夠更全面地滿足
那個社會對意識形態的需求。同時那個社會也有其意識形態賴以生
存的豐沃土壤。〔註4〕

在當時的思想資源中，墨家之平民化色彩注定流於式微。而黃老思想，
從其自身特色來看，也必然只能充當一種過渡角色。而最能適應大一統政治
的可選擇對象，只有儒家和法家。然而，法家因秦亡的教訓仍在眼前，正飽
受詬病，因此不可能被確立為意識形態。那麼具有強烈意識形態色彩的儒家
便成為最佳候選。然而，事情並不如此簡單。儒家如果不能適應這一新形勢，
而做出相應的調整，如對其他各家思想的吸收融彙，對漢朝政治合理性做出
巧妙的解釋，建立一種適應大一統格局的綱常倫理和宇宙觀念，那麼儒學就
不能擔當此任。儘管漢宣帝曾直言不諱地告訴太子：「漢家自有制度，本以霸
王道雜之。」（《漢書‧元帝紀》）不過，畢竟漢代皇帝終於選擇了儒學作為官
方的意識形態。相對來說，法家的法術之學，更多的充當了專制官僚政治的
行政理論，而儒家則擔當起意識形態的角色。

漢武帝時期，經過歷史的淘洗和選擇，儒學被定為了中國文化的「正

〔註4〕 閻步克：《士大夫政治演生史稿》，北京：北京大學出版社，1996 年，第 320
～321 頁。

宗」，經過所謂「罷黜百家、獨尊儒術」，儒學成為官學。而與此相適應，董仲舒對戰國儒學之分化又做出了一定之整合，尤其是對內聖與外王兩翼分化予以整全。正如余治平先生所言：「如果說孔子之後，儒學的路線有所謂曾子、子思、孟子的『內聖』與子張、子貢、荀子的『外王』之別，那麼，及至漢時代，經由董仲舒所建構起來的新儒學，則徹底揚棄了聖與王各執一端的偏向，他既重視外在的實際生活，又講求內在的性情世界，兼有事功，並含精神，在有創新、有所發展、有所推進的基礎上，實現了對孔子思想的復歸，還儒學以一個真正的、整全的面目。」〔註3〕但另一方面，他與原始儒家又有共同之處，就在於立足天道以言人道。這一點甚至比孔孟更為顯著。不管是他的人副天數的天人感應論、還是性三品的人性論，都是為了其政治思想立論的需要，都是要服務於提出「王道教化」的政治思想。董子倡「獨尊儒術」，漢代設經學博士，導以利祿之途。自公孫弘白衣為天子三公，天下靡然鄉風。對此後世十分詬病，於今尤甚。所指責者不外使儒學津津於利祿之途，喪失了獨立性與道之純潔性。然而正如皮錫瑞所言：此「持論雖高，而三代以下既不尊師，……欲興經學，非導以利祿不可。古今選舉人才之法，至此一變，亦勢之無可如何者也。」〔註4〕然而，今人竟不如古人之「審時識變」，明矣。

　　對思想一統與百家爭鳴的關係，自然知識分子從來都讚美和嚮往先秦諸子百家爭鳴之盛況，認為這是思想的黃金時代。於是，對於董子倡導獨尊儒術往往持憎惡和否定態度，以為是這一措施扼殺了思想的自由發展。但論者往往忽視了這同樣是思想發展的必然結果。金春峰先生已指出：「從與百家爭鳴的關係看，『罷黜百家、獨尊儒術』不是『百家爭鳴』結束的原因，而恰恰是它的結果。」〔註5〕

　　正如，歷史上從來不存在純粹的漢族一樣，也從來不存在純粹的儒學。從儒學誕生之日起，就與其他思想發生著不可避免的爭論與吸納和融合，歷兩千五百年而不息。爭論既存於儒學與外部學派之論辯，如先秦時期之百家爭鳴，唐代以來之三教論爭；亦存在於儒學內部之不同學派間，如荀子非思

〔註3〕　余治平：《唯天為大：建基於信念本體的董仲舒哲學研究》，北京：商務印書館，2003年，第84頁。

〔註4〕　皮錫瑞：《經學歷史》，第44頁。

〔註5〕　金春峰：《漢代思想史》（修訂第3版），北京：中國社會科學出版社，2006年，第169頁。

孟，漢代今古文之爭，宋明以來程朱陸王之爭、清代漢宋之爭。思想與思想之交鋒，乃是思想發展的必然和常態。在此無數論爭之中，既包含著不同思想之交鋒、亦暗藏著正統與非正統之爭、道統之爭等較量，也不免利益衝突。其實，從另一個角度看，這種紛爭不已的局面和景象，恰恰反映了思想本身的活力。而爭議本身所能帶來的思想交鋒，可能正是下一次思想發展乃至突破的契機。而且，這互相論爭本身即是一互相吸收融合的過程。可見自始至終，儒學乃一開放系統，因此才能歷久而彌新。正如鍾泰先生所言：「自漢以來，儒者不必皆治道德、名、法，而治名、法、道德則無不儒者。故吾謂漢以前，儒爲九流之一；漢以後，儒爲百家之宗者，此也。」〔註6〕

同時儒學也與中國社會發生著千絲萬縷的聯繫，與中國政治更是糾葛千載，互相影響。思想與政治的交鋒，往往是思想遭受異化。這似乎亦是古今中外概莫能外的現象。追求用世的儒學更是如此。它一方面堅持改造政治，用儒家的學說和理念教化君主和社會，期望堯舜之治的實現。他們主動地投入到政治中去，但是大部分必然在得到了政治的厚愛之後，放棄或忘記了道義和思想，成爲統治階層的一員，被異化了。但是，同樣不可否認的是，儒學在兩千多年的政治壓力下，依然盡了教化政治之責，效果的好壞另當別論，但是儒家政治思想在中國政治史上還是起到了非常大的作用的。儘管歷來王朝大都奉行「陽儒陰法」的權術政治，但是儒學卻一直被奉爲政治行爲的準則。權力腐化了儒學，但是儒學一定程度上淨化了政治。試想，沒有了儒學，中國傳統的專制統治將會怎樣的殘酷？

當今世界被稱爲「新戰國時代」，全球化與民族化成爲對立統一的一對思潮，以儒學爲代表的中國文明如何處理與西方文明的關係，是一個大課題，也爲儒學重生提供了契機；而在國內，儒學和中國傳統文化進入了漸趨復興時期，諸如政治儒學、心性儒學、制度儒學、生活儒學等各種「流派」紛呈，但如何理解儒學與其他各家文化的關係，尤其是以儒學與西方外來文化的關係，如何把握儒學復興的走向，都成爲亟待解決的問題。

回顧和檢討春秋戰國時代的早期儒學發展史，我們會得到諸多啓示。儒學的再獲新生，必須一方面重興儒家「務治」傳統或「經世致用」的現實關懷，從當今和未來的社會發展的實際出發進行創造性地思考，提供富有建設性的思想。另一方面，保持「和而不同」的開放心態，抵制和摒棄原教旨主

────────────

〔註6〕 鍾泰：《中國哲學史》，瀋陽：遼寧教育出版社，1998年，第89頁。

義式的思維和定於一尊的獨裁心態，繼承並發揚儒學本身在道、學、政等不同層面的思想遺產，充分繼承和吸收歷史上各時期儒學的合理思想成果，以宋儒和當代新儒家爲代表的心性之學固然彌足珍貴，以漢儒爲代表的政治儒學亦不容忽視。當我們努力爲儒學的轉化性創造而努力之際，只有保持儒家開放的心態，積極與其他各家思想，尤其是向西方文明學習，吸納其優秀成分，實現儒學的創造性轉化或轉化性創造；只有保持儒家積極入世，關懷現實的精神，積極思考應對當前人類及民族發展所面臨之困境與問題的方案和策略，才能眞正爲時代和社會所歡迎和接納，獲得新生，才是正途。

參考文獻

一、古籍文獻（含整理、注疏、譯注本）

1. 〔清〕阮元，《十三經注疏》，上海：上海古籍出版社，1993。

2. 李學勤主編，《十三經注疏》，標點本，北京：北京大學出版社，1999。

3. 《諸子集成》，上海：上海書店出版社，1986。

4. 〔南朝梁〕皇侃，《論語義疏》，文淵閣四庫全書。

5. 〔宋〕朱熹，《四書章句集注》，北京：中華書局，1983。

6. 〔清〕劉寶楠，《論語正義》，北京：中華書局，1990。

7. 〔清〕王闓運，《論語訓‧春秋公羊傳箋》，長沙：嶽麓書社，2009。

8. 程樹德，《論語集釋》，北京：中華書局，1990。

9. 黃懷信主撰、周海生、孔德立參撰，《論語彙校集釋》，上海：上海古籍出版社，2008。

10. 康有爲，《論語注》，北京：中華書局，1984。

11. 錢穆，《論語新解》，北京：三聯書店，2005。

12. 李澤厚，《論語今讀》，合肥：安徽文藝出版社，1998。

13. 楊伯峻，《論語譯注》，北京：中華書局，1980。

14. 吳林伯，《論語發微》，北京：文化藝術出版社，1989。

15. 程石泉，《論語讀訓》，上海：上海古籍出版社，2005。

16. 楊朝明，《論語詮解》，揚州：廣陵書社，2008。

17. 李零，《喪家狗：我讀〈論語〉》，太原：山西人民出版社，2007。

18. 〔宋〕王柏，《家語考》，《魯齋集》卷九，四庫全書本。

19. 〔清〕陳士珂，《孔子家語疏證》，上海：上海書店影印，1987。

20. 楊朝明、宋立林，《孔子家語通解》，濟南：齊魯書社，2009。

21. 王鈞林、周海生，《孔叢子（譯注）》，北京：中華書局，2009。

22. 〔清〕焦循，《孟子正義》，北京：中華書局，1987。

23. 康有爲著、樓宇烈整理，《孟子微　中庸注　禮運注》，北京：中華書局，1987。

24. 楊伯峻，《孟子譯注》，北京：中華書局，1960。

25. 〔清〕李光地，《周易折中》，北京：九州出版社，2002。

26. 黃壽祺、張善文，《周易譯注》，上海：上海古籍出版社，1989。

27. 李民、王健，《尚書譯注》，上海古籍出版社，2004。

28. 黃懷信、張懋鎔、田旭東，《逸周書彙校集注（修訂本）》，上海：上海古籍出版社，2007。

29. 〔元〕陳澔，《禮記集說》，南京：鳳凰出版社，2010。

30. 〔清〕孫希旦，《禮記集解》，北京：中華書局，1998。

31. 〔清〕朱彬，《禮記訓纂》，中華書局，1996。

32. 楊天宇，《禮記譯注》，上海：上海古籍出版社，2004。

33. 丁鼎，《禮記解讀》，北京：中國人民大學出版社，2010。

34. 〔清〕王聘珍，《大戴禮記解詁》，北京：中華書局，1983。

35. 黃懷信主撰、孔德立、周海生參撰，《大戴禮記彙校集注》，西安：三秦出版社，2005。

36. 方向東，《大戴禮記彙校集解》，北京：中華書局，2008。

37. 高明，《大戴禮記今注今譯》，臺北：臺灣商務印書館，1984。

38. 楊伯峻，《春秋左傳注》，北京：中華書局，1981。

39. 程俊英，《詩經譯注》，上海：上海古籍出版社，2004。

40. 汪受寬，《孝經譯注》，上海：上海古籍出版社，2004。

41. 胡平生，《孝經譯注》，北京：中華書局，1996。

42. 林慶彰等主編，《經義考新校》，上海：上海古籍出版社，2010。

43. 〔漢〕許愼，《說文解字》，北京：中華書局，1963。

44. 〔清〕段玉裁，《說文解字注》，杭州：浙江古籍出版社，1998。

45. 〔清〕王先謙，《荀子集解》，北京：中華書局，1988。

46. 梁啓雄，《荀子簡釋》，北京：中華書局，1983。

47. 王天海，《荀子校釋》，上海：上海古籍出版社，2005。

48. 張覺，《荀子譯注》，上海：上海古籍出版社，1995。

49. 楊朝明，《荀子注說》，開封：河南大學出版社，2008。

50. 〔清〕孫詒讓,《墨子閒詁》,北京:中華書局,2001。

51. 吳毓江,《墨子校注》,北京:中華書局,2006。

52. 〔清〕郭慶藩,《莊子集釋》,北京:中華書局,2004。

53. 鍾泰,《莊子發微》,上海:上海古籍出版社,2002。

54. 陳鼓應,《莊子今注今譯》,北京:中華書局,2006。

55. 〔清〕王先慎,《韓非子集解》,北京:中華書局,1998。

56. 梁啓雄,《韓子淺解》,北京:中華書局,2009。

57. 陳奇猷,《韓非子新校注》,上海:上海古籍出版社,2000。

58. 張覺,《韓非子校疏》,上海:上海古籍出版社,2010。

59. 王利器,《呂氏春秋注疏》,成都:巴蜀書社,2002。

60. 許維遹,《呂氏春秋集釋》,北京:中華書局,2009。

61. 〔清〕何寧,《淮南子集解》,北京:中華書局,1998。

62. 劉文典,《淮南鴻烈集解》,北京:中華書局,1989。

63. 〔清〕蘇輿,《春秋繁露義證》,北京:中華書局,1992。

64. 黃暉,《論衡校釋(附劉盼遂集解)》,北京:中華書局,1990。

65. 徐元誥,《國語集解》,北京:中華書局,2002。

66. 〔漢〕司馬遷,《史記》,北京:中華書局,1982。

67. 〔清〕梁玉繩,《史記志疑》,北京:中華書局,1981。

68. 〔清〕崔適,《史記探源》,北京:中華書局,1986。

69. 〔漢〕班固,《漢書》,北京:中華書局,1962。

70. 〔宋〕王應麟,《漢制考 漢書藝文志考證》,北京:中華書局,2011。

71. 〔唐〕魏徵,《隋書》,北京:中華書局,1973。

72. 許維遹,《韓詩外傳集釋》,北京:中華書局,1980。

73. 向宗魯,《說苑校證》,北京:中華書局,1987。

74. 范祥雍,《戰國策箋證》,上海:上海古籍出版社,2006。

75. 〔唐〕陸德明,《經典釋文》,北京:中華書局,1983。

76. 〔唐〕徐堅,《初學記》,北京:中華書局,1962。

77. 〔宋〕程顥、程頤,《二程集》,北京:中華書局,2004。

78. 〔宋〕朱熹,《周易本義》,北京:中華書局,2009。

79. 〔宋〕黎靖德編,《朱子語類》,北京:中華書局,1986。

80. 〔宋〕洪邁,《容齋隨筆》,北京:中華書局,2005。

81. 〔明〕郎瑛,《七修類稿》,上海:上海古籍出版社,2009。

82. 〔明〕何良俊，《四友齋叢說》，北京：中華書局，1959。

83. 〔清〕王夫之，《讀四書大全說》，北京：中華書局，1975。

84. 〔清〕顧炎武著、黃汝成集釋，《日知錄集釋》，長沙：嶽麓書社，1994。

85. 〔清〕紀昀，《四庫全書總目提要》，北京：中華書局，1965。

86. 〔清〕李光地，《周易折中》，北京：九州出版社，2002。

87. 〔清〕惠棟，《周易述》，北京：中華書局，2007。

88. 〔清〕錢大昕，《潛研堂集》，上海：上海古籍出版社，2009。

89. 〔清〕錢大昕，《十駕齋養新錄》，南京：江蘇古籍出版社，2000。

90. 〔清〕盧文弨，《抱經堂文集》，北京：中華書局，1990。

91. 〔清〕陳澧，《陳澧集》，上海：上海古籍出版社，2008。

92. 〔清〕孫詒讓，《札迻》，北京：中華書局，1989。

93. 〔清〕阮元、王先謙主編，《清經解　清經解續編》9，南京：鳳凰出版社，2005。

94. 〔清〕王先謙，《諸子平議》，上海：上海書店，1988。

95. 〔清〕皮錫瑞，《經學通論》，北京：中華書局，1954。

96. 〔清〕皮錫瑞著，周予同注，《經學歷史》，北京：中華書局，2004。

97. 〔清〕崔述，《崔東壁遺書》，上海：上海古籍出版社，1983。

98. 〔清〕俞樾，《古書疑義舉例》，《古書疑義舉例五種》，北京：中華書局，2005。

99. 〔清〕秦嘉謨等輯，《世本八種》，北京：中華書局，2008。

100. 陳橋驛，《水經注校證》，北京：中華書局，2007。

101. 余冠英、周振甫、啟功、傅璇琮主編，《唐宋八大家全集·韓愈集》，北京：國際文化出版公司，1997。

102. 余冠英、周振甫、啟功、傅璇琮主編，《唐宋八大家全集·蘇軾集》，北京：國際文化出版公司，1997。

二、今人專著

1. 白奚，《稷下學研究──中國古代的思想自由與百家爭鳴》，北京：三聯書店，1998。

2. 白奚，《先秦哲學沉思錄》，北京：中國社會科學出版社，2007。

3. 蔡仁厚，《孔孟荀哲學》，臺北：臺灣學生書局，1984。

4. 蔡仁厚，《孔門弟子志行考述》，臺北：臺灣商務印書館，1969。

5. 蔡尚思，《孔子思想體系》，上海：上海人民出版社，1982。

6. 蔡元培，《中國倫理學史》，北京：商務印書館，1999。

7. 曹峰，《上博楚簡思想研究》，臺北：萬卷樓圖書股份有限公司，2006。

8. 常乃惪，《中國思想小史》，上海：上海古籍出版社，2005。

9. 晁福林，《先秦社會形態研究》，北京：北京師範大學出版社，2003。

10. 陳鼓應，《易傳與道家思想》，北京：三聯書店，1997。

11. 陳國慶，《漢書藝文志注釋彙編》，北京：中華書局，1983。

12. 陳來，《古代宗教與倫理》，北京：三聯書店，2009。

13. 陳來，《古代思想文化的世界》，北京：三聯書店，2009。

14. 陳來，《竹帛〈五行〉與簡帛研究》，北京：三聯書店，2009。

15. 陳啓雲，《中國古代思想文化的歷史論析》，北京：北京大學出版社，2001。

16. 陳少明，《經典世界中的人、事、物》，上海：上海三聯書店，2008。

17. 陳戍國，《中國禮制史‧先秦卷》，武漢：湖南教育出版社，2002。

18. 陳鐵凡，《孝經學源流》，臺北：「國立」編譯館中華叢書本，1986。

19. 陳桐生，《〈孔子詩論〉研究》，北京：中華書局，2004。

20. 陳偉，《新出簡帛研讀》，武漢：武漢大學出版社，2010。

21. 陳偉，《郭店竹書別釋》，武漢：湖北教育出版社，2003。

22. 陳寅恪，《金明館叢稿二編》，北京：三聯書店，2001。

23. 陳垣，《史諱舉例》，北京：中華書局，2004。

24. 陳贇，《中庸的思想》，北京：三聯書店，2007。

25. 陳贇，《天下或天地之間：中國思想的古典視閾》，上海：上海書店，2007。

26. 成中英，《成中英自選集》，濟南：山東教育出版社，2005。

27. 崔大華，《儒學引論》，北京：人民出版社，2001。

28. 崔大華，《莊學研究》，北京：人民出版社，1992。

29. 董洪利，《孟子研究》，南京：江蘇古籍出版社，1997。

30. 杜國庠，《杜國庠文集》，北京：人民出版社，1962。

31. 丁四新，《郭店楚墓竹簡思想研究》，北京：東方出版社，2000。

32. 丁四新，《玄圃畜艾——丁四新學術論文選集》，北京：中華書局，2009。

33. 杜維明，《杜維明文集》，濟南：武漢出版社，2002。

34. 杜維明，《論儒學的宗教性》，武漢：武漢大學出版社，1999。

35. 方勇，《莊學史略》，成都：巴蜀書社，2008。

36. 馮鐵流，《先秦諸子學派源流考》，重慶：重慶出版社，2005。

37. 馮友蘭，《中國哲學簡史》，北京：北京大學出版社，1996。

38. 馮友蘭，《中國哲學史新編》，上，北京：人民出版社，1998。

39. 馮友蘭，《中國哲學史》，上海：華東師範大學出版社，2000。

40. 馮友蘭，《三松堂學術文集》，北京：北京大學出版社，1984。

41. 馮友蘭，《新原道》，北京：三聯書店，2007。

42. 傅佩榮，《儒家哲學新論》，北京：中華書局，2010。

43. 傅佩榮，《儒道天論發微》，北京：中華書局，2010。

44. 傅斯年，《民族與古代中國史》，石家莊：河北教育出版社，2002。

45. 高專誠，《孔子‧孔子弟子》，太原：山西人民出版社，1991。

46. 葛兆光，《思想史研究課堂講錄》，北京：三聯書店，2005。

47. 葛兆光，《中國思想史》第一、二卷，上海：復旦大學出版社，1998、2000。

48. 龔建平，《意義的生成與實現──〈禮記〉哲學思想》，北京：商務印書館，2005。

49. 顧頡剛，《顧頡剛讀書筆記》，《顧頡剛全集》，北京：中華書局，2011。

50. 顧實，《漢書藝文志講疏》，上海：上海古籍出版社，1987。

51. 郭克煜等，《魯國史》，北京：人民出版社，1994。

52. 郭齊勇，《中國哲學智慧的探索》，北京：中華書局，2008。

53. 郭齊勇，《儒學與儒學史新論》，臺北：臺灣學生書局，2002。

54. 郭沫若，《郭沫若全集‧歷史編》第1卷，第2卷，北京：人民出版社，1982。

55. 郭沂，《郭店竹簡與先秦學術思想》，上海：上海教育出版社，2001。

56. 郭湛波，《近五十年中國思想史》，上海：上海古籍出版社，2005。

57. 何懷宏，《世襲社會及其解體──中國歷史上的春秋時代》，北京：三聯書店，1996。

58. 賀麟，《文化與人生》，北京：商務印書館，2005。

59. 洪漢鼎，《詮釋學──它的歷史和當代發展》，北京：人民出版社，2001。

60. 侯外廬，《中國古代思想學說史》，瀋陽：遼寧教育出版社，1998。

61. 侯外廬、趙紀彬、杜國庠，《中國思想通史》第一卷，北京：人民出版社，1957。

62. 侯外廬主編，《中國思想史綱》，上海：上海世紀出版集團，2008。

63. 胡適，《中國哲學史大綱》，上海：上海古籍出版社，1997。

64. 胡適，《胡適論學近著》，濟南：山東人民出版社，1998。

65. 胡治洪，《儒哲新思》，北京：中華書局，2009。

66. 黃懷信，《上海博物館藏戰國楚竹書〈詩論〉解義》，北京：社會科學文

獻出版社，2004。

67. 黃堅，《思想門——先秦諸子解讀》，北京：中國長安出版社，2007。

68. 黃開國，《儒學與經學探微》，成都：巴蜀書社，2010。

69. 黃克劍，《由命而道：先秦諸子十講》，北京：線裝書局，2006。

70. 黃俊傑，《中國孟學詮釋史》，北京：社會科學文獻出版社，2004。

71. 黃俊傑，《東亞儒學史的新視野》，上海：華東師範大學出版社，2008。

72. 黃雲眉，《古今僞書考補證》，濟南：齊魯書社，1980。

73. 蔣伯潛，《諸子通考》，杭州：浙江古籍出版社，1985。

74. 蔣伯潛，《十三經概論》，上海：上海世紀出版集團，2010。

75. 蔣伯潛，《諸子學纂要》，臺北：正中書局，1981。

76. 蔣伯潛、朱劍芒，《經學纂要　經學提要》，長沙：嶽麓書社，1990。

77. 姜廣輝，《義理與考據——思想史研究中的價值關懷與實證方法》，北京：中華書局，2010。

78. 姜廣輝主編，《中國經學思想史》第一卷，北京：中國社會科學出版社，2003。

79. 江俠庵，《先秦經籍考》，上海：上海文藝出版社，1990。

80. 金春峰，《〈周易〉經傳與郭店楚簡思想新釋》，北京：中國言實出版社，2004。

81. 金春峰，《漢代思想史》，修訂第 3 版，北京：中國社會科學出版社，2006。

82. 金德建，《先秦諸子雜考》，鄭州：中州書畫社，1982。

83. 金景芳，《學易四種》，長春：吉林文史出版社，1987。

84. 金景芳著，舒星、彭丹選編，《金景芳儒學論集》，成都：四川大學出版社，2010。

85. 孔德立，《早期儒家人道思想的形成與演變——以子思爲中心》，成都：巴蜀社，2010。

86. 孔繁，《荀子評傳》，南京：南京大學出版社，2006。

87. 匡亞明，《孔子評傳》，南京：南京大學出版社，1990。

88. 勞思光，《新編中國哲學史》第一卷，桂林：廣西師範大學出版社，2005。

89. 李存山，《中國傳統哲學綱要》，北京：中國社會科學出版社，2008。

90. 李存山，《氣論與仁學》，鄭州：中州古籍出版社，2009。

91. 李健勝，《子思研究》，西安：陝西師範大出版社，2009。

92. 李景林，《教化的哲學》，哈爾濱：黑龍江人民出版社，2006。

93. 李景林，《教養的本原》，北京：北京師範大學出版社，2009。

94. 李零，《簡帛古書與學術源流》，北京：三聯書店，2004。

95. 李零，《郭店楚簡校讀記》，修訂本，北京：北京大學出版社，2002。

96. 李零，《上博楚簡三篇校讀記》，北京：中國人民大學出版社，2007。

97. 李零，《李零自選集》，桂林：廣西師範大學出版社，1998。

98. 李零，《何枝可依》，北京：三聯書店，2009。

99. 李零，《蘭臺萬卷》，北京：三聯書店，2011。

100. 李啓謙，《孔門弟子研究》，濟南：齊魯書社，1987。

101. 李銳，《新出簡帛的學術探索》，北京：北京師範大學出版社，2010。

102. 李山，《先秦文化史講義》，北京：中華書局，2008。

103. 李申，《中國儒教史》，上海：上海人民出版社，1999～2000。

104. 李申，《簡明儒學史》，北京：中國人民大學出版社，2006。

105. 李天虹，《郭店竹簡〈性自命出〉研究》，武漢：湖北教育出版社，2003。

106. 李學勤，《通向文明之路》，北京：商務印書館，2010。

107. 李學勤，《文物中的古文明》，北京：商務印書館，2008。

108. 李學勤，《簡帛佚籍與學術史》，南昌：江西教育出版社，2001。

109. 李學勤，《重寫學術史》，石家莊：河北教育出版社，2002。

110. 李學勤，《走出疑古時代》，長春：長春出版社，2007。

111. 李學勤，《中國古代文明研究》，上海：華東師範大學出版社，2004。

112. 李學勤，《綴古集》，上海：上海古籍出版社，1998。

113. 李學勤，《李學勤文集》，上海：上海辭書出版社，2005。

114. 李學勤，《李學勤早期文集》，石家莊：河北教育出版社，2007。

115. 李學勤，《古文獻叢論》，上海：上海遠東出版社，1996。

116. 李學勤，《周易溯源》，成都：巴蜀出版社，2006。

117. 李學勤，《中國古代文明十講》，上海：復旦大學出版社，2003。

118. 李學勤，《李學勤集》，哈爾濱：黑龍江教育出版社，1989。

119. 李耀仙，《梅堂述儒》，成都：四川大學出版社，2005。

120. 李耀仙，《先秦儒學新論》，成都：巴蜀書社，1991。

121. 李幼蒸，《儒學解釋學——重構中國倫理思想史》，北京：中國人民大學出版社，2009。

123. 李源澄，《經學通論》，上海：華東師範大學出版社，2010。

123. 李源澄，《諸子概論》，上海：華東師範大學出版社，2010。

124. 李淵庭、閻秉華整理，《梁漱溟先生講孔孟》，桂林：廣西師範大學出版社，2003。

125. 李澤厚，《中國思想史論》，上，合肥：安徽文藝出版社，1999。

126. 梁啓超，《論中國學術思想變遷之大勢》，上海：上海古籍出版社，2001。

127. 梁啓超，《先秦政治思想史》，上海：東方出版社，1996。

128. 梁啓超，《儒家哲學》，上海：上海世紀出版集團，2009。

129. 梁啓超，《國學要籍研讀法四種》，北京：北京圖書館出版社，2008。

130. 梁家榮，《仁禮之辨——孔子之道的再釋與重估》，北京：北京大學出版社，2010。

131. 梁濤，《郭店竹簡與思孟學派》，北京：中國人民大學出版社，2008。

132. 梁濤，《孟子解讀》，北京：中國人民大學出版社，2010。

133. 梁濤、劉寶才，《中國學術思想編年·先秦卷》，西安：陝西師範大出版社，2005。

134. 廖名春，《出土簡帛叢考》，武漢：湖北教育出版社，2004。

135. 廖名春，《〈周易〉經傳與易學史新論》，濟南：齊魯書社，2001。

136. 廖名春，《中國學術史新證》，成都：四川大學出版社，2005。

137. 廖名春，《周易經傳十五講》，北京：北京大學出版社，2005。

138. 廖名春，《荀子新探》，臺北：文津出版社，1994。

139. 廖名春，《孟子的智慧》，延吉：延邊大學出版社，1992。

140. 廖名春，《荀子的智慧》，延吉：延邊大學出版社，1992。

141. 林存光、郭沂，《曠世大儒——孔子》，石家莊：河北人民出版社，2000。

142. 劉大鈞，《周易概論》，成都：巴蜀書社，2004。

143. 劉大鈞、林忠軍，《易傳全譯》，成都：巴蜀書社，2006。

144. 劉家和，《古代中國與世界》，北京：北京師範大學出版社，2010。

145. 劉建國，《先秦偽書辨正》，西安：陝西人民出版社，2004。

146. 劉夢溪主編，《中國現代學術經典·余嘉錫、楊樹達卷》，石家莊：河北教育出版社，1996。

147. 劉汝霖，《周秦諸子考》，上，《文化學社，1929。

148. 劉師培著，陳居淵注，《經學教科書》，上海：上海古籍出版社，2006。

149. 劉蔚華、趙宗正主編，《中國儒家學術思想史》，濟南：山東教育出版社，1996。

150. 劉咸炘著，黃署暉編校，《劉咸炘學術論集·子學編》，上冊，桂林：廣西師範大學出版社，2007。

151. 劉咸炘著，黃署暉編校，《劉咸炘學術論集·哲學編》，上冊，桂林：廣西師範大學出版社，2007。

152. 劉笑敢，《詮釋與定向——中國哲學研究方法之探究》，北京：商務印書館，2009。

153. 劉笑敢，《莊子哲學及其演變》，北京：中國人民大學出版社，2010。

154. 柳詒徵，《中國文化史》，上海：東方出版中心，1988。

155. 劉澤華，《士人與社會（先秦卷）》，天津：天津人民出版社，1988。

156. 劉釗，《古文字構形學》，福州：福建人民出版社，2011。

157. 劉釗，《郭店楚簡校釋》，福州：福建人民出版社，2005。

158. 劉宗賢、謝祥皓，《中國儒學》，成都：四川人民出版社，1998。

159. 陸玉林，《中國學術通史·先秦卷》，北京：人民出版社，2004。

160. 盧鍾鋒，《中國傳統學術史》，鄭州：河南人民出版社，1998。

161. 羅焌，《諸子學述》，上海：華東師範大學出版社，2008。

162. 呂紹綱，《庚辰存稿》，上海：上海古籍出版社，2000。

163. 呂思勉，《先秦史》，上海：上海古籍出版社，2005。

164. 呂思勉，《先秦學術概論》，上海：東方出版中心，1985。

165. 呂思勉，《經子解題》，上海：華東師範大學出版社，1995。

166. 呂思勉，《呂思勉讀史札記》，上海：上海古籍出版社，2005。

167. 呂文郁，《春秋戰國文化史》，上海：東方出版中心，2007。

168. 馬積高，《荀學源流》，上海：上海古籍出版社，2000。

169. 馬勇編，《章太炎講演集》，石家莊：河北人民出版社，2004。

170. 馬振鐸，《仁·人道：孔子的哲學思想》，北京：中國社會科學出版社，1993。

171. 馬宗霍，《中國經學史》，上海：上海書店，1984。

172. 蒙培元，《蒙培元講孔子》，北京：北京大學出版社，2005。

173. 蒙培元，《蒙培元講孟子》，北京：北京大學出版社，2006。

174. 蒙文通，《經學抉原》，上海：上海世紀出版集團，2006。

175. 蒙文通，《儒學五論》，桂林：廣西師範大學出版社，2007。

176. 牟宗三，《中國哲學的特質》，上海：上海古籍出版社，1997。

177. 牟宗三，《中國哲學十九講》，上海：上海古籍出版社，1997。

178. 牟宗三，《心體與性體》，上海：上海古籍出版社，1999。

179. 牛澤群，《論語札記》，北京：燕山出版社，2003。

180. 歐陽禎人，《先秦儒家性情思想研究》，武漢：武漢大學出版社，2005。

181. 歐陽禎人，《從簡帛中挖掘出來的政治哲學》，武漢：武漢大學出版社，2010。

182. 龐樸，《龐樸文集》，濟南：山東人民出版社，2005。

183. 龐樸，《文化一隅》，鄭州：中州古籍出版社，2005。

184. 龐樸，《帛書五行篇研究》，濟南：齊魯書社，1988。

185. 彭國翔，《儒家傳統：宗教與人文主義之間》，北京：北京大學出版社，2007。

186. 駢於騫、段書安，《二十世紀出土簡帛綜述》，北京：文物出版社，2006。

187. 錢穆，《孔子傳》，北京：三聯書店，2005。

188. 錢穆，《孔子與論語》，臺北：聯經出版事業公司，1974。

189. 錢穆，《先秦諸子繫年》，北京：商務印書館，2001。

190. 錢穆，《中國學術思想史論叢》，二，合肥：安徽教育出版社，2004。

191. 錢穆，《兩漢經學今古文平議》，北京：商務印書館，2001。

192. 錢玄，《三禮通論》，南京：南京師範大學出版社，1996。

193. 錢遜，《先秦儒學》，瀋陽：遼寧教育出版社，1991。

194. 錢世明，《儒學通說：說忠孝》，北京：京華出版社，1999。

195. 裘錫圭，《中國出土古文獻十講》，上海：復旦大學出版社，2004。

196. 裘錫圭，《古代文史研究新探》，南京：江蘇古籍出版社，1992。

197. 饒宗頤，《饒宗頤新出土文獻論證》，上海：上海古籍出版社，2005。

198. 任繼愈主編，《中國哲學發展史・先秦卷》，北京：人民出版社，1983。

199. 任銘善，《禮記目錄後案》，齊魯書社，1982。

200. 阮廷焯，《先秦諸子考佚》，臺北：鼎文書局，1980。

201. 桑兵、關曉紅主編，《先因後創與不破不立：近代中國學術流派研究》，北京：三聯書店，2007。

202. 桑兵、張凱、於梅舫編，《近代中國學術批評》，北京：中華書局，2008。

203. 邵東方，《崔述學術考論》，桂林：廣西師範大學出版社，2009。

204. 沈頌金，《二十世紀簡帛學研究》，北京：學苑出版社，2003。

205. 沈文倬，《宗周禮樂文明考論》，杭州：浙江大學出版社，2006。

206. 施覺懷，《韓非子評傳》，南京：南京大學出版社，2002。

207. 孫紀文，《淮南子研究》，北京：學苑出版社，2005。

208. 孫偉，《重塑儒家之道──荀子思想再考察》，北京：人民出版社，2010。

209. 唐君毅，《中國哲學原論・導論篇》，北京：中國社會科學出版社，2005。

210. 唐君毅，《中國哲學原論・原性篇》，北京：中國社會科學出版社，2005。

211. 唐君毅，《中國哲學原論・原教篇》，北京：中國社會科學出版社，2005。

212. 唐君毅，《中國哲學原論・原道篇》，北京：中國社會科學出版社，2005。

213. 唐君毅，《哲學概論》，北京：中國社會科學出版社，2005。

214. 唐君毅，《中華人文與當今世界補編》，桂林：廣西師範大學出版社，2005。

215. 唐明貴，《論語學史》，北京：中國社會科學出版社，2009。

216. 唐文明，《與命與仁：原始儒家倫理精神與現代性問題》，石家莊：河北大學出版社，2002。

217. 童書業，《先秦七子思想研究》，增訂本，北京：中華書局，2006。

218. 童書業，《春秋史》，上海：上海古籍出版社，2003。

219. 童書業，《春秋左傳研究》，北京：中華書局，2006。

220. 王葆玹，《今古文經學新論》，北京：中國社會科學出版社，1997。

221. 王伯祥，《庋榢偶識》，北京：中華書局，2008。

222. 王鍔，《〈禮記〉成書考》，北京：中華書局，2007。

223. 王國維，《觀堂集林》，北京：中華書局，1959。

224. 王國維，《古史新證——王國維最後的講義》，北京：清華大學出版社，1994。

225. 王國維著，彭華編，《王國維儒學論集》，成都：四川大學出版社，2010。

226. 王海明，《人性論》，北京：商務印書館，2006。

227. 王化平，《帛書〈易傳〉研究》，成都：巴蜀書社，2007。

228. 王錦民，《古學經子——十一朝學術史述林》，上海：華東師範大學出版社，2008。

229. 王鈞林，《中國儒學史‧先秦卷》，廣州：廣東教育出版社，1998。

230. 王遽常，《諸子學派要詮》，中華書局、上海書店，1987。

231. 王利器，《曉傳書齋集》，上海：華東師範大學出版社，1997。

232. 王啓發，《禮學思想體系探源》，鄭州：中州古籍出版社，2005。

233. 王叔岷，《先秦道法思想講稿》，北京：中華書局，2007。

233. 王桐齡，《儒墨之異同》，上海：上海書店，1992。

234. 王學典，《史學引論》，北京：北京大學出版社，2008。

235. 王元化，《思辨錄》，上海：上海古籍出版社，2004。

236. 王中江，《視域變化中的中國人文與思想世界》，鄭州：中州古籍出版社，2005。

237. 魏啓鵬，《簡帛文獻〈五行〉箋證》，北京：中華書局，2005。

238. 韋政通，《先秦七大哲學家》，南京：江蘇教育出版社，2006。

239. 韋政通，《中國思想史》，上海：上海書店出版社，2003。

240. 韋政通，《中國哲學辭典》，長春：吉林出版集團，2009。

241. 吳康，《孔孟荀哲學》，臺北：臺灣商務印書館，1987。

242. 吳龍輝，《原始儒家考述》，北京：中國社會科學出版社，1996。

243. 伍曉明，《吾道一以貫之：重讀孔子》，北京：北京大學出版社，2003。

244. 蕭公權，《中國政治思想史》，北京：新星出版社，2005。

245. 邢兆良，《墨子評傳》，南京：南京大學出版社，1993。

246. 熊十力，《讀經示要》，北京：中國人民大學出版社，2006。

247. 許道勳、徐洪興，《中國經學史》，上海：上海人民出版社，2006。

248. 徐復觀，《徐復觀論經學史二種》，上海：上海書店，2002。

249. 徐復觀，《中國人性論史‧先秦篇》，上海：上海三聯書店，2001。

250. 徐復觀，《兩漢思想史》，上海：華東師範大學出版社，2001。

251. 徐復觀，《中國思想史論集》，上海：上海書店出版社，2004。

252. 徐剛：《孔子之道與〈論語〉其書》，北京：北京大學出版社，2009。

253. 徐芹庭，《易經源流：中國易經學史》，北京：中國書店，2008。

254. 徐儒宗，《人和論——儒家人倫思想研究》，北京：人民出版社，2006。

255. 許倬雲著，鄒水傑譯，《中國古代社會史論——春秋戰國時期的社會流動》，桂林：廣西師範大學出版社，2006。

255. 閻步克，《士大夫政治演生史稿》，北京：北京大學出版社，1996。

256. 顏世安，《莊子評傳》，南京：南京大學出版社，1999。

257. 嚴耕望，《嚴耕望史學論文集》，上海：上海古籍出版社，2009。

258. 顏景琴、張宗舜，《顏子評傳》，濟南：山東友誼出版社，1994。

259. 楊寬，《先秦史十講》，上海：復旦大學出版社，2006。

260. 楊寬，《戰國史》，上海：上海人民出版社，2003。

261. 楊朝明，《出土文獻與儒家學術研究》，臺北：臺灣書房，2007。

262. 楊朝明，《魯文化史》，濟南：齊魯書社，2002。

263. 楊朝明，《儒家文獻與早期儒學研究》，濟南：齊魯書社，2001。

264. 楊朝明，宋立林等，《新出簡帛文獻注釋論說》，臺北：臺灣書房，2008。

265. 楊東蓴，《中國學術史講話》，北京：東方出版社，1996。

266. 楊國榮，《善的歷程——儒家價值體系研究》，上海：上海人民出版社，2006。

267. 楊國榮，《孟子的哲學思想》，上海：華東師範大學出版社，2009。

268. 楊樹達，《淮南子證聞》，上海：上海古籍出版社，2006。

269. 楊向奎，《宗周社會與禮樂文明》，修訂本，北京：人民出版社，1997。

270. 楊向奎,《中國古代社會與古代史想研究》,上,上海:上海人民出版社,1962。

271. 楊向奎,《繹史齋學術文集》,上海:上海人民出版社,1983。

272. 楊澤波,《孟子評傳》,南京:南京大學出版社,1998。

273. 楊澤波,《孟子性善論研究》,修訂版,北京:中國人民大學出版社,2010。

274. 虞萬里,《上博館藏楚竹書〈緇衣〉綜合研究》,武漢:武漢大學出版社,2009。

275. 余英時,《士與中國文化》,上海:上海人民出版社,2003。

276. 余英時,《余英時文集》,二、四,桂林:廣西師範大學出版社,2004。

277. 余英時著,何俊編,《十字路口的中國史學》,上海:上海古籍出版社,2004。

278. 俞志慧,《君子儒與詩教》,北京:三聯書店,2005。

279. 余治平,《唯天爲大:建基於信念本體的董仲舒哲學研究》,北京:商務印書館,2003。

280. 章炳麟著,徐復注,《訄書詳注》,上海:上海古籍出版社,2000。

281. 張岱年,《中國哲學大綱》,南京:江蘇教育出版社,2005。

281. 張德勝,《儒家倫理與社會秩序:社會學的詮釋》,上海:上海人民出版社,2008。

282. 張豐乾,《〈詩經〉與先秦哲學》,北京:北京大學出版社,2009。

283. 張京華,《古史辨派與中國現代學術走向》,廈門:廈門大學出版社,2009。

284. 張豈之主編,《中國儒學思想史》,西安:陝西人民出版社,1990。

285. 張豈之主編,《中國思想學說史・先秦卷》,桂林:廣西師範大學出版社,2007。

286. 章太炎,《國學概論》,北京:中華書局,2003。

287. 章太炎,《國學講演錄》,南京:鳳凰出版社,2008。

288. 章太炎,《諸子學略說》,桂林:廣西師範大學出版社,2010。

289. 張祥龍,《先秦儒家哲學九講》,桂林:廣西師範大學出版社,2010。

290. 張祥龍,《孔子的現象學闡釋九講》,上海:華東師範大學出版社,2009。

291. 張心澂,《偽書通考》,上海:上海書店,1998 年影印本。

292. 張岩,《審核古文〈尚書〉案》,北京:中華書局,2006。

293. 趙紀彬,《論語新探》,北京:人民出版社,1976。

294. 趙吉惠,《中國先秦思想史》,西安:陝西人民教育出版社,1988。

295. 趙吉惠、郭厚安、趙馥潔、潘策主編,《中國儒學史》,鄭州:中州古籍

出版社，1991。

296. 趙明，《先秦儒家政治哲學引論》，北京：北京大學出版社，2004。

297. 鄭剛，《楚簡孔子論說辯證》，汕頭：汕頭大學出版社，2004。

298. 鄭傑文，《中國墨學通史》，北京：人民出版社，2006。

299. 鄭良樹，《竹簡帛書論文集》，北京：中華書局，1982。

300. 鄭良樹，《諸子著作年代考》，北京：北京圖書館出版社，2001。

301. 鄭良樹主編，《續偽書通考》，臺北：學生書局，1984。

302. 鍾泰，《中國哲學史》，瀋陽：遼寧教育出版社，1998。

303. 鍾肇鵬，《孔子研究》，北京：中國社會科學出版社，1983。

304. 鍾肇鵬，《求是齋叢稿》，成都：巴蜀書社，2001。

305. 鍾肇鵬，《孔子、儒學與經學》，北京：中國社會科學出版社，2009。

306. 周大璞，《訓詁學初稿》，武漢：武漢大學出版社，1987。

307. 周桂鈿，《中國傳統政治哲學》，石家莊：河北人民出版社，2007。

308. 周桂鈿，《中國儒學講稿》，北京：中華書局，2008。

309. 周桂鈿，《中國哲學研究方法論》，太原：山西教育出版社，2006。

310. 周勳初，《周勳初文集》3，南京：江蘇古籍出版社，2000。

311. 朱維錚，《中國經學史十講》，上海：復旦大學出版社，2002。

312. 朱維錚編，《周予同經學史論著選集》，上海：上海人民出版社，1996。

313. 朱淵清，《再現的文明：中國出土文獻與傳統學術》，上海：華東師範大學出版社，2001。

314. 朱自清，《經典常談》，上海：上海古籍出版社，1999。

315. 朱自清，《朱自清古典文學論文集》，上，上海：上海古籍出版社，2009。

316. 鄒昌林，《中國禮文化》，北京：社會科學文獻出版社，2000。

三、新出土文獻

1. 廖名春，《馬王堆帛書經傳釋文》，《續修四庫全書》本。

2. 荊門市博物館，《郭店楚墓竹簡》，北京：文物出版社，1998。

3. 馬承源主編，《上海博物館藏戰國楚竹書》1－8，上海：上海古籍出版社，2001～2011。

四、學術輯刊及論文集

1. 陳其泰、張京華，《古史辨學說評價討論集》，北京：京華出版社，2001。

2. 陳偉主編，《簡帛》第1～5輯，上海：上海古籍出版社，2006～2010。

3. 陳致主編，《跨學科視野下的詩經研究》，上海：上海古籍出版社，2010。

4. 丁四新主編,《楚地出土簡帛文獻思想研究》,一,武漢:湖北教育出版社,2002。

5. 丁四新主編,《楚地簡帛思想研究》,二、三,武漢:湖北教育出版社,2005、2007。

6. 杜維明主編,《思想・文獻・歷史——思孟學派新探》,北京:北京大學出版社,2008。

7. 方勇主編,《諸子學刊》第1～4輯,上海:上海古籍出版社。

8. 馮天瑜主編,《人文論叢》,武漢:武漢大學出版社。

9. 傅永聚、韓鍾文主編,《二十世紀儒學研究大系》,北京:中華書局,2003。

10. 顧頡剛主編,《古籍考辨叢刊》1,北京:社會科學文獻出版社,2010。

11. 顧頡剛主編,《古籍考辨叢刊》2,北京:社會科學文獻出版社,2009。

12. 顧頡剛等主編,《古史辨》1～7,海口:海南出版社,2005。

13. 郭齊勇主編,《儒家文化研究》第1～3輯,北京:三聯書店。

14. 黃俊傑編,《中國經典詮釋傳統一・通論篇》,上海:華東師範大學出版社,2008。

15. 黃懷信、李景明主編,《儒家文獻研究》,濟南:齊魯書社,2004。

16. 賈磊磊、孔祥林主編,《第二屆世界儒學大會學術論文集》,北京:文化藝術出版社,2010。

17. 姜廣輝主編,《中國哲學》第20輯,郭店楚簡研究,瀋陽:遼寧教育出版社,1999。

18. 姜廣輝主編,《中國哲學》第21輯,郭店簡與儒學研究,瀋陽:遼寧教育出版社,2000。

19. 姜廣輝主編,《中國哲學》第22輯,經學今詮初編,瀋陽:遼寧教育出版社,2000。

20. 姜廣輝主編,《中國哲學》第23輯,經學今詮續編,瀋陽:遼寧教育出版社,2001。

21. 姜廣輝主編,《中國哲學》第24輯,經學今詮三編,瀋陽:遼寧教育出版社,2002。

22. 姜義華、張榮華、吳根梁編,《孔子——周秦漢晉文獻集》,上海:復旦大學出版社,1990。

23. 李明輝編,《中國經典詮釋傳統二・儒學篇》,上海:華東師範大學出版社,2008。

24. 李明輝編,《儒家經典詮釋方法》,上海:華東師範大學出版社,2008。

25. 李啓謙、王式倫編,《孔子資料彙編》,濟南:山東友誼書社,1991。

26. 李啓謙、王式倫編,《孔子弟子資料彙編》,濟南:山東友誼書社,1991。

27. 劉小楓、陳少明主編,《經典與解釋》,上海:上海三聯書店。

28. 劉笑敢主編,《中國哲學與文化》第 1～8 輯,桂林:廣西師範大學出版社,2007～2009。

29. 駱承烈,《顏子研究》,北京:人民日報出版社,1994。

30. 洛陽大學東方文化研究院編,《疑古思潮回顧與前瞻》,北京:中國書店、京華出版社,2003。

31. 龐樸主編,《儒林》第 1～4 輯,濟南:山東大學出版社,2005～2008。

32. 龐樸主編,《中國儒學》1,上海:東方出版中心,1997。

33. 彭林主編,《中國經學》第 1～7 輯,桂林:廣西師範大學出版社。

34. 山東師範大學齊魯文化研究中心、美國哈佛大學燕京學社編,《儒家思孟學派論集》,齊魯書社,2008 年。

35. 王中江、李存山主編,《中國儒學》第 1～2 輯,北京:商務印書館,2009。

36. 王中江、李存山主編,《中國儒學》第 3～5 輯,北京:中國社會科學出版社,2010～1011。

37. 韋政通主編,《中國思想史方法論文選集》,上海:上海人民出版社,2009。

38. 文史哲編輯部編,《「疑古」與「走出疑古」》,北京:商務印書館,2010。

39. 武漢大學中國文化研究院編,《郭店楚簡國際學術研討會論文集》,武漢:湖北人民出版社,2000。

40. 謝維揚、朱淵清主編,《新出土文獻與古代文明研究》,上海:上海大學出版社,2004。

41. 許紀霖、宋宏編,《史華慈論中國》,北京:新星出版社,2006。

42. 許紀霖、朱政惠編,《史華慈與中國》,長春:吉林出版集團,2008。

43. 楊朝明主編,《孔子文化研究》,卷一、二,上海:上海文化出版社,2007。

44. 楊朝明主編,《孔子學刊》第 1 輯,上海:上海古籍出版社,2010。

45. 楊朝明、修建軍主編,《孔子與孔門弟子研究》,濟南:齊魯書社,2004。

46. 于聯凱、顏世謙主編,《顏子研究論叢》,濟南:齊魯書社,2003。

47. 張秋升、王洪軍主編,《中國儒學史研究》,濟南:齊魯書社,2004。

48. 趙宗正、謝祥皓、高晨陽,《孔孟荀比較研究》,濟南:山東大學出版社,1989。

49. 中華孔子學會編輯委員會編,《傳統文化的綜合與創新》,北京:教育科學出版社,1990。

50. 朱淵清、廖名春編,《上博館藏戰國楚竹書研究》,上海:上海書店,2002。

51. 朱淵清、廖名春編,《上博館藏戰國楚竹書研究續編》,上海:上海書店,

2004。

五、學術論文

1. 鮑青燕，〈《孟子》與思孟五行說〉，《武漢理工大學學報》，2005（5）。

2. 曹峰，〈出土文獻可以改寫思想史嗎？〉，《文史哲》，2007（5）。

3. 曹建國，〈子游與《性自命出》〉，簡帛研究網，2003/8/14。

4. 晁福林，〈上博簡《仲弓》疏證〉，《孔子研究》，2005（2）。

5. 晁福林，〈從上博簡《仲弓》篇看孔子的「爲政」思想〉，《齊魯學刊》，2004（6）。

6. 陳德述，〈蒙文通對今文經學研究的貢獻〉，國學網站「國學大師」欄目。

7. 陳寒鳴，〈顏回與顏氏之儒探析〉，《中國社會科學院研究生院學報》，1991（3）。

8. 陳來，〈荊門竹簡之《性自命出》篇初探〉，《中國哲學》第20輯。

9. 陳來，〈戰國時代「儒」的刻畫與論說〉，《中華國學研究》創刊號。

10. 陳來，〈竹帛《五行》爲子思、孟子所作論〉，《孔子研究》，2007（1）。

11. 陳來，〈竹簡《五行》章句簡注──竹簡《五行》分經解論〉，《孔子研究》，2007（3）。

12. 陳來，〈竹簡《五行》與子思思想研究〉，《北京大學學報》，2007（2）。

13. 陳來，〈郭店楚簡《性自命出》與上博藏簡《性情論》〉，《竹帛〈五行〉與簡帛研究》。

14. 陳來，〈史料困境的突破與儒家系譜的重建──郭店楚簡與先秦儒學研究〉，《郭店楚簡國際學術研討會論文集》。

15. 陳來，〈郭店楚簡《性自命出》與儒學人性論〉，《儒林》第1輯。

16. 陳來，〈馬王堆帛書《易傳》的政治思想──以《繆和》《昭力》爲中心〉，《北京大學學報》，2008（2）。

17. 陳麗桂，〈從傳世儒典與郭店儒簡看先秦儒學的忠信之德〉，《國文學報》第47期，2010年6月。

18. 陳堅，〈「韋編三絕」：孔子晚年的宗教訴求──孔子與《易經》關係新論〉，《周易研究》，2007（1）。

19. 陳劍，〈談談《上博五》的竹簡分篇、拼合與編聯問題〉，簡帛網，2006/2/19。

20. 陳劍，〈上海博物館藏戰國楚竹書《從政》篇研究三題〉，載卜憲群、楊振紅，《簡帛研究2005》桂林：廣西師範大學出版社，2008。

21. 陳劍，〈上博簡《子羔》、《從政》篇的拼合與編連問題小議〉，簡帛研究網，2003/1/9。

22. 陳劍，〈上博竹簡《仲弓》篇新編釋文稿〉，簡帛研究網，2004/4/18。

23. 陳劍、黃海烈，〈論《禮記》與《孔子家語》的關係〉，《古籍整理研究學刊》，2005（5）。

24. 陳靜，〈《荀子‧非十二子》與思孟學派的成立〉，《儒家思孟學派論集》。

25. 陳美蘭，〈《上博二‧從政》芻議三則〉，《第四屆國際中國古文字學研討會論文集》，中國香港，2003 年 10 月。

26. 陳榮捷，〈初期儒家〉，《歷史語言研究所集刊》第 47 本第 4 分。

27. 陳桐生，〈孔子的人性論〉，《中國文化研究》，2010 夏之卷。

28. 陳桐生，〈孔子語錄的節本和繁本——從《仲弓》看《論語》與七十子後學散文的形式差異〉，《孔子研究》，2006（2）。

29. 陳桐生，〈從上博竹簡看《論語》的編纂特點〉，《湖北理工大學學報》，2008（6）。

30. 陳偉，〈文本復原是一項長期艱巨的工作〉，《湖北大學學報》，1999（2）。

31. 陳偉，〈《君子爲禮》9 號簡的綴合問題〉，簡帛網，2006/4/16。

32. 陳偉，〈忠信之道零識〉，《郭店竹書別釋》。

33. 陳偉，〈上海博物館藏楚竹書《從政》校讀〉，簡帛研究網，2003/1/10。

34. 陳偉，〈竹書《仲弓》詞句試解三則〉，簡帛研究網，2005/11/15。

35. 陳偉，〈上博楚竹書《仲弓》「季桓子章」集釋〉，簡帛研究網，2005/12/10。

36. 陳野，〈從文獻比較中看《樂記》的撰作年代〉，《杭州大學學報》，1987（3）。

37. 程元敏，〈《禮記》、《中庸》、《坊記》、《緇衣》非出於《子思子》考〉，《張以仁先生七秩壽慶論文集》，上，臺北：學生書局，1999。

38. 鄧曦澤，〈走出歷史的玩偶化——以古今對諸子百家的評論爲例〉，《孔子學刊》第 1 輯。

39. 丁原明，〈子張之儒對原始儒學的繼承與偏離〉，《中國哲學史》，1994（6）。

40. 丁四新，〈論《性自命出》與公孫尼子的關係〉，《武漢大學學報》，1999（5）。

41. 丁四新，〈論《性自命出》與思孟學派的關係〉，《中國哲學史》，2000（4）。

42. 董治安，〈論曾子——關於歷史上的曾子和曾子的歷史評價〉，《文史哲》，1993（1）。

43. 杜維明，〈郭店楚簡與先秦儒道思想的重新定位〉，《中國哲學》第 20 輯。

44. 伏俊連，〈《孝經》的作者及其成書時代〉，《孔子研究》，1994（2）。

45. 高峰楓，〈《論語》是不是「孔門福音書」？〉，《讀書》，2002（5）。

46. 高華平，〈顏淵之學及《莊子》中的顏淵〉，《諸子學刊》第 4 輯。

47. 高思新，〈子張身世探索〉，《沙洋師範高等專科學校學報》，2004（6）。

48. 葛兆光，〈古代中國還有多少奧秘？〉，《讀書》，1995（11）。

49. 宮雲維，〈顏子生平年代諸說述評〉，《顏子研究》。

50. 郭常斐，〈《性自命出》：以思孟為主流的綜合學說〉，《江漢大學學報》，2007（6）。

51. 郭齊勇，〈郭店儒家簡與孟子心性論〉，《武漢大學學報》，1999（5）。

52. 郭齊勇，〈上博楚簡所見孔子為政思想及其與《論語》之比較〉，《儒家文化研究》第 1 輯。

53. 郭沂，〈當代儒學範式──一個初步的儒學改革方案〉，《國際儒學研究》，第 16 輯。

54. 郭沂，〈出土文獻背景下的儒家核心經典系統之重構〉，《儒家文化研究》第 1 輯。

55. 郭沂，〈郭店竹簡與中國哲學論綱〉，《郭店楚簡國際學術研討會論文集》。

56. 郭沂，〈《大學》新論──兼評新儒家的有關論述〉，《新儒家評論》第二輯。

57. 郭沂，〈子思書再探討──兼論《大學》作於子思〉，《中國哲學史》，2003（4）。

58. 郭沂，〈《淮南子・繆稱訓》所見子思《累德篇》考〉，《孔子研究》，2003（6）。

59. 郭沂，〈《中庸》成書問題辯證〉，《孔子研究》，1995（4）。

60. 郭沂，〈孟子車非孟子考：思孟關係考實〉，《中國哲學史》，2002（3）。

61. 郭沂，〈儒家八派與戰國儒家〉，《「先秦文本與思想」國際學術研討會論文》，2010/8/7-8，臺灣大學。

62. 韓旭暉，〈郭店楚簡與早期儒家思想研究的新拓展〉，《孔子研究》，2000（5）。

63. 何元國，〈《曾子》泛化孝再評價〉，《湖北大學學報》，2006（1）。

64. 胡平生，〈阜陽雙古堆漢簡與《孔子家語》〉，《國學研究》，2000，第 7 卷。

65. 黃懷信，〈《孔叢子》的時代與作者〉，《西北大學學報》，1987（1）。

66. 黃君良，〈《忠信之道》與戰國時期的忠信思潮〉，《管子學刊》，2003（3）。

67. 黃俊傑，〈試論儒學的宗教性內涵〉，《東亞儒學史的新視野》。

68. 黃俊傑，〈孟子後學對身心關係的看法──以馬王堆漢墓帛書《五行篇》為中心〉，《清華學報》，1990，新 20 卷 1。

69. 黃開國，〈論儒家的孝道學派〉，《哲學研究》，2003（3）。

70. 黃開國，〈先秦儒家孝論的發展與《孝經》的形成〉，《東嶽論叢》，2005（3）。

71. 黃人二、林志鵬，〈上博藏簡第三冊《仲弓》試探〉，簡帛研究網，2004/4/23。

72. 黃人二、林志鵬，〈上海博物館藏楚簡《仲弓》試探〉，《文物》，2006（1）。

73. 黃壽祺，〈六庵易話〉，《福建師大學報》，1981（4）。

74. 黃玉順，〈儒教論綱：儒家之仁愛、信仰、教化及宗教觀念〉，《儒學評論》第五輯。

75. 李旭昇，〈《上博三〈仲弓〉篇零釋三則》，簡帛研究網，2004/4/23。

76. 李旭昇，〈《詩經》研究也應該走出疑古時代〉，《跨學科視野下的詩經研究》。

77. 姜廣輝，〈《保訓》十疑〉，《光明日報》，2009/5/4，「國學版」。

78. 姜廣輝，〈郭店楚簡與《子思子》〉，《中國哲學》第 20 輯。

79. 姜廣輝，〈郭店楚簡與道統攸繫〉，《中國哲學》第 21 輯。

80. 金春峰，〈論郭店簡《六德》、《忠信之道》、《成之聞之》之思想特徵與成書時代〉，《人文論叢》，2001 年卷。

81. 金學勤，〈《論語》成書「層累論」及西方漢學界的相關評論〉，《孔子研究》，2009（3）。

82. 孔德立，〈《孔叢子》與子思生年問題〉，《齊魯學刊》，2004（2）。

83. 孔德立，〈郭店楚簡所見子思的修身思想〉，《管子學刊》，2002（1）。

84. 李傳軍，〈《孔子家語》辨疑〉，《孔子研究》，2004（2）。

85. 李淳玲，〈論索隱派偽書《論語辨》及其學問分際的問題〉，《人文論叢》，2006 年卷。

86. 李存山，〈郭店楚簡研究散論〉，《孔子研究》，2000（3）。

87. 李存山，〈先秦儒家的政治倫理教科書〉，《中國文化研究》，1998 冬之卷。

88. 李存山，〈讀楚簡《忠信之道》及其他〉，《中國哲學》第 20 輯。

89. 李存山，〈從簡本《五行》到帛書《五行》〉，《郭店楚簡國際學術研討會論文集》。

90. 李存山，〈「郭店竹簡與思孟學派」復議〉，《儒家文化研究》第 1 輯。

91. 李剛，〈郭店楚簡《忠信之道》簡論〉，《西北建築工程學院學報》，2000（6）。

92. 李零，〈重見「七十子」〉，《讀書》，2002（4）。

93. 李零，〈出土發現與古書年代的再認識〉，《李零自選集》。

94. 李零，〈俠與武士遺風〉，《讀書》，1993（1）。

95. 李健勝，〈從所載子思言行看《孔叢子》的偽書性質〉，《史學月刊》，2010

（6）。

96. 李健勝，〈子思從學考釋〉，《青海師範大學學報》，2003（2）。

97. 李健勝，〈《子思子》內容考釋〉，《青海師範大學學報》，2005（2）。

98. 李景林，〈從郭店簡看思孟學派的性與天道論〉，《郭店楚簡國際學術研討會論文集》。

99. 李景林，〈思孟五行說與思孟學派〉，《吉林大學學報》，1997（1）。

100. 李珺平，〈《論語》：孔子弟子博弈之成果──兼談戰國後期儒家八派之爭與荀卿的態度〉，《社會科學》，2007（10）。

101. 李啓謙，〈子張研究〉，《中州學刊》，1986（6）。

102. 李銳，〈「重文」分析法評析〉，《清華大學學報》，2008（1）。

103. 李銳，〈古代中西方的「學派」觀念比較──兼論「思孟學派」的問題〉，《中國哲學史》，2007（4）。

104. 李銳，〈清華大學簡帛講讀班第三二次研討會綜述〉，孔子2000網，2004/4～15。

105. 李銳，〈《仲弓》補釋〉，孔子2000網，2004/4/18。

106. 李銳，〈《仲弓》續釋〉，簡帛研究網，2004/4/24。

107. 李銳，〈《仲弓》新編〉，簡帛研究網，2004/4/23。

108. 李維武，〈《性自命出》的哲學意蘊初探〉，《郭店楚簡國際學術研討會論文集》。

109. 李文玲，〈《孝經》爲子思新撰考〉，《管子學刊》，2002（2）。

110. 李學功，〈洙泗之學與西河之學──孔子歿後的儒家道路〉，《齊魯學刊》，1991（4）。

111. 李學勤，〈談《聖賢群輔錄》八儒三墨之說〉，《儒家思孟學派論集》。

112. 李學勤，〈帛書《五行》與《尚書·洪範》〉，《學術月刊》，1986（11）。

113. 李學勤，〈竹簡《家語》與漢魏孔氏家學〉，《孔子研究》，1987（2）。

114. 李學勤，〈從簡帛佚籍《五行》談到《大學》〉，《孔子研究》，1998（3）。

115. 李學勤，〈先秦儒家著作的重大發現〉，《中國哲學》第20輯。

116. 李學勤，〈荊門郭店楚簡中的《子思子》〉，《中國哲學》第20輯。

117. 李學勤，〈郭店簡與《樂記》〉，《李學勤文集》。

118. 李學勤，〈孔子之言性與天道〉，《孔子文化研究》，卷一。

119. 李學勤，〈上博楚簡《魯邦大旱》解義〉，《上博館藏戰國楚竹書研究續編》。

120. 李亞彬，〈子思爲孔孟之間的過渡環節〉，《哲學研究》，2007（4）。

121. 李耀仙，〈闢韓非「儒分爲八」說〉，《先秦儒學新論》。

122. 李澤厚,〈初讀郭店竹簡印象記〉,《中國哲學》第 21 輯。

123. 梁靜,〈簡帛文獻與早期儒家研究〉,《簡帛》第 5 輯。

124. 梁濤,〈孔子思想中的矛盾與孔門後學的分化〉,《西北大學學報》,1999（2）。

125. 梁濤,〈《大學》早出新證〉,《中國哲學史》,2000（3）。

126. 梁濤,〈「仁」與「孝」——思孟學派的一個詮釋向度〉,《儒林》第 1 輯。

127. 梁濤,〈簡帛《五行》新探〉,《孔子研究》,2002（5）。

128. 梁濤,〈思孟學派考述〉,《中國哲學史》,2002（3）。

129. 梁濤,〈竹簡《性自命出》的人性論問題〉,《管子學刊》,2002（1）。

130. 梁濤,〈郭店楚簡與《中庸》〉,《臺大歷史學報》,2000,第 25 卷。見孔子 2000 網「梁濤文集」。

131. 梁濤,〈樂正氏之儒的「泛孝論」及與思孟學派的關係〉上、下,《孝感學院學報》,2006（1）、（2）。

132. 梁濤,〈上博簡《內禮》與《大戴禮記‧曾子》〉,簡帛研究網,2005～6～26。

133. 廖名春,〈梁啓超古書辨僞方法平議〉,《中國學術史新證》。

134. 廖名春,〈楚竹書《內禮》、《曾子立孝》首章的對比研究〉,孔子 2000 網,2005/4/4。

135. 廖名春,〈六經並稱的時代兼及疑古說的方法論問題〉,《孔子研究》,2000（1）。

136. 廖名春,〈思孟五行說新解〉,《中國哲學史》,1995（1）。

137. 廖名春,〈《緇衣》作者問題新論〉,《儒家思孟學派論集》。

138. 廖名春,〈郭店簡《性自命出》的編連與分合問題〉,《中國哲學史》,2000（4）。

139. 廖名春,〈荊門郭店楚簡與先秦儒學〉,《中國哲學》第 20 輯。

140. 廖名春,〈《上博五‧君子爲禮》篇校釋札記〉,簡帛研究網,2006/3/6。

141. 廖名春,〈楚簡《仲弓》與《論語‧子路》仲弓章讀記〉,《淮陰師範學院學報》,2005（1）。

142. 廖名春,〈試論楚簡《魯邦大旱》的內容與思想〉,《上博館藏戰國楚竹書研究續編》。

143. 林桂榛,〈子弓非孔子弟子仲弓考——兼談弓荀派與思孟派的思想分歧〉,《孔子學刊》第 1 輯。

144. 林素清,〈讀《季庚子問於孔子》與《弟子問》札記〉,《楚地簡帛思想研究》,三。

145. 林素英，〈從施政原則論孔子德刑思想之轉化──綜合簡本與今本《緇衣》之討論〉，《簡帛》第 2 輯。

146. 林志鵬，〈仲弓任季氏宰小考〉，《孔子研究》，2010（4）。

147. 劉彬，〈子夏易學考論〉，《周易研究》，2006（3）。

148. 劉大鈞，〈今、古文易學流變述略──兼論《子夏易傳》真僞〉，《周易研究》，2006（6）。

149. 劉冬穎，〈上博簡《中弓》與早期儒學傳承的再評價〉，《社會科學》戰線，2005（3）。

150. 劉鄂培，〈曾子在先秦儒學中的重要地位〉，《船山學刊》，2005（1）。

151. 劉光勝，〈出土文獻與早期儒學傳播〉，《平頂山學院學報》，2008（3）。

152. 劉光勝，〈由《曾子》十篇看《性自命出》的成書及理路〉，《史林》，2009（2）。

153. 劉光勝，〈子思與曾子師承關係新證〉，《簡帛》第 5 輯。

154. 劉海峰，〈漆雕氏之儒考論〉，《齊魯學刊》，2006（5）。

155. 劉郝霞，〈顏回二考〉，《作家雜誌》，2008（12）。

156. 劉九偉，〈漆雕氏之儒論〉，《天中學刊》，2003（4）。

157. 劉樂賢，〈《性自命出》與《淮南子·繆稱》論「情」〉，《中國哲學史》，2000（4）。

158. 劉樂賢，〈上博楚簡考釋三則〉，《楚地簡帛思想研究》三。

159. 劉笑敢，〈出土簡帛對文獻考據方法的啟示之一：反思三種考據方法的推論前提〉，《中國哲學與文化》第 6 輯。

160. 劉笑敢，〈出土簡帛對文獻考據方法的啟示之二──文獻析讀、證據比較及文本演變〉，《中國哲學史》，2010（2）。

161. 劉信芳，〈簡帛《五行》述略〉，《江漢考古》，2001（1）。

162. 劉毓慶、郭萬金，〈公孫尼子與戰國詩樂理論〉，《晉中學院學報》，2007（6）。

163. 盧翠琬、肖滿省，〈略論《易》之「潔靜精微」〉，《皖西學院學報》，2008（3）。

164. 羅新慧，〈試論曾子關於孝的理論及其社會意義〉，《齊魯學刊》，1996（3）。

165. 羅新慧，〈郭店楚簡與《曾子》〉，《管子學刊》，1999（3）。

166. 羅新慧，〈從郭店楚簡看孔、孟之間的儒學變遷〉，《中國哲學史》，2000（2）。

167. 羅新慧，〈孔子的歷史觀、入仕觀及其它──從上博楚竹書《仲弓》篇談起〉，《史學史研究》，2005（3）。

168. 呂紹綱，〈性命說——由孔子到思孟〉，《孔子研究》，1999（3）。

169. 馬士遠，〈孔門弟子傳《書》考〉，《齊魯學刊》，2009（1）。

170. 蒙培元，〈《性自命出》的思想特徵及其與思孟學派的關係〉，《甘肅社會科學》，2008（2）。

171. 蒙文通，〈漆雕之儒考〉，《儒學五論》。

172. 寧鎮疆，〈《家語》的「層累」形成考論〉，《齊魯學刊》，2007（3）。

173. 寧鎮疆，〈「層累」非「作偽」——再論今本《孔子家語》的性質〉，《學術界》，2009（5）。

174. 寧鎮疆，〈八角廊漢簡《儒家者言》與《孔子家語》相關章次疏證〉，《古籍整理研究學刊》，2004（5）。

175. 寧鎮疆，〈由出土文獻再說《孔子家語》一書的性質及成書過程〉，《臺灣孔孟學報》，2004，第 82 期。

176. 寧鎮疆，〈《孔子家語》佚文獻疑及辨正〉，《中國典籍與文化》，2006（4）。

177. 寧鎮疆，〈英藏敦煌寫本《孔子家語》的初步研究〉，《故宮博物院院刊》，2006（2）。

178. 寧鎮疆，〈阜陽雙古堆一號木牘與《孔子家語》相關之章題考證〉，《臺灣書目季刊》，2008，第 42 卷第 1 期。

179. 寧鎮疆，〈今傳宋本《孔子家語》源流考略〉，《中國典籍與文化》，2009（4）。

180. 歐陽禎人，〈孔子的宗教思想研究〉，《中國儒學》第 3 輯。

181. 歐陽禎人，〈在摩蕩中弘揚主體——郭店楚簡《性自命出》認識論檢析〉，《郭店楚簡國際學術研討會論文集》。

182. 歐陽禎人，〈從《魯穆公問子思》到《孟子》〉，《武漢大學學報》，2001（2）。

183. 龐樸，〈馬王堆帛書解開了思孟五行說古謎——帛書《老子》甲本卷後古佚書之一的初步研究〉，《文物》，1977（10）。

184. 龐樸，〈孔孟之間——郭店楚簡中的儒家心性說〉，《中國哲學》第 20 輯。

185. 龐樸，〈竹帛《五行》篇與思孟『五行』說〉，《龐樸文集》第 2 卷。

186. 裴傳永，〈「大同小康」之論非關孔子辨〉，《孔子研究》，2003（6）。

187. 彭昊，〈論「莊出於儒」〉，《湖南大學學報》，2006（3）。

188. 彭林，〈郭店簡與《禮記》成書年代〉，《中國哲學》第 21 輯。

189. 彭林，〈子思作《孝經》新論〉，《中國哲學史》，2000（3）。

190. 彭林，〈始者近情　終者近義——子思學派對禮的理論詮釋〉，《中國史研究》，2001（3）。

191. 戚福康、施建平,〈子思學源辨正〉,《湖南科技學院學報》,2010(1)。

192. 丘瓊蓀,〈《樂記》考〉,《樂記論辨》,北京:人民音樂出版社,1983。

193. 饒宗頤,〈上博竹書《詩序》綜說〉,《饒宗頤新出土文獻新證》。

194. 饒宗頤,〈楚簡與詩樂〉,《饒宗頤新出土文獻新證》。

195. 舒大剛,〈《孝經》名義考——兼及《孝經》的成書時代〉,《西華大學學報》,2004(1)。

196. 宋晨昊,〈子張從政辯〉,《古籍整理研究》,2009(3)。

197. 宋立林,〈《論語‧述而》「五十以學易」章疏證〉,《現代語文》,2009年10月上旬刊。

198. 宋立林,〈前孔子時代之「易教」發微〉,《孔孟月刊》第48卷第7、8合期。

199. 宋立林,〈思孟學派:義理與考據之間〉,《現代哲學》,2010(4)。

200. 宋立林,〈帛書《繆和》《昭力》中「子」爲孔子考〉,《周易研究》,2005(6)。

201. 宋立林,〈讀《繆和》札記〉,《周易研究》,2007(5)。

202. 宋立林、孫寶華,〈讀《儒行》札記〉,《管子學刊》,2010(3)。

203. 唐宏,〈孔門師徒的思想差異〉,《人文雜誌》,2007。(4)。

204. 唐君毅,〈略論作《中國哲學史》應持之態度及其分期〉,《中國思想史方法論文選集》。

205. 唐君毅,〈孔子在中國歷史文化的地位之形成〉,《中華人文與當今世界補編》。

206. 唐文明,〈五倫觀念的再檢討〉,《學思錄》,北京:當代中國出版社,2008。

207. 田君,〈公孫尼子與《樂記》新考〉,《交響:西安音樂學院學報》,2009(3)。

208. 陶磊,〈思孟五行考辨〉,簡帛研究網,2006/11/24。

209. 王葆玹,〈晚出的「子曰」及其與孔氏家學的關係〉,《紀念孔子誕辰2550週年國際學術研討會論文集》下,北京:國際文化出版公司,2000。

210. 王博,〈釋「槁木三年,〈不必爲邦旗」——兼談《成之聞之》的作者〉,《郭店楚簡國際學術研討會論文集》。

211. 王博,〈郭店竹簡與子張之儒的研究〉,《簡帛思想文獻論集》,臺北:臺灣古籍出版社,2001。

212. 王承略,〈論《孔子家語》的眞僞及其文獻價值〉,《煙臺師範學院學報》,2001(3)。

213. 王紅霞,〈《仲弓》注釋論說〉,《新出簡帛文獻注釋論說》。

214. 王化平，〈上博簡《中弓》與《論語》及相關問題探討〉，《北方論叢》，2009（4）。

215. 王閒文，〈子張之儒述評〉，《周口師範學院學報》，1995（2）。

216. 王夢鷗，〈公孫尼子與《樂記》〉，《續偽書通考》，上。

217. 王希孟，〈楚簡性情論校箋〉，《孔子學刊》第一輯。

218. 王中江，〈經典的條件：以早期儒家經典的形成為例〉，《經典與解釋的張力》第 1 輯。

219. 王中江，〈六經早成〉，《光明日報》，2010/3/3，「國學版」。

220. 王中江，〈「災害」與「政事」和「祭祀」——從《魯邦大旱》看孔子的刑德觀和祭祀觀〉，《孔子學刊》第 1 輯。

221. 魏啓鵬，〈《尸子》與子思之學〉，《郭店楚簡國際學術研討會論文集》。

222. 魏啓鵬，〈思孟五行說的再思考〉，《四川大學學報》，1988（4）。

223. 魏忠強，〈《忠信之道》注釋論說〉，《新出簡帛文獻注釋論說》。

224. 韋政通，〈我對中國思想史的幾點認識〉，《中國思想史方法論文選集》。

225. 吳龍輝，〈「儒家八派」別解〉，《文獻》，1994（3）。

226. 吳龍輝，〈《論語》是儒家集團的共同綱領〉，《湖南大學學報》，2010（1）。

227. 吳靜安，〈公孫尼子學說源流考〉，《南京教育學院學報》，1985（1）。

228. 吳學琴，〈儒家八派嬗變探因〉，《安徽史學》，1996（3）。

229. 謝維揚，〈古書成書情況與古史史料學問題〉，《新出土文獻與古代文明研究》。

230. 邢文，〈《孟子·萬章》與楚簡《五行》〉，《中國哲學》第 20 輯。

231. 徐復觀，〈治古代思想史方法〉，《中國思想史方法論文選集》。

232. 徐少華，〈論《上博五·君子爲禮》的編聯與文本結構〉，《楚地簡帛思想研究》三。

233. 徐少華，〈論竹書《君子爲禮》的思想內涵與特徵〉，《中國哲學史》，2007（2）。

234. 徐澤榮，〈《儒行》今述〉，孔子 2000 網站，2007/1/13。

235. 許兆昌，〈從仲弓四問看戰國早期儒家的政治關注〉，《史學月刊》，2010（9）。

236. 薛永武，〈從先秦古籍通例談《樂記》的作者〉，《文學遺產》，2005（6）。

237. 顏炳罡，〈「儒分爲八」的再審視〉，《儒林》第 1 輯。

238. 顏炳罡，〈孔子在中國文化史上的地位〉，《第二屆世界儒學大會學術論文集》。

239. 顏炳罡、陳代波，〈從顏氏之儒的思想特質看其與易學的關係〉，《周易

《研究》，2004（3）。

240. 嚴耕望，〈戰國學術地理與人才分佈〉，《嚴耕望史學論文集》。

241. 楊朝明，〈「六經」之教和孔子遺說──略談孔子研究的資料問題〉，《周秦社會與文化研究──紀念中國先秦史學會成立 20 週年學術研討會論文集》，西安：陝西師範大學出版社，2003。

242. 楊朝明，〈《中庸》成書問題新探〉，《齊魯文化研究》第 3 輯。

243. 楊朝明，〈曾子與思孟學派學術關聯申說〉，《孔子與孔子弟子研究》。

244. 楊朝明，〈《孔子家語〈顏回〉篇與「顏氏之儒」〉，《顏子研究論叢》。

245. 楊朝明，〈《禮記・孔子閒居》與《孔子家語》〉，《新出土文獻與古代文明研究》。

246. 楊朝明，〈《禮運》成篇與學派屬性等問題〉，《中國文化研究》，2005 春之卷。

247. 楊朝明，〈《論語》首章與《孔子家語・屈節》篇──孔子政治命運悲劇的兩個詮釋〉，《儒林》第 1 輯。

248. 楊朝明，〈讀《孔子家語》札記〉，《文史哲》，2006（4）。

249. 楊朝明，〈子貢在孔門弟子中的特殊地位〉，《出土文獻與儒家學術研究》。

250. 楊朝明，〈《孔子家語・執轡》篇與孔子的治國思想〉，《中國文獻學叢刊》第 1 輯，北京：國際炎黃文化出版社，2003。

251. 楊朝明，〈上博竹書《魯邦大旱》小議〉，《上博館藏戰國楚竹書研究續編》。

252. 楊朝明，〈孔子家語的成書與可靠性研究〉，臺北，《故宮博物院院刊》，2008 年 10 月號。

253. 楊朝明，〈《家語》與《史記》「孔子弟子傳」比較研究〉，臺灣佛光大學主辦「第一屆世界漢學中的《史記》學國際學術研討會」，2008 年 6 月26/29 日。

254. 楊朝明，〈上博竹書《從政》篇與《子思子》〉，《孔子研究》，2005（2）。

255. 楊朝明，〈從孔子弟子到孟、荀異途──由上博竹書《中弓》思考孔門學術分別〉，《齊魯學刊》，2005（3）。

256. 楊朝明、魏瑋，〈《孔子家語》「層纍造成」說考辨〉，《古籍整理研究》，2009（1）。

257. 楊朝明、張磊，〈《孔子家語・致思》篇研究〉，《東嶽論叢》，2009（4）。

258. 楊朝明、盧梅，〈子游生年與《禮運》的可信性問題〉，《史學月刊》，2010（7）。

259. 楊公驥，〈公孫尼子的《樂記》及其藝術理論〉，《樂記論辨》，北京：人

民音樂出版社，1983。

260. 楊懷源，〈讀上博簡三《仲弓》四則〉，《江漢考古》，2008（2）。

261. 楊慶中，〈論孔子詮《易》的向度〉，《中國儒學》第 3 輯。

262. 楊儒賓，〈子思學派試探〉，《郭店楚簡國際學術研討會論文集》。

263. 楊儒賓，〈儒門內的莊子〉，《中國哲學與文化》第 4 輯。

264. 楊文森，〈子張新論〉，《周口師範學院學報》，2009（1）。

265. 楊澤波，〈孔孟建構道德形上學的差異及引申的兩個問題〉，《中國哲學史》，2007（4）。

266. 葉國良，〈郭店儒家著作的學術譜系問題〉，《中國哲學》第 24 輯。

267. 尤驥，〈孔門弟子的不同思想傾向和儒家的分化〉，《孔子研究》，1993（2）。

268. 余英時，〈清代思想史的一個新解釋〉，《余英時文集》第二卷。

269. 曾振宇，〈曾子思想體系論綱〉，《遼寧師範大學學報》，1994（3）。

270. 張豐乾，〈論子思學派之《詩》學〉，《中國哲學史》，2008（1）。

271. 張磊，〈上海博物館竹書《內豐》與《大戴禮記》「曾子十篇」〉，《管子學刊》，2007（1）。

272. 張磊，〈《曾子》源流與《大戴禮記》「曾子十篇」〉，《古籍整理研究》，2009（3）。

273. 張立文，〈《郭店楚墓竹簡》的篇題〉，《中國哲學》第 20 輯。

274. 張劍光，〈顏回卒年小考〉，《文獻》，1988（2）。

275. 章太炎，〈《儒行》要旨〉，《章太炎講演集》。

276. 張濤，〈《孝經》作者與成書年代考〉，《中國哲學史》，1996（1）。

277. 張文修，〈孔子的生命主題及其對六經的闡釋〉，《中國哲學》第 21 輯。

278. 張岩，〈淺議「儒分為八」〉，《法制與社會》，2009（1）。

279. 趙炳清，〈上博簡三《仲弓》的編聯及講釋〉，簡帛研究網，2005/4/10。

280. 趙德波，〈再論《樂記》的作者與成書年代〉，《北京化工大學學報》，2007（2）。

281. 趙法生，〈孔子人性論的三個向度〉，《哲學研究》，2010（8）。

282. 趙建偉，〈郭店竹簡《忠信之道》、《性自命出》校釋〉，《中國哲學史》，1999（2）。

283. 甄洪永，〈論子張氏之儒在墨家形成中的歷史地位〉，《武陵學刊》，2010（5）。

284. 鍾肇鵬，〈思孟學派簡論〉，《儒家思孟學派論集》。

285. 鍾肇鵬，〈說漆雕氏之儒〉，《求是齋叢稿》，上。

286. 鍾肇鵬，〈曾子學派的孝治思想〉，《孔子研究》，1987（2）。

287. 周鳳五，〈讀上博楚竹書《從政》甲篇札記〉，《上博館藏戰國楚竹書研究續編》。

288. 朱國華，〈子貢與孔子〉，《孔子研究》，2000（3）。

289. 朱曉徵，〈關於曾子孝道政治觀的若干思考〉，《西南師範大學學報》，2004（1）。

290. 朱淵清，〈仲弓的年齡及其身份〉，孔子 2000 網，2004/4/29。

六、博士、碩士學位論文

1. 胡蘭江，《七十子考》，北京大學博士學位論文，2002。

2. 李銳，《孔孟之間「性」論研究──以郭店、上博簡為基礎》，清華大學博士學位論文，2005。

3. 王春，《孔門弟子思想分化研究》，山東大學哲學系博士學位論文，2005。

4. 孔德立，《早期儒家人道思想的形成與演變──以子思為中心》，南京大學博士學位論文，2007。

5. 劉紅霞，《曾子及其學派研究》，山東大學博士學位論文，2008。

6. 劉光勝，《〈大戴禮記·曾子〉研究》，清華大學博士學位論文，2010。

7. 孔德立，《郭店儒簡與子思研究》，曲阜師範大學碩士論文，2002。

8. 孫海輝，《孔子與老子關係研究──以《孔子家語》為中心》，曲阜師範大學碩士學位論文，2004。

9. 劉義峰，《孔子與〈書〉教》，曲阜師範大學碩士學位論文，2005。

10. 宋立林，《孔子「易教」思想研究》，曲阜師範大學碩士學位論文，2006。

11. 陳霞，《孔子「詩教」思想研究》，曲阜師範大學碩士學位論文，2006。

12. 化濤，《清代〈孔子家語〉研究考述》，曲阜師範大學碩士學位論文，2006。

13. 王政之，《王肅〈孔子家語注〉研究》，曲阜師範大學碩士學位論文，2006。

14. 劉萍，《〈孔子家語〉與孔子弟子研究──以〈弟子行〉和〈七十二弟子解〉為中心》，曲阜師範大學碩士學位論文，2006。

15. 劉光勝，《戰國時期儒學傳播研究》，曲阜師範大學碩士學位論文，2007。

16. 郭凱，《「儒分為八」問題再研究》，曲阜師範大學碩士學位論文，2007。

17. 王德成，《儒學與秦代社會》，曲阜師範大學碩士學位論文，2007。

18. 魏瑋，《〈孔子家語〉「三序」研究》，曲阜師範大學碩士學位論文，2009。

19. 盧梅，《〈禮運〉篇研究》，曲阜師範大學碩士學位論文，2010。

七、國外學者論著

1. Mark Csikszentmihalyi ,Material Virtue：Ethics and the Body in Early China, p,113.

2. E.Bruce Brooks & A. Taeko Brooks The Original Analects: Sayings of Confucius and His Successors. New York: Columbia University Press, 1998.

3. 〔日〕津田左右吉,《論語と孔子の思想》,東京：岩波書店,1946。

4. 〔日〕池田知久,《馬王堆漢墓帛書五行研究》,北京：線裝書局；中國社會科學出版社,2005。

5. 〔日〕池田知久,《池田知久簡帛研究論集》,北京：中華書局,2006。

6. 〔日〕池田知久,〈郭店楚簡《五行》研究〉,《中國哲學》,第 21 輯。

7. 〔日〕佐藤將之,〈戰國時代「忠信」概念的發展與王道思想的形成〉,《中國哲學與文化》,第 6 輯。

8. 〔日〕金谷治撰,曹峰、〔日〕西山尚志譯,〈楚簡《性自命出》的考察〉,《儒林》,第 2 輯。

9. 〔日〕淺野裕一,〈上海楚簡《君子爲禮》與孔子素王說〉,《簡帛》,第 2 輯。

10. 〔英〕葛瑞漢,《論道者：中國古代哲學論辯》,北京：中國社會科學出版社,2003。

11. 〔英〕魯惟一編,《中國古代典籍導讀》,瀋陽：遼寧教育出版社,1997。

12. 〔美〕顧立雅,《孔子與中國之道》,大象出版社,2000。

13. 〔美〕本傑明‧史華茲,《古代中國的思想世界》,南京：江蘇人民出版社,2004。

14. 〔美〕本傑明‧史華慈,〈儒家思想中的幾個極點〉,載許紀霖、宋宏編,《史華慈論中國北京》,北京：新星出版社,2006。

15. 〔美〕狄百瑞,《儒家的困境》,北京：北京大學出版社,2009。

16. 〔美〕郝大維、安樂哲,《孔子哲學思微》,南京：江蘇人民出版社,1996。

17. 〔美〕郝大維、安樂哲,《通過孔子而思》,北京：北京大學出版社,2005。

18. 〔美〕安樂哲、羅思文,《〈論語〉的哲學詮釋》,北京：中國社會科學出版社,2003。

19. 〔德〕黑格爾著,賀麟、王太慶譯,《哲學史講演錄》第 1 卷,北京：商務印書館,1959。

20. 〔德〕卡爾‧雅斯貝斯,《歷史的起源與目標》,北京：華夏出版社,1989。

21. 〔德〕伽達默爾著,洪漢鼎譯,《真理與方法》,北京：商務印書館,2007。

22. 〔新〕蘇瑞隆,〈簡帛五行篇與思孟學派再議〉,《儒家思孟學派論集》。

後　記

　　丙子秋日，余自魯北負笈南行，煙雨濛濛之中，來至洙泗之濱，入曲阜師大歷史系就讀。雖生性駑鈍，然四年中心無雜念，一心向學，雜覽乙部諸書，發願於史學有所貢獻云云，惜乎，與夫子竟若即若離，未入寶山，眞愚昧之至。畢業返鄉，登杏壇，課諸生，未忘學問，所幸越三年，得重返曲園，入孔子研究所，隨楊師朝明先生問業，得窺孔學堂奧、享從游之樂，洎今亦十度春秋，鬢生華髮矣。楊師學問精深，爲人豪爽，大有儒俠之風。十年間，耳提面命，小子能得初窺學問門徑，賴恩師之賜也。攻讀碩士時，余所爲文以「孔子易教」爲題，於夫子亦有「彌高彌堅」之歎。攻讀博士時，順流而下，研習七十子及其後學，所謂「儒家八派」問題，欲於此糾葛不清之公案，稍加廓清，重寫先秦儒學史也。

　　當今物欲橫流之世界，熙熙攘攘，無非利字。痛苦掙扎者有之，紙醉金迷者有之，然莫不染迷茫、孤獨、惶惑、空虛諸病，而余於此生得以邂逅孔子，稍悟內聖外王之道，修齊治平之理，眞三生之幸也。十年來，埋首故紙，沉浸聖學，與諸師友切磋論道，尋孔顏樂處，悟生命智慧，略有所得。時值中華貞下起元之際、國學復興之時，躬逢其盛，未敢袖手，故每不自量力，或登臺說法，或伏案著書，希冀能正本清源，破除國人於孔子儒學及傳統文化之偏見，重溫經典，親近聖賢，移風易俗，增進福祉。惜乎，教化之功未奏，數年心力枉拋。且余心喜旁騖，舉凡古今思想文化之史、大師巨子之作，無不寓目，廣博有餘，而專精不足，又喜以文人自命，追慕古人之詩意人生，每每糾結於學者與文人之間，無能抉擇，此爲學之大忌也。故雖問學經年，然所獲實淺，枉負師友之期。當年船山所謂「一自命爲文人便不足觀矣」，自爲切實之論、警世之語！每念及此，能不汗流浹背！

　　此書乃余之博士學位論文略事修改而成，亦為余之首部專著，承蒙臺灣花木蘭文化出版社不棄，得以出版，幸何如之！猶記去載夫子誕辰之際，第五屆世界儒學大會在孔子研究院召開，因余忝列該院特聘研究員，邀約好友孔祥軍、楊少涵、孫齊魯諸兄蒞會。諸兄皆青年才俊，博學多才，益我良多。余設宴置酒，與諸兄暢飲抒懷，訂「曲阜之約」，互相勉勵，彼此督促，腳踏實地，一心治學。知祥軍兄博士論文交臺灣出版，余等聞之大喜。後余及楊、孫二兄皆與楊嘉樂女史聯絡出版事宜，不久幸獲通過，拙作列入出版計劃。遂履約修改完善之。然苦於諸事叢脞，分身乏術，教學與著述占去太半時間，以致無力大改，只得微調。古人云，校書如掃落葉，誠不我欺也！余業餘編輯輯刊有年，深味其中甘苦。幸賴聿檻兄援手，列出錯訛及表述不當之處近百條，補我之所未逮，可稍彌錯漏！聿檻服膺今文經學，好學深思，才情出眾，儒門難得之俊彥也！

　　承臺灣佛光大學李紀祥師、業師楊朝明先生及摯友王聿檻兄撥冗賜序，鼓勵與爭鳴，惠我匪淺，銘感五內！此文撰著期間，蒙學界前輩指點教益無數，尤其梁濤老師啓示、提攜尤多，謹致謝忱！白奚老師為余博士論文答辯主席，多有賜教，受益匪淺！廖名春老師多年來關懷有加，教示良多。黃懷信師、傅永聚師、王洪軍師、王鈞林師、韓星師、劉彬師、周海生師等多有錯愛，惜乎，余才思不敏，諸位老師之意見未能完全領會並改正文中缺憾。同門劉光勝兄提供建議，使余初列之龐大提綱得以縮半，論文得以順利完成。衍華、海鷹等楊門數十師兄弟，無論身在曲阜，抑或求學工作於異地，切磋論學，關懷備至，其樂融融，溫馨無比！恕不一一具名致謝！

　　感謝我所在單位歷史文化學院、孔子研究所領導一直以來的關心和支持！

　　楊蔭樓、張承榮二老及師母多年來關懷備至，使生活倍感溫馨！怎一謝字了得！

　　內子徐慧博士賢良淑惠，科研教學之餘，相夫教子，余之得以肆意購置群籍，縱情伏案筆耕，端賴賢內助也！

　　猶記當年此稿草創之際，適逢犬子清朗降生，兩線作戰，「壓力山大」！然得子之喜，激情澎湃，精力益旺，白日照顧妻兒，黑夜燈下疾書，真人生難得之奇遇也！

立林　癸巳二月初十　識於聖城瘦竹軒